»Damals trieben die Pforten zwischen den Welten in den Nebeln und waren in beide Richtungen offen – wie der Reisende es dachte und wollte. Es ist das große Geheimnis, das in unserer Zeit jeder Wissende kannte: Die Menschen schaffen die Welt, die uns umgibt, durch das, was sie denken, jeden Tag neu.«

(Marion Zimmer Bradley, »Die Nebel von Avalon«)

Das Buch

Gab es eine Menschheit vor der Menschheit? In diesem reich illustrierten Buch dokumentiert Luc Bürgin, was uns Archäologen verheimlichen – von A bis Z. Rund 200 Farbfotos enthüllen kontroverse Fundstücke und gewähren neue, brisante Einblicke in verschollene Privatsammlungen und finstere Museumskeller.

Ob Fußspuren moderner Menschen vor Jahrmillionen, Saurierzeichnungen aus grauer Vorzeit oder uralte menschliche Haare, deren DNA sich keiner irdischen Rasse zuordnen lässt: Dieses Buch fördert mysteriöse Relikte ans Tageslicht, die unsere Geschichtslehrer erblassen lassen.

Bizarre Zeugnisse der Vorzeit, die alles in Frage stellen, was uns in der Schule gelehrt wurde. Erfahren Sie, was uns Archäologen verschweigen, und tauchen Sie ein in eine verbotene Welt voller historischer Unmöglichkeiten.

Dies ist ein Reiseführer in die Welt der verheimlichten Funde und unterdrückten Artefakte. Rund 200 Farbfotos gewähren Einblicke in das Unfassbare: kontroverse Skulpturen, die es nicht geben dürfte, steinalte Relikte, wie sie heute nur mit modernsten Werkzeugen gefertigt werden könnten, oder geheimnisvolle Schriftzeichen versunkener Zivilisationen, die nicht in unser vertrautes geschichtliches Weltbild einzuordnen sind.

»Noch können wir unsere Geschichte ändern, indem wir unsere Vorstellungen über sie revidieren. Das geheime Vermächtnis der Vergangenheit ist der Schlüssel zur Zukunft!« Luc Bürgin

Der Autor

Luc Bürgin, geboren 1970, zählt zu den erfolgreichsten Journalisten und Sachbuchautoren der Schweiz. Seine Bücher wurden in dreizehn Sprachen übersetzt. Bis 2002 arbeitete er als Chefredakteur einer Basler Tageszeitung. Seither fungiert er als Herausgeber und Chefredakteur des Kioskmagazins *MYSTERIES* (www.mysteries-magazin.com). In Anerkennung seiner Forschungen und Publikationen wurde ihm an der Universität von Bern der Preis für Exopsychologie der Dr.-A.-Hedri-Stiftung verliehen.

Lexikon der verbotenen Archäologie

Mysteriöse Relikte von A bis Z

1. Auflage Dezember 2009
2. Auflage Januar 2010

Lektorat: Thomas Mehner
Umschlaggestaltung: Anke Brunn
Satz und Layout: Anke Brunn
Druck und Bindung: Offizin Andersen Nexö Leipzig GmbH

ISBN: 978-3-942016-14-8

Gerne senden wir Ihnen unser Verlagsverzeichnis
Kopp Verlag
Pfeiferstraße 52
D-72108 Rottenburg
E-Mail: info@kopp-verlag.de
Tel.: (0 74 72) 98 06 - 0
Fax: (0 74 72) 98 06 - 11

Unser Buchprogramm finden Sie auch im Internet unter:
www.kopp-verlag.de

Luc Bürgin

Lexikon der VERBOTENEN Archäologie

Mysteriöse Relikte von A bis Z

KOPP VERLAG

INHALT

Vorwort **10**

A

Acambaro-Figuren: Ein Saarländer auf Dinosaurierjagd **17**
Alpen-Venus: Trauerspiel um eine kuriose Knochenfigur **24**
Amerika-Kontroverse: Kolumbus kam als Letzter! **29**
Axtkeile aus Korund: Wie hat man sie einst geschliffen? **36**

B

Batterien der Parther: Wo sind sie geblieben? **38**
Bundeslade von Axum: Patriarch will sie gesehen haben **41**
Burrows Cave: Dubiose Hehlergeschäfte in Illinois **49**

C

Cheops-Pyramide: Wonach wird heimlich gefahndet? **52**
Crespis Vermächtnis: Vergessener Schatz im Keller **60**

D

Dinosaurier: Steinalte Bilder zeigen Urzeit-Echsen **65**
DNA-Rätsel: Haare, die es nicht geben dürfte **67**

E

Excalibur: Das Zauberschwert steckt in Italien **72**

F

Fluch der Eisprinzessin: Bringt tätowierte Mumie Unglück? **75**
Fußspuren: Moderne Menschen vor Jahrmillionen **84**

G

Goliat: Gab es den biblischen Recken wirklich? **89**
Grotten von Huashan: Das achte Weltwunder liegt in China **91**

H

Höhle von Ignatievka: Wie kam das Kamel in den Ural? **97**

I

Ica-Steine: Ist Cabreras »Urzeit-Bibliothek« doch echt? ... **99**
Inka-Fußabdruck: Kuriose Entdeckung in Bolivien ... **103**
Inka-Schatz: Der Schlüssel zum Gold liegt in Polen ... **105**

J

Jesus-Grab: Das Mysterium des heiligen Feuers ... **111**

K

Karate in Peru: Kupferten Ureinwohner bei den Asiaten ab? ... **117**
Knochen von Ishango: Primzahlen vor 20 000 Jahren ... **119**
Kopfskulptur aus Rom: Wie gelangte sie nach Zentralamerika? ... **122**
Kristallschädel: Spielberg wildert im Mystery-Revier ... **127**
Kultursprung: Wiege der Kunst lag in Süddeutschland ... **131**

L

La-Marche-Tafeln: Karikaturen aus der Steinzeit ... **136**

M

Mammut-Paradoxon: Mysteriöse Magenreste aus Sibirien ... **142**
Meier-Sammlung: Kuriositäten aus dem Schatzkästchen ... **146**
Michigan-Relikte: Verschollener Mormonen-Hort aufgetaucht ... **149**
Mumie der Extraklasse: Das Lebenselixier von Mawangdui ... **155**

N

Nazca-Kontroverse: Wer zauberte das Mandala auf den Berg? ... **159**
Nofretete-Büste: Ließ Hitler Duplikate anfertigen? ... **164**

O

Olmeken-Spielzeug: Wohin verschwand der Elefant? ... **172**

P

Pyramiden-Code: Deutscher Philosoph will ihn geknackt haben ... **174**

Q

Qin-Mausoleum: Verchromte Waffen und ein See voller Quecksilber ... **178**

R

Rad: Ältester Fund der Welt stammt aus der Schweiz ... **184**

Riesen: Tanzten sie einst in der Südsee? 188
Riesenaffe: Professor gesteht dreisten Schwindel 190
Ring von Paußnitz: »Vernichte mich, Christus!« 192

S

Statuetten vom Taennchel: Verstaubt, verschmäht und vergessen 194
Stein von Bestensee: Gravierter Brocken verwirrt die Experten 199
Steinkopf von Guatemala: Verschandelt bis in alle Ewigkeit 201
Stele von Weilheim: Plumper Etikettenschwindel 204
Sternentor von Peru: Ein Observatorium der Inka? 208

T

Tatra-Gebirge: Außerirdisches Relikt in slowakischer Höhle? 215
Tlaxcala-Codex: Indianer kannten bereits die Bibel 222
Tolone-Sammlung: Italienischer Anwalt hortet verbotene Relikte 228
Tortuguero-Inschrift: »Im Jahr 2012 steigt ein Gott vom Himmel!« 231
Totenkopf der anderen Art: Stammt er aus dem Weltall? 236
Tutenchamun: Das Geheimnis seiner Trompete 242

U

Unterwasser-Gräber: Besaßen die Maya Tauchgeräte? 248

V

Vasen aus der Antike: Wann beginnen sie zu sprechen? 251

W

Weltkarte von 1507: Priester wusste bereits vom Pazifik 256

Z

Zauberschwert: Wer entziffert seine Inschrift? 258
Zwergschädel von Marokko: Kleiner als ein Apfel! 260

Epilog 262

Quellenverzeichnis 270

Abbildungsverzeichnis 284

Danksagung, Kontakt und weitere Informationen 285

Register 286

VORWORT

Sind Sie Archäologe? Dann wünsche ich Ihnen starke Nerven! Denn dieses Buch stellt alles infrage, was Ihnen heilig ist. Manche werden es verfluchen und die Bäume bedauern, die dafür gefällt worden sind. Geschichtslehrer werden es in Grund und Boden stampfen. Etablierte Journalisten werden es Satz für Satz zerpflücken, um sich nicht den Zorn ihrer Chefredakteure einzuhandeln. Und die Ausgräberzunft wird es mit Ignoranz strafen, weil ihr darin ein »Outsider« gehörig auf die Füße tritt.

Warum schreibe ich mir trotzdem die Finger wund? Weil ich die Nase voll habe vom Mief der Geschichtsbücher, die uns in epischer Breite erzählen, was wir alles wissen – oder vielmehr zu wissen glauben. Weil mir nicht in den Kopf geht, warum wir offene Fragen und kontroverse Ansichten über die Ursprünge der Menschheit in den gescheitesten Fachwerken mit der Lupe suchen müssen. Und weil ich schlicht nicht kapieren will, warum selbst gestandene Archäologen viele der nachfolgend aufgelisteten Fundstücke nicht einmal kennen.

Die Hallen der Ignoranz scheinen unendlich. Seit vielen Jahren fahnde ich nach Relikten, wie sie die Allgemeinheit höchstens in der Filmwelt eines Indiana Jones wittert. Mit beunruhigender Regelmäßigkeit stolpere ich im Keller der Vergangenheit über Leichen, die es nicht geben dürfte. Verstohlen zwänge ich mich durch enge Gänge in düstere Schatzhöhlen – in der Hoffnung, zumindest einige der dortigen Stücke ans Tageslicht zu hieven. Obskure Stätten verbotenen Wissens, die immer noch darauf warten, ausgeleuchtet zu werden. Grandiose Tempel der Unvernunft. Kathedralen der Ketzer.

Den Reiseführer in diese Wunderwelt halten Sie in der Hand. Bald werden Sie steinalte Relikte zu Gesicht bekommen, wie sie heute nur mit modernsten Werkzeugen gefertigt werden könnten, und über 12 000 Jahre alte Haare staunen, deren DNA sich keiner irdischen Population zuordnen lässt. Sie werden von faszinierenden Inschriften erfahren, die selbst versierte Sprachexperten zu

Winzig kleine Öffnungen: Georgische Zinnperlen unter dem Mikroskop.

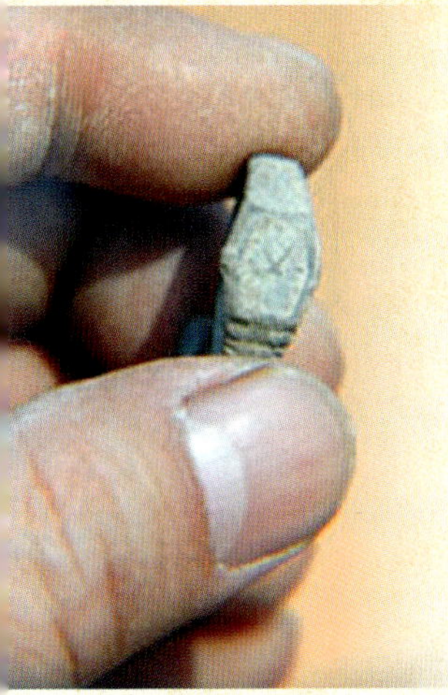

Gefunden in einem unversehrten Ming-Grab: Mini-Uhr aus der Schweiz.

Analphabeten degradieren. Gemeinsam mit dem *Mossad* werden Sie zur Bundeslade schleichen, und auch die Bekanntschaft mit einer fluchbeladenen sibirischen Mumie steht auf dem Programm.

Eröffnen wir den Reigen der Kuriositäten mit einem Feuerwerk der Verrücktheiten. Da ist etwa eine mit Schlamm und Dreck verkrustete Miniatur-Armbanduhr mit der Aufschrift »Swiss«. Gefertigt wurde das Luxusührchen laut Marie Rochel vom Internationalen Uhrenmuseum in La-Chaux-de-Fonds zwischen 1950 und 1960. Das macht die Sache reichlich verzwickt: Entdeckt wurde das edle Stück laut der englischen Zeitung *Daily Mail* nämlich 2008 in einem Grab aus der Ming-Dynastie (1368 bis 1644) in Shangsi. Eine Ruhestätte, die seit mindestens 400 Jahren fest verschlossen und unversehrt war! Bestätigt wird dieser strittige Punkt von Jiang Yanyu, dem früheren Kurator des *Guangxi Autonomous Region Museum*. Nur eine köstliche chinesische Zeitungsente? Vielleicht.

Verwirrung stiften aber auch 2500 klitzekleine georgische Zinnperlen, die dem Gräberfeld von Ergeta bei Sugdidi in der Kolchis entstammen. »Die rund 2700 Jahre alten Winzlinge sind mit ihren ein bis eineinhalb Millimetern Durchmesser derart klein, dass man sich ernsthaft fragen muss, wie die Leute es seinerzeit geschafft haben, dort überhaupt ein Loch reinzubringen«, wundert sich Eva Koch vom Deutschen Bergbau-Museum in Bochum. »Durch die künstlich geschaffenen Öffnungen passt allerhöchstens ein hauchdünnes Haar.« Wie haben unsere Vorfahren diesen Geniestreich bloß vollbracht?

Bei privaten Bauarbeiten entdeckt: Schwert und Schild aus Paraguay.

Ähnlich vertrackt der nächste Fall. Die »Tatwaffen«: Ein bronzener Schild – 17 Kilogramm schwer – und ein 54,5 Zentimeter langes Schwert. Zum Vorschein kamen die antik anmutenden Artefakte bei Baggerarbeiten in einer 20 Meter tiefen Bodenschicht von Ost-Paraguay beim Rio Paranà. Der Fundort wurde von Insidern exakt beschrieben, soll aber vorerst geheim bleiben, um keine Schatzjäger anzulocken.

Degradiert Linguisten zu Analphabeten: Glozel-Stein mit Schriftzeichen.

Stammen die beiden prächtigen Relikte aus der Zeit, als sich die Jesuiten in Paraguay aufhielten – also um 1610 bis 1767? Die Indizien dafür sind mager. Vielmehr erinnert die Darstellung auf dem Schild an einen altrömischen Helm und das kurze Schwert an eine Legionärswaffe. Ein hübscher Anachronismus für alle, die den 1492 gelandeten Kolumbus immer noch als Entdecker der Neuen Welt vergöttern. Denn das Römische Reich ging bereits im 5. Jahrhundert unter. Wie lässt sich diese Nuss knacken?

Auch die Tontafeln, Skulpturen, Vasen, Knochen und Steine von Glozel, südöstlich von Vichy, sind eine Augenweide. Verstohlen in einem winzigen Museum ausgestellt, das die französische Tourismusbranche in ihren Hochglanzprospekten regelmäßig vergisst, freuen sie sich über jede Aufmerksamkeit. Rund 3000 Relikte sind es insgesamt, viele davon mit seltsamen Inschriften verziert. In der Zeitschrift *Antiquity* veröffentlichte Analysen schreiben ihnen

Skizze eines Napfs, der vor 1914 bei Bautzen ausgegraben wurde.

ein Alter von bis zu 2700 Jahren zu. Die zwischen 1924 und 1930 vom Bauern Emile Fradin in einem Acker gefundenen Stücke werden dennoch als Fälschungen verteufelt – nicht zuletzt wegen ihren obskuren Schriftzeichen, die außer dem Schweizer Hans-Rudolf Hitz niemand so recht zu deuten weiß.

Warum eigentlich? Und wie erklärt man sich, dass dem Naturkundlichen Heimatmuseum Leipzig bereits 1927 ein uralter Napf aus Lehm samt Deckelbruchteilen geschenkt wurde, dessen eingeritzte Zeichen verdächtig an Fradins Glozel-Relikte erinnern? Laut Abteilungsleiter Kurt Braune vom Leipziger Museum entstammte besagtes Gefäß einer Grabung, die vor 1914 im Braunkohlegebiet östlich von Bautzen ausgeführt wurde. Es sei unmöglich, dass die Zeichen erst später, nach dem Brennen, angebracht worden seien, konstatierte Braune 1930 in der Archäologiezeitschrift *Mannus* ratlos: »Es ist mir bis jetzt noch nicht geglückt, eine Parallele zu diesem Stück zu finden. Vor allem habe ich keine Deutung der Schrift.« Kann dem Mann posthum geholfen werden?

Ich befürchte das Gegenteil. Denn auch im Fall von Wolfgang Keck zucken die Experten ratlos die Achseln. Neun Specksteine mit seltsamen Darstellungen und Schriftzeichen bekam der junge Mann aus Weissenhorn Mitte der 1980er-Jahre von seinen Eltern zur Kommunion geschenkt. Aufgetaucht waren die antiken Stücke im Schutt einer Ladung Steine, mit der eine örtliche Hofeinfahrt ausgelegt werden sollte. Kommentar von Ludwig Pauli von der Kommission zur Archäologischen Erforschung des Spätrömischen Raetien (Bayerische Akademie der Wissenschaften): »Leider kann niemand das Rätsel dieser Steine lösen. Auch die Schriftzeichen sind in ihrer Zusammensetzung keinem bekannten Alphabet zuzuweisen. Wir bedauern sehr, die Stadt Weissenhorn mit diesem Rätsel allein lassen zu müssen.«

Der Fragen drohen auszuufern: Welches Künstlergenie der Vergangenheit modellierte in Alberta (Kanada) nahe des Städtchens Medicine Hat einen 500 Meter breiten Indianerkopf in die dortigen Hügel? Nur eine Laune der Natur? Und was – o heiliger Christophorus! – hat eine »Micky-Maus«-Darstellung an der Außenmauer der österreichischen Pfarrkirche in Malta (Spittal an der Drau) verloren? Kritzelte sie ein zeitreisender Comiczeichner vor 700 Jahren ins spätromanische Fresko? Oder ist die Zeichnung modernen Ursprungs, wie man glauben könnte? Nein, belehrt uns die Diözese Gurk-Klagenfurt. Es handle sich bei der Darstellung aus der Zeit um 1300 nach Christus vielmehr »um einen Biber oder ein Wiesel«, versichert man mit ernster Miene – und überlässt den Rest unserer Fantasie.

Warum wird uns von derlei kuriosen Fundstücken und Bildnissen aus der Vergangenheit nicht schon in der Schule erzählt? Weshalb dürfen wir das Geheimnisvolle erst dann entdecken, wenn wir uns von allen gesellschaftlichen

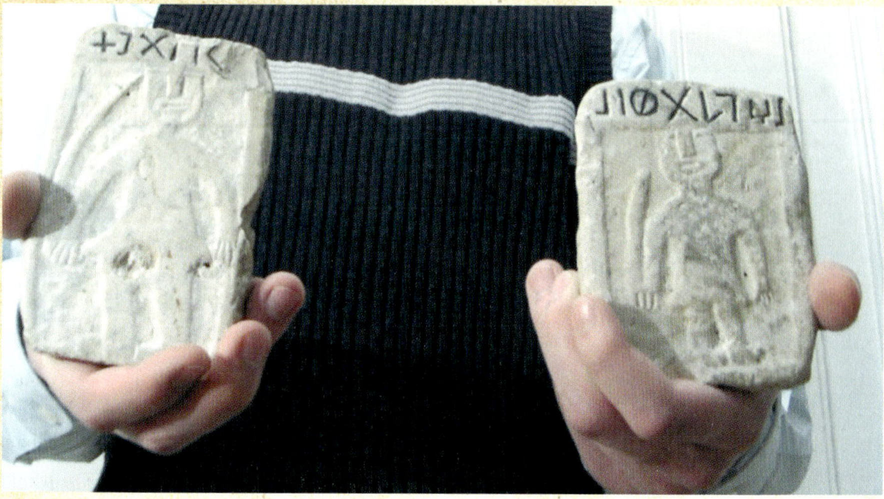

Geben den Experten Rätsel auf: Die Specksteine von Wolfgang Keck.

Vorurteilen befreit haben, die dagegen ins Feld geführt werden? Warum müssen wir solches Wissen in mühseliger Arbeit zusammenkratzen, statt davon überall in großen Lettern zu lesen? Weil Geschichte von den Siegern diktiert wird. Sie entsteht, während sie geschrieben wird – und avanciert zum Longseller. Die Geschichten der Verlierer bleiben dabei oft auf der Strecke, obwohl sie uns viel zu berichten hätten.

»Aber das ist doch ganz und gar unmöglich, was Sie mir da berichten – reine Zeitverschwendung«, bekam ich in den vergangenen Jahren etliche Male zu hören, wenn ich Altertumsforscher über kontroverse Fundstücke oder Entdeckungen befragte, von denen sie keinen blassen Schimmer hatten. Oft kam ich mir dabei vor, als müsste ich einem Gnu das Internet erklären. Die Chancen, dass es mir eines Tages eine E-Mail senden wird, stehen denkbar schlecht.

Zwar mangelt es den gelehrten Damen und Herren beileibe nicht an Fachwissen oder Intelligenz. Dafür umso mehr an Fantasie und Vorstellungskraft. Denn sie leben in einer Welt, in der Unerklärliches keinen Platz mehr hat. Erdrückt vom täglichen Wust an vermeintlich gesicherten Informationen bleibt ihnen kaum noch Muße für ketzerische Gedankenausflüge. Gefangene ihrer Zeit, die sich fälschlicherweise in Freiheit wähnen. Ihre gescheiten Bücher enden dort, wo sie beginnen sollten.

Nur die Götter wissen, warum. Darum hat man sie aus unserem wissenschaftlichen Weltbild verbannt. Noch glitzern ihre Abschiedstränen in der Ferne. So mag den Glanz der Vergangenheit von mir aus messen, berechnen und klassifizieren, wer ihm heute nichts Mystisches mehr abgewinnen will. Ob ihn das dem Ursprung aller Rätsel näher bringt, darf bezweifelt werden. Denn das Königreich bleibt den Fantasten vorbehalten: Nur wer sich den versunkenen Kontinent von Atlantis in voller Pracht ausmalen kann, mag ihn eines Tages auch tatsächlich entdecken. Weil er sonst nicht ahnt, wonach er überhaupt suchen sollte. Und wer vergessene hochtechnologische Relikte a priori ins Reich der Märchen verbannt, beschneidet sich ebenfalls. Weil er kein »verbotenes« Fundstück je in die Hände nehmen wird, um sich von ihm überraschen zu lassen.

Die Uhr tickt unerbittlich: Je schneller sich der technologische Fortschritt verdoppelt, desto rascher schwindet auch das Interesse an den erstaunlichen Errungenschaften unserer Vorväter. Vorbei die aufregenden Pionierzeiten, als Maya-Entdecker John Lloyd Stephens Mitte des 19. Jahrhunderts in Zentralamerika dem sagenhaften Orakelstein von Tecpan in Guatemala hinterherjagte, von dem er in historischen Aufzeichnungen gelesen hatte – ein schwarzes, durchsichtiges Kleinod, das den Indios in Form von Bildern einst die Zukunft enthüllt haben soll. Vorbei die Epoche der Besessenen, wie etwa des französischen Forschungsreisenden Charles Jacques Poncet, der Ende des 17. Jahrhunderts unter Aufbringung aller Leibeskräfte zum 2300 Meter hoch gelegenen Kloster Debre Bizen in Eritrea kletterte, um dort das Geheimnis eines frei in der Luft schwebenden Goldstabes zu erkunden.

Wo sind sie geblieben, die berühmten Jäger verlorener Schätze mit ihrem Entdeckergeist, die visionär beseelten Abenteurer vom Schlage eines Heinrich Schliemann oder eines Howard Carter? Man kann sie heute an zwei Händen abzählen. Stattdessen weiden zunehmend Amtsschimmel und Bürohengste in den weltweiten Ausgrabungsfeldern, damit Touristen nur noch das zu Gesicht bekommen, was sie auch sehen sollen. Der Wettbewerb unter den archäologischen Teams ist härter geworden, der Konkurrenzdruck wächst, die Mittel werden knapper. Wer Fehler macht, den bestraft das System.

»Verbotene Funde« sind darin nicht vorgesehen. Statt Ruhm und Ehre bringen sie ihren wissenschaftlichen Entdeckern und Untersuchern oft Ungemach – weil sie Fragen aufwerfen, die niemand beantworten kann. Ein Armutszeugnis, das sich kein ehr-

Luftbild, unweit der Ortschaft Medicine Hat: Wer schuf diesen »Indianer«?

geiziger Profi-Buddler gerne ausstellen lässt. Besser, man schweigt darüber. So lange, bis alles vergessen ist. Und – schwups – verschwinden die vom akademischen »Klerus« oft vorschnell als Fälschungen gebrandmarkten Kuriositäten wieder in der Versenkung. Ohne jemals sauber fotografiert, geschweige denn ausgiebig analysiert oder dokumentiert worden zu sein.

Die Gruft der Vergessenheit droht aus allen Nähten zu platzen. Ob jahrtausendealte Fundstücke mit Dinosaurierdarstellungen oder steinzeitliche Knochen, auf denen bereits Primzahlen eingeritzt sind: Wer mehr über derlei sensationell anmutende Entdeckungen erfahren möchte, blättert selbst in den umfangreichsten Lexika vergeblich. Diesem Missstand soll dieses alphabetisch geordnete Werk abhelfen – soweit dies auf 300 Seiten überhaupt möglich ist. Zu hoch türmt sich der Berg der »verbotenen« Relikte, um alle beim Namen zu nennen. Doch die Inventarliste steht – von A bis Z. Inspiriert von den schwärzesten Schafen der Archäologie: findige Köpfe ohne Scheu vor geschichtlichen Dogmen oder Tabuthemen. Außenseiter wider Willen, denen die Wahrheit mehr am Herzen liegt als das Verfalldatum ihrer Lehrbücher. Freunde der Fragezeichen – und Gegner des akademischen Katechismus.

Die Entdeckungsreise beginnt. Jetzt werden Geheimnisse verraten. Mögen sie uns zu neuen Ufern führen. Dorthin, wo uns die Fantasie in schillernden Farben den Weg zur Erkenntnis erleuchtet. Vorwärts in die Zukunft – zurück zum Ursprung der Menschheit. Oder wie der französische Visionär Robert Charroux einst postulierte: »Jetzt ist die Zeit gekommen, da es nicht mehr nötig ist, irgendein Geheimnis zu bewahren. Alles darf gesagt werden.« Willkommen im Kuriositätenkabinett der Menschheitsgeschichte! ■

700 Jahre alte »Micky-Maus«-Zeichnung an der Außenwand einer Pfarrkirche in Malta.

ACAMBARO-FIGUREN:
Ein Saarländer auf Dinosaurierjagd

»Auf nichts ist der Mensch so stolz wie auf das, was er selbst gelernt hat – und wenn es auch blanker Unsinn war, er hat's doch einmal begriffen, und da ist dann nichts mehr zu machen.«
(Kurt Tucholsky, Schriftsteller)

Das neue Mekka der Ketzer liegt in Acambaro. Seit dem 28. Februar 2002 kann im kleinen Städtchen nordwestlich von Mexico City im Bundesstaat Guanajuato jedermann begutachten, was jahrzehntelang vor den Augen der Öffentlichkeit verborgen wurde. Klein, aber fein ist das Museum, das an besagtem Tag seine Pforten öffnete. Hunderte altamerikanische Keramikobjekte werden dort zur Schau gestellt. Darunter Fabeltiere, Monsterwesen und andere Untiere. Aber auch rund 50 Dinosaurier-Skulpturen. Viele weitere Figuren liegen noch immer im Keller, weil sie in den kleinen Räumen kaum Platz finden.

Zusammengetragen hat sie der 1897 nach Mexiko eingewanderte Bremer Kaufmann Waldemar Julsrud. Über 33 000 Skulpturen ließ der deutsche Eisenhändler von 1944 bis 1952 im südwestlichen Teil von Acambaro von Einheimischen ausbuddeln. Bald begann sein Haus aus allen Nähten zu platzen. Kaum eine Nische, in der es nicht von den »Wunderwesen« wimmelte: Ein zoologischer Garten voller bizarrer Kreaturen aus Ton, der immer mehr Schaulustige anlockte. Modellierte Albträume einer längst vergessenen Welt.

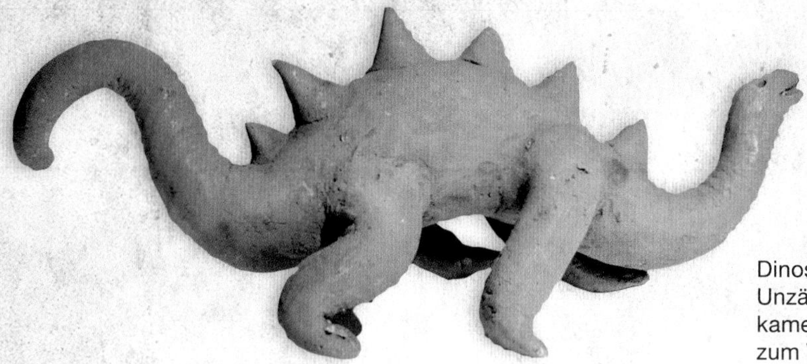

Dinosaurier-Figur: Unzählige solche Stücke kamen in Acambaro zum Vorschein.

Der Aufmarsch der neuen Inquisition war nur noch eine Frage der Zeit. Bald wurden denn auch lokale Archäologen auf Julsruds Panoptikum aufmerksam. Aufgeschreckten Hühnern gleich gackerten sie beim Anblick seiner Sammlung um die Wette: Steinalte Dino-Skulpturen? Um Himmels willen – das konnte nicht sein! Schließlich waren die Urzeit-Giganten längst ausgestorben, als sich unsere Vorfahren die Erde untertan machten. Schnell brandmarkte man die tönernen Stücke als Fälschungen und wünschte sie zur Hölle – dorthin, wo man ihren Ursprung wähnte.

Dass Professor Charles Hapgood, Anthropologe an der *University of New Hampshire,* ähnliche Figuren unter dem Haus des lokalen Polizeichefs aus dem Erdreich förderte, machte die Laune der lokalen Instanzen auch nicht besser. So endete Julsruds »Schatz« nach dessen Tod im Jahre 1964 in einem alten Lagerhaus, wo er – vom Staat weggeschlossen – erst Ende der 1990er-Jahre von Privatforschern wieder ans Tageslicht gefördert wurde. Julsruds letztem Wunsch entsprechend, »dass man die Sammlung als Museum erhält und überall, wo suchende, denkende Menschen sind, davon spricht«.

Ebenso gehoben wurde mittlerweile ein zweiter »Schatz« – und zwar der Nachlass von Gustav Regler. Der deutsche Schriftsteller (1898 bis 1963) wirbelte in Acambaro gehörig Staub auf. Ein Umstand, der selbst Mystery-Freunden bislang verborgen blieb. Regler hatte die Stadt 1949 zum ers-

Auch Schriftsteller Gustav Regler nahm 1956 an einer illegalen Grabung teil.

ten Mal besucht. Als erster Europäer überhaupt bekam er dort auch Julsruds Hort zu Gesicht. Die merkwürdigen Figuren aus der Schattenwelt übten auf den Saarländer eine geradezu magische Anziehungskraft aus. Umso mehr, als das Haus des Auswanderers davon geradezu überschwemmt war.

»Durch alle elf Räume wälzte sich dieser Strom von Einfällen. Schwänzelte, ringelte und reckte sich, bäumte sich, drohte und gierte, schnaubte und lauerte und schlug zu«, notierte Regler später. »Ich sah Saurier Frauen erdrosseln, sah Frauen an ihrem Hals in den Riesenschlund klettern wie im Wettbewerb. Ich sah Saurier klagend vor Opferpfählen sitzen, an denen Menschen mit Pfeilen getötet worden waren. (…) Es war wirklich eine Invasion. Die Tiere rückten von Zimmer zu Zimmer vor. Julsrud war machtlos. (…) Man öffnet wuchtige Wäscheschränke und findet Dinosaurier. Man folgt engen Pfaden über die Fliesen durch ein Arsenal von gefüllten Kisten. 3000 beschwänzte Tiere schauen im Esszimmer dem Frühstück von Herrn Julsrud zu. (…) Aus dem Kamin grinst ein Götze.« Genächtigt habe Julsrud im Badezimmer. »Mehr haben ihm seine Tiere nicht übrig gelassen …«

Wie hatte ein Mensch diese bizarre Brut um sich versammeln können? Wie hielt er es aus, damit zu leben? Auch Reglers amerikanischem Freund Arthur M. Young quollen in den 1950er-Jahren im »Schatzhaus der Unterwelt« beinahe die Augen aus den Höhlen. »Lachhaft, dass diese Figuren von vielen Experten als Fälschungen betitelt werden, nur weil unsere Altvordern nichts von Dinosauriern gewusst haben sollen!«, polterte der berühmte Hubschrauber-Erfinder, als er durch die schier endlosen Gänge von Julsruds Monsterkabinett

Zwei weitere Dinosaurierskulpturen aus der Sammlung von Waldemar Julsrud.

wandelte. »Wie viele Stücke mussten die Herren Archäologen schon als echt anerkennen, nachdem sie diese zuvor jahrelang verfemt hatten?«

Mehr denn je sah sich Young in seinem ewigen Kampf bestätigt. Denn mit akademischen Experten hatte der amerikanische Querdenker seit jeher seine liebe Mühe. »Scheuklappenträger«, brummte er gerne. »Hochnäsige Tempeldiener. Ohne Magie. Stolz auf die Bedeutung, die sie dem einen Leben auf dem einen Stern gegeben haben. Zu reich diese Figuren für die Armen im Geist …«

Wurde in Acambaro die Geschichte neu geschrieben, ohne dass man in Europa oder den USA davon wusste? Schlummerten im örtlichen Erdreich womöglich gar noch weitere, unentdeckte Stücke? Regler und Young kontaktierten den weltberühmten holländischen Hellseher Peter Hurkos, in der Hoffnung, mehr darüber zu erfahren. In einer Vision glaubte der damalige Uri Geller im August 1956, vor seinem inneren Auge ein unterirdisches Höhlensystem lokalisiert zu haben. Wie in Trance beschrieb er, was er zu sehen bekam: »Dieser Mann ist ein Sonderling … Er hat Angst. Ich sehe einen Mann mit seinem Sack gehen. Es ist Nacht. Eine Lampe scheint. Einer stürzt in ein Loch. Der andere läuft weg. Das ist zwölf Jahre her. Er weiß etwas, fürchtet sich, es zu sagen. Er nimmt sein Geheimnis mit ins Grab. Er wird in diesem Jahr sterben. Hier ist eine Höhle. Viele, viele Jahre zurück. Sie wollten Gold finden. Fünf, nein sieben Meter tief. Menschen lebten in den Tunnels. Ganz früh. Zehn Meter hinein geht die Galerie. 800 Meter lange Felsenfront. Die Tür ist mit Steinen bedeckt. Da sind Töpfe, Skulpturen, Inschriften und Bas-Reliefs. Ich sehe auch Häuser. Und ein Tier, 18 Meter lang, an der Wand. Alles alt, sehr alt. Zum Schwindligwerden. Wie ein Abgrund. Niemand hat

Insgesamt 33 000 Figuren dieser Art trug der deutsche Auswanderer zusammen.

Figuren mit Schlitzaugen: Auch davon fanden sich bei Acambaro jede Menge.

Den Ausgräbern standen ob der skurrilen Motive die Haare zu Berge.

»Ausgeburten der Hölle«: Figur mit Schlangendarstellungen auf dem Kopf.

Viele der eindrücklichen Relikte aus Guanajuato gelten heute als verschollen.

es gesehen. Es ist ein Tier mit langem Schwanz – kein freundliches. Die Menschen sind hier vergraben. Es müssen überall Gräber sein. Die Menschen haben Angst. Ich sehe nichts mehr …«

Verstört nahm der Hellseher einen Griffel und kritzelte eine Zeichnung – »die exakt den Bergen um Acambaro entsprach«, wie Young staunte. Willig zückte der Amerikaner seine dicke Brieftasche und finanzierte die illegale Expedition. Auch Gustav Regler schloss sich dem verschworenen Trupp an. Mit der »Sicherheit einer Gämse« habe sie Hurkos vor Ort auf ein unbebautes Feld am Fuß der Berge von Acambaro geführt. Dort befahl er zu graben.

»Die Zauberwoche, Einbruch der Geister, Sündflut der Dinosaurier, Kampf der Offiziellen gegen die Amateur-Archäologen«, umschrieb Regler seine damaligen Eindrücke im Juli 1956 in einem Brief. »Viel Spannung, aber das Dorf ist für uns, die Hauptstadt weiß nicht, dass wir hier sind, und ehe sie es nicht weiß, werden keine Steine aus Verstecken geworfen, wird nichts beschlagnahmt, treffen wir nur auf gespannte Gesichter, die von Goldschätzen träumen oder die in der Dämmerung ankommen und lang verborgene Figuren anbieten, dann wieder, ohne ihre Namen zu nennen, in ihren Hütten verschwinden. (…) Das Museum in Mexiko höhnt. Julsrud aber kämpft wie eine Bulldogge. (…) Er will, dass seine Sammlung anerkannt wird von oben.«

Doch das Abenteuer endete, ehe es richtig begonnen hatte. Als ob Julsruds Figuren weitere Vorboten der Hölle mobilisiert hätten, geisterten in der Gegend plötzlich Gerüchte herum, dass der Schatzsuchertrupp auf Uran gestoßen sei. »Ehe daraus eine nationale Angelegenheit werden konnte, beschlossen wir, unsere Niederlage zu erklären, und warfen die Grube zu in der Hoffnung, später wiederzukommen. Der Schlüssel zum Geheimnis ist in jenem Feld noch immer vergraben.«

Fabelwesen in Hülle und Fülle – eines kurioser als das andere.

Unzählige von Reglers Briefen, Notizen und Romanfragmenten werden derzeit von Hermann Gätje im Literaturarchiv Saar-Lor-Lux-Elsass der Saarländischen Universitäts- und Landesbibliothek verwaltet und aufgearbeitet. Darunter etliche handschriftliche Notizen zur kontroversen Julsrud-Sammlung. Aber auch Briefe von und an Waldemar Julsrud – von Forschern links liegen gelassen: ein Traum für alle Freunde der Fantastik, ein Alptraum für Archäologen.

Lohnen die Figuren tatsächlich keine eingehenderen Untersuchungen, weil sie in der Neuzeit fabriziert wurden, wie die Gegenseite kontert? Drei wissenschaftliche US-Analysen beweisen das Gegenteil: 1) Eine C14-Datierung von organischen Proben durch die *Teledyne Isotopes Laboratories* in Westwood (New Jersey) um 1968. Die Fachleute wiesen dem Material ein Alter von rund 6500 Jahren zu. 2) Thermolumineszenz-Datierungen des *Museum Applied Science Center for Archaeology* (MASCA) der *University of Pennsylvania* um 1972. Ergebnis: Die Proben stammten aus der Zeit um 2550 vor Christus. 3) Altersuntersuchungen der *Geochron Laboratories* in Massachusetts vom 14. September 1995. Die Wissenschaftler bezifferten das Alter der untersuchten Materialprobe auf rund 4000 Jahre.

Da besagte Gutachten von privater Seite in Auftrag gegeben wurden und nicht in bekannten Wissenschaftszeitschriften Unterschlupf fanden, mag man sie mit etwas schlechtem Willen rückwirkend anzweifeln. Deshalb sei hier allen Miesmachern die einmalige Gelegenheit offeriert, der Kontroverse mit modernsten Untersuchungsmethoden ein für allemal ein Ende zu machen: Zwei Figuren aus Julsruds Sammlung befinden sich nämlich im Besitz von Michael Hesemann.

Der Düsseldorfer Journalist hatte sich von 1994 bis 2000 oft in Mexiko aufgehalten. Dort lernte er seinen Berufskollegen Oscar Zapien kennen und schätzen. »Einmal recherchierten wir die Berichte von riesenhaften Skelettfunden bei Puebla, ein anderes Mal, ich glaube im Dezember 1997, beauftragte ich ihn, mir eine Acambaro-Statuette zu besorgen«, erinnert sich Hesemann. »Bei meinem nächsten Besuch im Februar 1998 brachte er mir zwei Statuetten mit, die er von einem Mitarbeiter im Rathaus in Acambaro erworben hatte, wo die Skulpturen der Julsrud-Sammlung seinerzeit untergebracht waren.«

Noch immer sucht der Düsseldorfer nach Spezialisten, um seine Objekte wissenschaftlich untersuchen zu lassen. »Da eine Zackenspitze abgebrochen ist, könnte man diese opfern und eine Thermolumineszenz-Datierung vornehmen«, so Hesemann. Eine einmalige Chance, mehr über die kontroverse Kollektion zu erfahren. Wahrnehmen wird sie wohl einmal mehr – niemand. Leider. ■

Eine der zwei Dinosaurier-Figuren aus dem Privatbesitz von Michael Hesemann.

ALPEN-VENUS:
Trauerspiel um eine kuriose Knochenfigur

»Anfang und Ende der Dinge werden dem Menschen immer ein Geheimnis bleiben. Er ist ebenso unfähig, das Nichts zu sehen, aus dem er stammt, wie die Unendlichkeit zu erkennen, die ihn verschlingen wird.«
(Blaise Pascal, Philosoph)

21. Oktober 1926, Toggenburg in der Schweiz: Hoch oben auf den Bergen, nahe dem Eingang einer alpinen Karsthöhle auf 1628 Metern Höhe, wühlt sich ein Mann fröstelnd durch Berge von Lehm. Flink und routiniert tasten sich seine Finger auf dem Sortiertisch durch die feuchte Masse in der Hoffnung, Reste von Steinwerkzeugen zu finden. Plötzlich hallen aufgeregte Stimmen aus dem Höhleninnern. Ein junger Helfer stürmt heraus. Wie wild gestikuliert er mit den Armen: »Mir hend es Götzli gfunde – es Götzli!« (»Wir haben ein Götzenbild gefunden.«)

Emil Bächler schießt wie von der Tarantel gestochen auf, reibt sich die Lehmreste von den Händen und spurtet mit dem Helfer zurück zum »Wildenmannlisloch«, ins Höhleninnere. »Da lagen in einer kleinen Felsennische, die aus den Schichtbänken des Höhlenseewerkalkes herausgebrochen war, auf einer Unterlage von etwa 2,5 Zentimeter Sintererde ruhend, zwei, von allen anderen Funden völlig isolierte Knochenbruchstücke«, notierte der Konservator des Heimatmuseums St. Gallen später.

Bächler war verblüfft. Denn die beiden Bärenknochen, so war ihm und seinen Mitarbeitern sofort klar, konnten an diesen Ort und in diese Situation »nur durch den Menschen, niemals aber durch Einschwemmung von Wasser« gebracht worden sein. Neugierig nahm der Fachmann eines der Stücke in Augenschein. »Auf den ersten Blick erkannte man am einen Ende die Silhouette eines niedlichen Menschen- beziehungsweise Frauenköpfchens in gebeugter, sinnender, ja betender Haltung. Deutlich waren die halbgeschlossenen Augen, vorab aber das zierlich kleine Näschen sowie das schmale Mündchen zu unterscheiden. Unter dem fast winzigen, rundlichen Kinn lag der tiefe, sehr deutlich ausgeprägte Halseinschnitt, nebst länglichem Hals. Die Brustseite schien mit einem umgeschlagenen Tuch bedeckt zu sein.«

Die zehn bis zwölf Zentimeter kleine »Pseudovenus«, wie man sie später nannte, polarisierte die Fachwelt. Ebenso wie Bächlers weitere Funde im nahegelegenen »Drachenloch« (2427 Meter ü. M.) sowie den »Wildkirchli«-Höhlen (1500 Meter ü. M.) in den ersten Jahrzehnten des 20. Jahrhunderts. Viele der dortigen Höhlenbärenknochen schienen von Menschenhand bearbeitet worden. Und das vor über 55 000 Jahren – also mindestens 15 000 Jahre vor der ältesten archäologischen Kultur des Jungpaläolithikums in Europa, deren Auftreten mit der Einwanderung des modernen Menschen in Verbindung gebracht wird.

Spuren menschlicher Gebeine suchte man im »Wildenmannlisloch« vergeblich. Ebenso wie im »Drachenloch«. Dafür entdeckte Bächlers Ausgräber, der Lehrer Theophil Nigg, dort regelrechte »Steinkisten«. Eine davon enthielt sieben zum Höhlenausgang ausgerichtete Bärenschädel, säuberlich aufeinander geschichtet und bestens erhalten – als hätte sie einst jemand

Bächlers Alpen-Venus: Nur ein schlechtes Schwarzweißfoto blieb von ihr übrig.

ehrfürchtig verwahrt. »Diese Steinkisten im Drachenloch sind die ältesten künstlichen Bauwerke von Menschenhand, die uns bisher bekannt wurden«, schwärmte der bekannte deutsche Reiseschriftsteller Ivar Lissner 1958: »Über einer größeren Steinplatte waren 31 gebrochene Wadenbeine regelrecht magaziniert. Alle gleichen Gelenkenden waren nach einer, die Bruchenden nach der entgegengesetzten Seite gerichtet.«

Mit welcher schier übermenschlichen Motivation war der Neandertaler bloß bis in diese karge alpine Höhlenwelt vorgedrungen? Weshalb trug er Bärenknochen in schwindelerregende Höhen, um sie dort zu verehren? Warum hatte er im »Drachenloch« durch den linken Jochbogen eines Höhlenbärenschädels mit allerlei geschickten Verrenkungen einen großen Oberschenkelknochen gestoßen? Spuren eines Jagd- und Opferkults? Und das ausgerechnet in einer Epoche, als der Mensch offiziell noch gar keinem Kult frönte und von Kunst nicht den blassesten Schimmer gehabt haben soll?

Fasziniert reiste Lissner in den 1950er-Jahren in die Schweiz. Ehrfürchtig stand er im verträumten Heimatmuseum von St. Gallen vor Bächlers Fundstücken – »einem ungelösten Rätsel«, wie er mit dem Schweizer einigging. Ebenso darin, dass die Grundform der Pseudo-Venus wohl zufällig entstanden, das Abbild der Frauenplastik aber von unseren Altvordern weiter ausgearbeitet

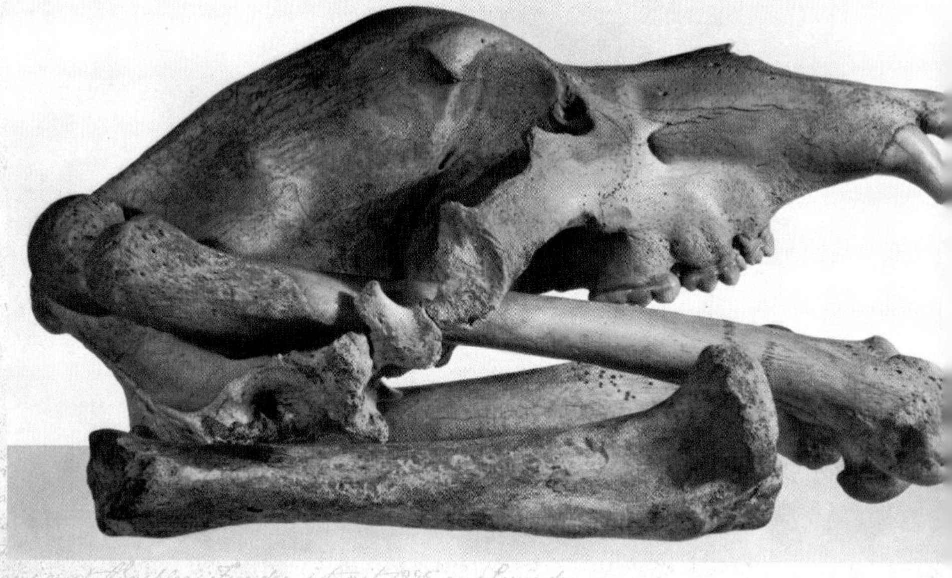

Jochbogen eines Höhlenbärenschädels. Wer stieß den Knochen hindurch?

worden war. Vergleichbare Venus-Statuetten aus der Steinzeit, so wusste Lissner, gehören durchweg in die viel spätere Epoche des Aurignacien (40 000 bis 28 000 Jahre vor unserer Zeit). Insofern sei Bächlers Ausnahmefund »die älteste menschliche Figur, von Menschen gemacht oder doch wenigstens von Menschen erkannt« – und damit »wohl das erstaunlichste Zeugnis vorgeschichtlichen Tuns oder Begreifens auf unserer Erde«.

Viel Gras ist in den Schweizer Bergen seither über die Angelegenheit gewachsen – und noch mehr Unkraut. Von vorzeitlichen Spuren menschlicher Aktivitäten will außer den Einheimischen heute kaum noch jemand etwas wissen. Das Museum im Kirchhoferhaus mit Bächlers Funden ist seit 1995 aus Gründen allgemeinen Geldmangels geschlossen. Aktuelle Fachaufsätze von Schweizer Frühgeschichtsforschern aus den letzten Jahren versichern uns unisono, dass in den Höhlen nur eine einzige Kraft am Werk gewesen sei – die der Natur. Sämtliche erwähnten sowie weitere von Bächler festgestellten Merkwürdigkeiten seien rein zufällig entstanden. Die »eigenartige Verteilung« der Bärenknochen sei »auf die Verlagerung durch die Tiere selbst« zurückzuführen. Und die beschriebene Form der zerstörten »Steinkisten« müsse man wohl der Fantasie der damaligen Ausgräber zuschreiben.

Kurz und bündig lesen wir im 1999 erschienenen ur- und frühgeschichtlichen Standardwerk *Die Schweiz vom Paläolithikum bis zum frühen Mittelalter:* »Die Ausarbeitung dieses wissenschaftlichen Irrweges und seine Kritik haben über einen großen Teil dieses Jahrhunderts gedauert, und heute bleibt nichts übrig von dieser unglücklichen Geschichte.« Nichts? Immerhin sind da noch Skizzen der »Steinkisten«. Zwar nachträglich angefertigt. Aber durchaus eindrucksvoll. Wie die Natur solche Stücke geformt haben soll, bleibt ihr Geheimnis. Und die Pseudo-Venus? »Nun ja …«, räuspert sich der St. Galler Kantonsarchäologe Martin Schindler am Telefon leicht verlegen, »die Pseudo-Venus existiert leider nicht mehr.«

Wie bitte? Schindler schluckt einmal leer und fährt dann fort: »Soviel ich weiß, hat jemand im Museum das spröde Knochenteil in den 60er- oder 70er-Jahren auf den Steinboden fallen lassen. Offenbar ein dummes Missgeschick. So hat es mir zumindest meine Amtsvorgängerin erzählt. Die Reste dürften im Müll gelandet sein.« Verflucht sei die moderne Wegwerfgesellschaft! Bächler und Lissner würden sich in ihren Gräbern umdrehen, wenn sie davon wüssten.

Und was ist mit dem Alter der Fundorte? »Das ist mit über 55 000 Jahren tatsächlich korrekt beziffert«, räumt Schindler ein. »Unsere Datierungen von Kohleresten einer geschlossenen Feuerstelle im Drachenloch haben derlei Werte jüngst bestätigt.« Dennoch, so der Archäologe, bleibe Emil Bächlers Theorie eines Bärenkults rückblickend unbeweisbar. »Aufgrund seiner Unterlagen lässt sie sich jedenfalls nicht aufrechterhalten.« Und was die Venus beträfe, »hat der gute Mann nie behauptet, dass es tatsächlich eine wäre. Er glaubte, im Knochen einfach ein Gesicht zu sehen. Das war alles.«

Der 1950 verstorbene Bächler kann dem Fachmann nicht mehr widersprechen. Deshalb sei hier wörtlich zitiert, was er bereits 1934 zu Papier brachte: »In meinen vieljährigen Ausgrabungen mit den vielen Tausenden von Knochenfunden aller Art, auch im zerbrochensten Zustande, habe ich nie etwas Derartiges zu Gesichte bekommen, trotzdem mir oft Knochenfragmente begegneten, die ich in die von mir beschriebenen ›Naturspiele‹ einreihte. Aber eine solch ausgesprochene menschliche Kopffigur hatte ich nicht einmal in den vielen mir bekannten Felsfiguren in den Bergen angetroffen, geschweige denn an Knochen des Höhlenbären.«

Für die Eidgenossen scheinen Bächlers Fundstellen definitiv abgehakt. Zum Glück sind da noch die Österreicher. Die lechzen geradezu nach den »Futterresten« ihrer gesättigten Schweizer Kollegen. »Im Mai 2009 weilte eine Gruppe von Forschern der Universität Wien bei uns, um Teile des Bächler-Materials zu sichten, speziell die Höhlenbär-Knochen«, bestätigt Toni Bürgin, Direktor des Naturmuseums von St. Gallen. »Möglich, dass sich daraus ein Forschungsprojekt entwickelt.«

Frühestens ab 2015, so stellt er in Aussicht, möchte er die noch vorhandenen Überbleibsel der Sammlung sowieso wieder öffentlich zugänglich machen – im geplanten, neuen Museumsbau. Ob die Reste der zerbrochenen »Pseudo-Venus« dann vielleicht doch noch auftauchen? Womöglich in irgendeiner verstaubten Schuhschachtel im Museumskeller? Die Hoffnung stirbt zuletzt. Bis dahin müssen wir uns mit einem unscharfen, schwarzweißen Seitenprofilfoto von Bächlers »betender Jungfrau« begnügen, das auf Licht und Schatten reduziert, was einst Leben ausstrahlte. Ihre wahre Natur mag heute nur noch erahnen, wer Ivar Lissners liebestrunkene Beschreibung Revue passieren lässt: »Ich habe die Figur genau betrachtet. Die geschlossenen Augen, der zarte Mund, die kleine Stirn, der schmale Hals, der Rücken, alles scheint ganz fein gearbeitet zu sein …« ■

AMERIKA-KONTROVERSE:

Kolumbus kam als Letzter!

»Natürlich ist Amerika schon vor Kolumbus entdeckt worden; und zwar oft. Es wurde nur immer vertuscht.«
(Oscar Wilde, Schriftsteller)

»Geschichte ist zu wichtig, um sie den Geschichtsforschern zu überlassen.« Gunnar Thompson ist ein eigenwilliger Forscher. Seit Jahren »betrügt« der Anthropologe im US-Städtchen Port Townsend (Washington) die Gegenwart mit der Vergangenheit.

Seine heimlichen Rendezvous finden meist nachts statt – im stillen Kämmerlein. Immer wieder fragt sich Thompson dort, über Unmengen von Notizen und Bücher gebeugt: Ist das auch alles wirklich wahr, was uns da offiziell aufgetischt wird? Ein Zweifler, wie ihn das Wissenschaftssystem bitter nötig hat. Ein Besessener, der seine gewagten Thesen jeweils akribisch zu untermauern pflegt und seine Arbeitsstube erst dann verlässt, wenn ihm seine Recherchen hieb- und stichfest erscheinen. Im Bewusstsein, dass ihm draußen vor der Tür ein kalter Wind um die Nase fegt.

Kürzlich war es wieder einmal so weit. Nach zweijährigen intensiven Untersuchungen ist der »Sherlock Holmes der US-Geschichte« felsenfest davon überzeugt, dass die in ägyptischen Tempeln, Gräbern und auf Papyrusrollen dargestellten, kolbenförmigen Pflanzen Abkömmlinge von eingeführtem Mais waren: aus Amerika! Mais, der möglicherweise bereits vor über 4000 Jahren auf den afrikanischen Kontinent gelangte.

Mais-Darstellung aus dem altägyptischen Deir el-Bahri, um 1470 vor Christus.

Enthusiastisch lancierte Gunnar Thompson am 28. April 2008 eine Pressemitteilung. »21 goldgelbe Maiskolben werden alles infrage stellen, was je über die Entdeckung der Neuen Welt geschrieben worden ist«, verkündete er in seiner Funktion als Leiter des *New World Discovery Institute.* Zeilen, die bei Medienschaffenden im Gegensatz zu Belanglosigkeiten über Stars und Sternchen leider kein Gehör fanden. Sein Ruf verhallte buchstäblich im Niemandsland, aus dem er kam. Schade, denn der findige Spürhund benannte in seinem verschmähten Text minutiös alle Orte, an denen er klassische Maisabbildungen aufgestöbert hatte. Kolbendarstellungen, die man auch ohne Brille unschwer als solche erkennt. Beispielsweise auf einer Abbildung von Pharao Thutmoses I. in Deir el-Bahri oder auf einer Darstellung im Osiris-Tempel von Sethos I.

Entmutigt Thompson die Ignoranz der Fachwelt? Im Gegenteil: Sie stachelt sein Kämpferherz an: »Alle modernen europäischen Geschichtsforscher haben bislang behauptet, dass es Kolumbus war, der im 15. Jahrhundert als Erster von seinen Reisen indianischen Mais in die Alte Welt brachte«, ereifert er sich. »Eine totale Fehleinschätzung, die endlich korrigiert gehört!«

Die meisten »Mais-Beweise« will Gunnar Thompson im ägyptischen Hatschepsut-Tempel gefunden haben. Neben Malereien, wo Maiskolben, Ananasfrüchte und andere Pflanzen aus der Neuen Welt dargestellt sind, bezeugen auch alte Inschriften, dass Königin Hatschepsut (1492 bis 1458 v. Chr.) Expeditionen über das große Wasser gewagt hat – in ein mysteriöses Land namens »Punt«. Thompson ist überzeugt: »Punt liegt irgendwo in Amerika.« Er sieht sich dabei nicht zuletzt durch die Erfahrungen des norwegischen Forschers Thor Heyerdahl bestätigt, der 1970 mit seinem nach ägyptisch-phönizischem Vorbild gebauten Papyrusboot *Ra II* von Marokko aus den Atlantik überquert hatte und auf der Insel Barbados an Land ging.

Zufall, dass in den 30er-Jahren des letzten Jahrhunderts ein amerikanisches Mädchen im Franklin County (Arkansas) just ein ägyptisch anmutendes Bronzemedaillon im Boden fand, dessen Herkunft und Echtheit bis heute umstritten bleibt, weil es dort laut Lehrmeinung nichts zu suchen hatte? »Keinesfalls«, protestiert Wayne May, der sich im geschichtlich konservativ orientierten Amerika seit Jahren ebenfalls um wissenschaftliches Gehör bemüht. Immer wieder trägt der Privatforscher für seine Zeitschrift *Ancient American* kuriose Berichte über archäologische Fundstücke aus seinem Heimatland zusammen. Artefakte, die es dort laut Lehrmeinung nicht geben dürfte. Manche dieser Stücke konnte er über Umwege gar in seinen Besitz bringen, um sicherzustellen, dass sie nicht von der Bildfläche verschwanden.

Da wurde etwa zu Beginn des 20. Jahrhunderts in Libertyville (Illinois), einer damals dünn besiedelten Gegend, eine ägyptische Statuette entdeckt. Eigentlich war der junge Finder an indianischen Artefakten interessiert. Also machte er sich an die Ufer des nahen Des Plaines River zu ein paar Grabhügeln auf, wo er auf Pfeilspitzen, Bolzen und Knochen der Ureinwohner hoffte. Dass ihm dort unverhofft eine kleine Statue mit ägyptischen Zügen in die Finger geraten sollte, scheint ihn mächtig verwirrt zu haben. Jedenfalls behielt der Mann seinen »Schatz« vorläufig für sich.

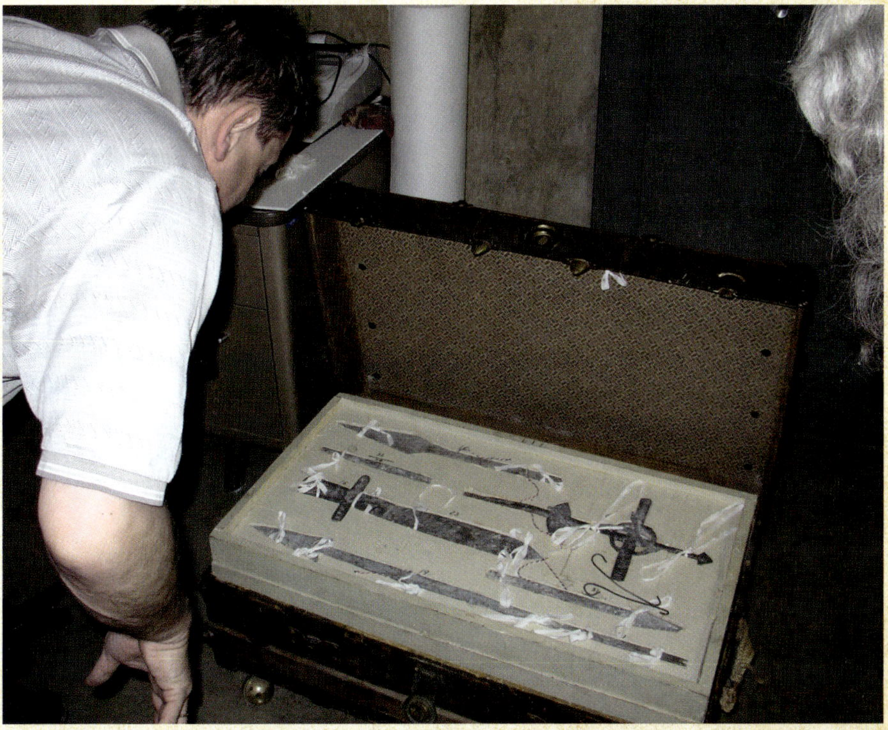

Foto mit Seltenheitswert: die Silver-Bell-Artefakte im Museumskeller in Tucson.

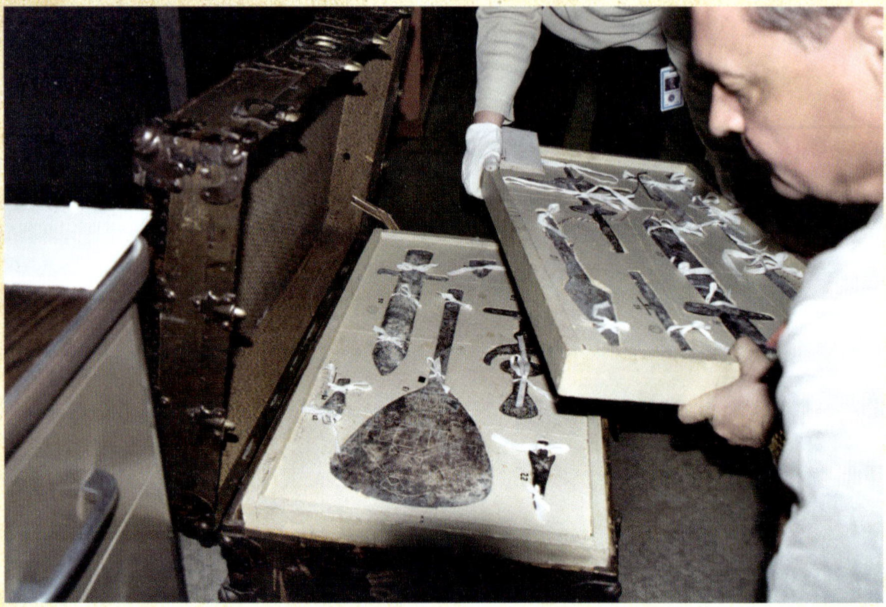

Weitere Aufnahme aus dem Keller des Museums der *Arizona Historical Society.*

Jahrzehnte später konnte Wayne May die Statuette über Umwege erwerben. Sie ist etwas mehr als 20 Zentimeter hoch, wiegt 250 Gramm und scheint aus einem einzigen Stück weißlichem Speckstein gefertigt zu sein. Die männliche Figur ist handwerklich außerordentlich fein gearbeitet und in nahezu tadellosem Zustand. Ihre eine Hand hält einen Krummstab, die andere einen Dreschflegel – im Alten Ägypten Insignien für politische Führerschaft und Rechtsprechung. Die Haare sind adrett hinter die Ohren gekämmt, der typische Kinnbart fehlt ebenfalls nicht. Unterhalb der Hüfte verlaufen acht horizontale Linien mit Hieroglyphen. Kleidung und Beschriftung lassen May auf eine ägyptische Uschebti-Statuette aus der Spätzeit der 26. Dynastie schließen (ca. 664 bis 332 v. Chr.). Das Stück scheint authentisch zu sein, und doch gibt es ein Problem: Es weist keine der sonst üblichen Namenskartuschen auf. Weshalb nicht?

Noch mehr Kopfzerbrechen bereiten US-Archäologen die sogenannten »Silverbell-Artefakte«: Die nach ihrem Fundort an der Silver Bell Road in der Nähe von Tucson (Arizona) benannten Stücke bestehen aus Blei. Bis vor Kurzem waren hierzulande nur Zeichnungen von ihnen bekannt. »Es handelt sich um über 30 Objekte«, berichtet der deutsche Forscher Hans-Joachim Zillmer – auch er ein akademischer Querulant. »Darunter befinden sich Schwerter und religiöse Kreuze, die teilweise Zeichnungen und lateinische oder hebräische Inschriften tragen. Besonders interessant erscheint in diesem Zusammenhang ein auf einem Schwert dargestellter, langhalsiger, pflanzenfressender Dinosaurier.« Hoppla! Was hat eine vor zig Millionen Jahren ausgestorbene Riesenechse auf einem antiken Schwert zu suchen?

Auch Zillmer roch den Braten – und recherchierte weiter. Gefunden wurden die mysteriösen Stücke demnach bei mehreren dokumentierten Ausgrabungen zwischen 1924 und 1928. Bereits ein Jahr später wurden sie in Tucson ausgestellt und auch wissenschaftlich beschrieben. Rund 1200 Jahre alt sollen die Objekte sein, wie Experten der *University of Arizona* nach eigenen Untersuchungen bekannt gaben.

Stammten die mit lateinischen und hebräischen Texten versehenen Kuriositäten aus der Alten Welt? Zillmer zitiert dazu eine chemische Analyse, die einen Bleigehalt von 96,8 Prozent, mit geringen Beimengungen von Gold, Silber, Kupfer und Zink, ergab. »Man stellte fest, dass die ursprüngliche Bleischmelze aus Erz hergestellt wurde, das im Südwesten der Vereinigten Staaten vorkommt. Die Artefakte scheinen also vor Ort in der Nähe des Fundortes hergestellt und nicht über den Atlantik eingeführt worden zu sein.«

So weit, so schlecht – zumindest für damalige Schularchäologen. Wie sollten sie der Öffentlichkeit erklären, dass die indianischen Ureinwohner um 800 nach Christus ganz offensichtlich aus heiterem Himmel plötzlich der lateinischen oder hebräischen Sprache mächtig waren und fleißig christliche Kreuze fabrizierten, statt sich mit eigenen Federn zu schmücken?

Ägyptische Statue mit Hieroglyphen – entdeckt vor 100 Jahren in Illinois.

Ägyptisch anmutendes Bronze-Medaillon. Wer hat es in Amerika einst verloren?

Die Fundstücke verschwanden – wen wunderts – schon bald nach ihrer Entdeckung von der Bildfläche. Weil sie niemandem geheuer schienen. Erst vor einigen Jahren gelang es Hans-Joachim Zillmer, sie wieder aufzustöbern: im muffigen Keller des Museums der *Arizona Historical Society* in Tucson. Als erster Europäer konnte er Teile davon begutachten – darunter auch das 1200 Jahre alte »Dinosaurier-Schwert«, das einen Apatosaurus oder Diplodocus abzubilden scheint. »Im Fall einer Fälschung müsste der damalige Künstler Hellseher gewesen sein«, wundert sich Zillmer, »da er diesen Sauropoden anatomisch richtig in einer waagerechten Haltung darstellte. Also so, wie diese erst 70 Jahre später nach langjährigen Forschungen und Versuchen wissenschaftlich ermittelt wurde.«

Fotografieren durfte er die Klinge leider nur aus der Distanz: »Gut zu sehen ist die Dino-Abbildung aber sowieso nur, wenn man das Original in den Händen hält, da die Ritzung praktisch kaum Kontrast aufweist. Die Sammlung befindet sich übrigens in Privatbesitz und soll zu Lebzeiten des Besitzers leider nicht weiter zugänglich gemacht werden, wie man mir sagte.« Stammt sie womöglich von altrömischen Einwanderern? Was unwahrscheinlich klingt, muss nicht zwingend falsch sein. Denn ähnliche Objekte quellen in Amerika immer wieder aus dem Boden – vor allem im Mittleren Westen. Welch ein Frevel! Ebenso wie die Ägypter haben schließlich auch die alten Römer laut Lexikon nicht das Geringste in präkolumbianischen Gefilden verloren.

Höchste Zeit, den Rotstift zu zücken, um ihre Präsenz endlich nachzutragen. Bestes Zeugnis dafür liefert die 1969 im Crawford County zum Vorschein gekommene »Wisconsin Lamp«, die ebenfalls altrömischen Ursprunges zu sein scheint. Ihren Handgriff bildet der stilisierte Kopf einer älteren

Frau. Die Lampe selbst stellt den Leib dar. Beidseits der Einfüllöffnung spielen sich Szenen einer Ehe ab – einmal zärtliche, einmal eher heftige. Vermutlich eine römische Beschützergottheit für Eheleute, die sich bereits in der Antike mitunter in den Haare lagen.

Trotzdem dozieren US-Lehrer, aber auch manche Europäer ihren Schülern leider immer noch die veraltete Kolumbus-Mär. Und so mag selbst das fälschlicherweise oft hoch gepriesene Internet-Lexikon *Wikipedia* kein Wort über die oben erwähnten Prachtfunde verlieren. Stattdessen werden wir wie folgt belehrt: »Nach heutigen Erkenntnissen war mit hoher Wahrscheinlichkeit Leif Eriksson der erste Europäer, der in Amerika an Land ging. Eriksson brach um das Jahr 1000 von Grönland aus auf.«

Alle anderen möglichen Seefahrer und Reisenden vor Kolumbus fungieren bezeichnenderweise unter der Überschrift »Hypothetische Entdeckungsfahrten«. Daran dürfte sich auch in den nächsten Jahrzehnten nichts ändern. Denn was in den Gehirnen der Menschheit erst einmal eingemeißelt ist, überdauert die Zeit. Selbst wenn es falsch ist. ■

Altrömische Öllampe: Zum Vorschein kam sie 1969 in Wisconsin (USA).

AXTKEILE AUS KORUND: Wie hat man sie einst geschliffen?

»Sollte es nicht Einsichten über die Natur geben, die ohne Gefühl nicht gewonnen werden können?« (Wolfgang Pauli, Physiker)

Wie haben sie das bloß gemacht? Diese Frage stellt sich der Ausnahmedenker Peter Lu von der renommierten *Harvard*-Universität in Cambridge (Massachusetts) besonders gern. Bereits 2004 – im zarten Alter von 26 Jahren – hatte der amerikanisch-kanadische Physiker in der Fachzeitschrift *Science* für Verblüffung unter seinen gelehrten Kollegen gesorgt.

Fundiert und schlüssig berichtete Lu über seine Untersuchung eines über 2500 Jahre alten chinesischen Jaderings. Das aufwendig verzierte Schmuckstück sei derart präzise graviert, dass Handarbeit ausgeschlossen werden könne, legte er dar. Nur eine komplexe Maschine aus mehreren Einheiten käme für dessen Herstellung in Frage. Solche Apparaturen tauchten nach gängiger Lehrmeinung allerdings erst ein halbes Jahrtausend später auf.

Noch im selben Jahr doppelte Lu mit einer weiteren spektakulären Publikation nach: Mit größter Akribie hatte das Junggenie jahrelang uralte Axtkeile aus Korund analysiert, die den altchinesischen Sanxingcun- oder Liangzhu-

Kulturen um 4000 bis 2000 vor Christus zugeordnet werden. Drei davon wurden ihm vom Nanjing-Museum zur Verfügung gestellt, ein viertes Stück war 1993 bei Zhejiang Yuhang Wujiabu entdeckt worden.

Schon nach den ersten Untersuchungen war Peter Lu klar, dass er erneut archäologischen »Sprengstoff« vor sich hatte: Die Grabbeigaben waren perfekt geschliffen und poliert – obwohl Korund als zweithärtestes Material auf dem gesamten Erdball gilt. Härter noch als Granit oder Quarz. Geschliffen worden sein können die spiegelglatten Keile demnach nur mit dem härtesten aller Werkstoffe: mit Diamanten. Alle anderen Materialien scheiden zwangsläufig aus, wie der Physiker nach etlichen Analysen und Experimenten ernüchtert feststellen musste. Allerdings wurden Diamanten laut den Märchen-Schmökern der Moderne – andere nennen sie Lexika – erst um 500 vor Christus erstmals zu ähnlichen Zwecken verwendet. Und zwar im alten Indien. Die Chinesen, so schließt der Wissenschaftler messerscharf, taten das offensichtlich bereits Jahrtausende früher.

Doch das dicke Ende kommt erst noch: »Selbst mit den modernsten technischen Poliermethoden von heute könnten wir keine ähnlich glatte Oberfläche herstellen«, gestand Peter Lu unumwunden ein, als er seine Untersuchungen im Fachjournal *Archaeometry* veröffentlichte. Ein Satz mit ungeheuren Konsequenzen. Wenn wir es trotz modernster Technik nicht einmal heute schaffen, ähnlich gute Resultate zu erzielen: Wie – bitteschön – sollen derlei Wunder dann vor rund 6000 Jahren bewerkstelligt worden sein? ■

»Selbst mit modernsten Geräten nicht herstellbar«: polierter Keil aus Korund.

BATTERIEN DER PARTHER:

Wo sind sie geblieben?

»Kleiner Mensch, der du im 20. Jahrhundert lebst! Auf einem unergründlichen Berg vergangener Kulturen hockst du, weißt mit deiner Zeit nicht sehr viel Fruchtbares anzufangen und hast vergessen, dass Hunderttausende von Jahren Tausende von Generationen arbeiteten, um dich auf diesen Berg hinaufzuführen. Denkst du daran?« (Ivar Lissner, Publizist)

Sie gilt vielen als liebstes Beispiel antiker Hochtechnologie: Die »Batterie« der Parther – ein nach dem galvanischen Prinzip funktionierendes Tongefäß mit Kupferzylinder und Eisenstab, das 1936 im Erdwerk des irakischen Lehmhügels Khujut Rabu'a bei Bagdad zum Vorschein kam.

Wilhelm König, österreichischer Archäologe und Direktor der dortigen Antikenverwaltung, war wie elektrisiert. Ab 1938 begann er den Fund zu dokumentieren. Zu Recht, wie sich später zeigen sollte: Immerhin 0,5 Volt Spannung lassen sich mit dem über 2000 Jahre alten Stück nach Beifügung von Essig-, Wein- oder Grapefruitsäure erzeugen – und somit auch Strom. Dies ist die Bilanz mehrerer wissenschaftlicher Studien und praktischer Untersuchungen.

Nach der Plünderung des irakischen Nationalmuseums im Golfkrieg von 2003 fürchteten Insider in aller Welt bereits das Schlimmste: Fiel auch die »Batterie« den Räubern in die Hände? Oder noch verheerender: Ging sie im Zuge der Plünderungen gar zu Bruch – ebenso wie andere wertvolle Objekte?

Margarete van Ess vom Deutschen Archäologischen Institut in Berlin gibt Entwarnung: »Das Objekt ist meines Wissens nicht abhanden gekommen«, beruhigt die Direktorin auf Anfrage. »Wir erfuhren von 40 aus den Ausstellungsräumen geraubten Objekten. Die ›Batterie‹ wurde in diesem Zusammenhang nicht genannt.«

Nach ihrer Erinnerung war das Stück 2003 in den Ausstellungsräumen des Museums zugänglich. Es lag also nicht in den Magazinen. »Damit war es insofern besser geschützt, weil die Objekte in den Ausstellungsräumen bis auf sehr wenige eingepackt und an einen geheimen Ort ausgelagert worden sind, wo sie sich auch jetzt noch befinden.« Glück gehabt!

Diente Königs »Trockenbatterie« aber tatsächlich, wie oft kolportiert, der Stromgewinnung? Nicht alle mögen an dieser Vorstellung Gefallen finden. Grund: Neben seinem Vorzeigestück waren im näheren Umfeld einst weitere Gefäße zum Vorschein gekommen. Zwar ähnlich gefertigt, aber mit dem Makel behaftet, dass ihnen jeweils eine von zwei notwendigen metallischen Komponenten zur Stromerzeugung fehlte. »Die wichtigste Komponente eines galvanischen Elements, die Kombination von Eisen und Kupfer, liegt nur im Fall des Khujut-Rabu'a-Fundes vor«, konstatiert der Berliner Historiker Jörg Dendl denn auch ernüchtert.

Definitive Antworten könnten wohl nur weitere Untersuchungen der restlichen Objekte bringen. Diese aber scheinen spurlos verschwunden. Selbst in den gescheitesten Veröffentlichungen sucht man entsprechende Museumskoordinaten oder Institutsnamen vergeblich. Es ist zum Verzweifeln! Dabei sind sich Experten noch nicht einmal einig, um wie viele Objekte es insgesamt überhaupt

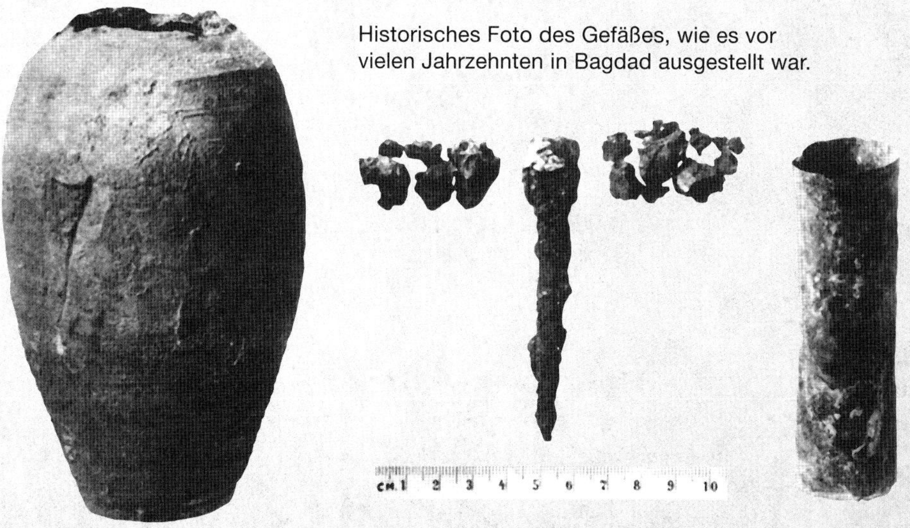

Historisches Foto des Gefäßes, wie es vor vielen Jahrzehnten in Bagdad ausgestellt war.

geht. Dendl etwa nennt nach umfangreichem Literaturstudium »elf weitere«, wovon zumindest über eines aus Hatra »keine Auskünfte zu erlangen« waren.

Der Mann scheint ebenfalls zu irren, wenn man Informationen der mittlerweile eingestellten Technik-Zeitschrift *Elektro-Welt* Glauben schenkt. Ihr zufolge sollen weitere »galvanische Zellen« Ende der 1950er-Jahre nahe Seleukia am Ufer des Tigris von einer amerikanischen Expedition entdeckt worden sein, wie 1959 vermeldet wurde. Darunter mindestens eine weitere Vase samt Kupfer und Eisenstab, wie eine beigefügte Illustration verdeutlichte!

König könnte also doch den richtigen Riecher gehabt haben. Die Krone bleibt ihm dennoch verwehrt. Denn auch dieser Fund verschwand – hokus pokus – im Nirgendwo. Ebenso zwei weitere »Beweisstücke«, die vor langer Zeit im Technischen Museum Wien ausgestellt waren, wie sich Ernst Schreiner aus dem österreichischen Ebenfurth noch gut erinnert. 1943 erspähte er sie dort in einer Glasvitrine im Erdgeschoss. Auch 1945, bei seinem zweiten Besuch, standen sie immer noch im Museum: »Die Beschriftung auf der danebenstehenden Tafel wies diese Tonzylinder – mit Fragezeichen versehen – als ›Galvanische Elemente‹ aus, die dem assyrischen Kulturkreis zugeordnet wurden.«

Viele Jahre später aber, »zwischen 1968 und 1970«, sollte Ernst Schreiner eine böse Überraschung erleben. »Als ich die beiden Stücke einem Arbeitskollegen zeigen wollte, waren sie nicht mehr da! Eine Aufsichtsperson, die ich danach fragte, konnte mir nicht sagen, wo sie sich nun befänden – ja sie bezweifelte gar, dass diese jemals dort gestanden hätten.« Auch eine Suche in den anderen Abteilungen des Museums verlief ergebnislos. Schreiner fühlte sich blamiert: »Mein Kollege war der Ansicht, ich hätte ihm ein Märchen aufgetischt. Wo sich diese Gegenstände heute befinden mögen, weiß ich leider nicht. Ich kann nur hoffen, dass sie noch immer in irgendeinem Keller lagern und nicht als Müll entsorgt wurden.« Wir hoffen es mit ihm! ■

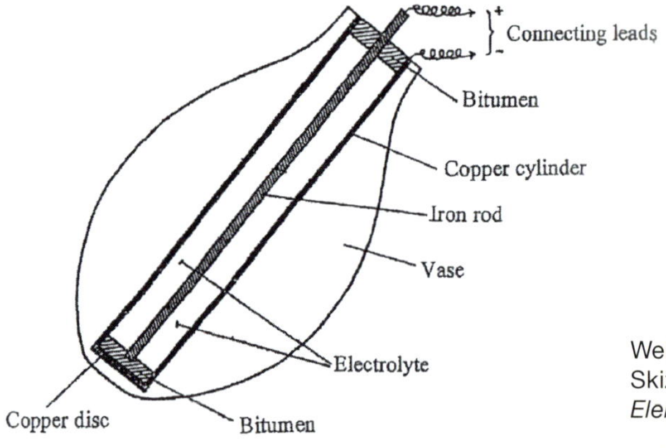

Weitere antike »Batterie«: Skizze aus der Zeitschrift *Elektro-Welt* (1959).

BUNDESLADE VON AXUM:

Patriarch will sie gesehen haben

»Für eine kurze Spanne erkennen die Menschen oder spüren es doch, dass eine Verwandlung bevorsteht. Dennoch wird morgen der Alltag die meisten von denen wieder in Beschlag nehmen, die jetzt aufhorchen.«

(Friedrich Dessauer, Physiker)

Liegt die Bundeslade im äthiopischen Axum? Spätestens seit Graham Hancocks brillanter Spurensuche *(Die Wächter des heiligen Siegels)* scheint dies nicht so abwegig, wie man meinen könnte. Im 7. Jahrhundert vor Christus, so zeigen Hancocks Recherchen, wurde die heilige Lade aus dem Allerheiligsten des Tempels von Jerusalem geschafft, um Jahrhunderte später auf der äthiopischen Insel Tana Qirqos am Oberlauf des Nils zu landen. Unter Kaiser Ezana habe man sie dann nach Axum transportiert.

Nach einer äthiopischen Schrift aus dem 13. Jahrhundert, dem *Kebra Negest,* könnte das heilige Stück gar persönlich von Menelik, dem Sohn König Salomons und der Königin von Saba, ins Land geholt worden sein. Hier – in Axum – soll sie sich noch heute befinden. In der mit Gittern umzäunten Kapelle der Heiligen Maria von Zion, einem kleinen Kuppelbau. Ein Ort, der selbst für Einheimische tabu bleibt. Bewacht wird das Heiligtum von einem bewaffneten Mönch – bis ans Ende seiner Tage. Und das seit mittlerweile über 30 Generationen. Als Einzigem ist Abba Tekulu – so der Name des heutigen »Wächters« – der Blick auf die Lade erlaubt. Ein »Häftling des Heiligen«, der die Kapelle zeit seines Lebens nie mehr verlassen darf. So will es die äthiopische Tradition. Und man pflegt sie trotz aller Entbehrungen mit Stolz.

Patriarch Abune Paulos:
»Die Bundeslade scheint nicht zu altern!«

Eine Geschichte, die man glauben mag oder nicht – wäre da nicht das Oberhaupt der äthiopisch-orthodoxen Christen, Abune Paulos: Am 19. Juni 2009 verblüffte der mächtige Patriarch bei seinem Besuch am »G8-Treffen der Religionen« in Rom mit einem spektakulären Bekenntnis. Bezug nehmend auf eine von der italienischen Agentur *Adnkronos* verbreitete Vorabmeldung vom 17. Juni bestätigte der Kirchenfürst: »Ja, die Bundeslade befindet sich bei uns in Axum!«

Er sei nicht in Rom, um Beweise vorzulegen, betonte Abune Paulos. »Aber ich bin hier, um zu sagen, was ich selber gesehen habe, was ich weiß und was ich bezeugen kann.« Das biblische Heiligtum samt den darin enthaltenen Gesetzestafeln Mose, so fuhr der Patriarch fort, sei »keinem Alterungsprozess unterworfen« und »nicht von Menschenhand gemacht«, wie er mit eigenen Augen festgestellt habe. Die Bundeslade entspreche »genau den Angaben der Bibel«.

Worte, die man sich auf der Zunge zergehen lassen sollte. Derart offiziell und detailliert sprach sie bislang noch kein einziger äthiopischer Würdenträger aus. Warum dieses völlig überraschende »Outing«? Womöglich, weil Schatzsucher wie etwa der US-Bibelforscher Bob Cornuke – inspiriert von Hancocks Recherchen – der Spur der Lade in den letzten Jahren näher gekommen waren als irgendjemand zuvor? Tatsächlich wird die Situation für die äthiopischen Kirchenoberen immer verzwickter. Je mehr über die Lade in Axum derzeit über Internetmedien wie *YouTube* und Co. publik wird, desto stärker wächst das internationale Interesse an ihr. Soll man weiterhin darüber schweigen? Oder soll man dem Druck der internationalen Öffentlichkeit nachgeben und die über Jahrhunderte gewachsenen Traditionen »aufweichen«, um zu beweisen, was bislang nur geglaubt werden kann? Und: Wie würde Israel in diesem Fall reagieren?

Heikle Fragen, die auch Bibelforscher Bob Cornuke beschäftigen: Für sein Buch *Relic Quest* und eine TV-Produktion *(Diggin for Truth)* hatte er mehrmals Expeditionen nach Äthiopien unternommen. Seither ist er mehr denn je davon überzeugt, dass sich die Lade tatsächlich rund 800 Jahre lang auf der Insel Tana Qirqos befunden haben muss, ehe sie unter Kaiser Ezana um 325 bis 355 nach Christus schließlich nach Axum gelangte.

Als erstem Forscher enthüllten die Mönche auf der Insel ihrem langjährigen Freund zudem ein lange gehütetes Geheimnis. »Sie öffneten ein großes, zehn Zentimeter dickes Holztor, das zu einer Art Schatzkammer führte«, erinnert sich Cornuke. »Dort zeigten sie mir für heilig gehaltene Ritualutensilien, die aus Salomons Tempel stammen sollen.« In Axum gelang es Cornuke auch, mit dem »Wächter« der Lade zu sprechen. »Innerhalb der Kapelle sind die Roben seiner 30 Vorgänger aufgehängt«, weiß er zu berichten.

Noch gut erinnert er sich außerdem an sein Gespräch mit einem Einheimischen, der die Lade mit eigenen Augen gesehen haben will: ein 105 Jahre alter Geistlicher, welcher der Kapelle einst vorstand. Gleich zweimal, so erzählte ihm der steinalte Mann, habe er einen flüchtigen Blick auf den Kultgegenstand erhaschen können – jeweils dann, als ein Wächter gestorben war und ein neuer in seine Aufgabe eingeweiht werden musste. Dem »Zeitzeugen« zufolge bestehe die Truhe aus Gold mit zwei geflügelten Engeln auf ihrem Oberteil. 24 kleinere engelartige Figuren würden dort außerdem einen Ring formen, mit zwei grünen Steinen an jedem Ende.

Sah sich der äthiopische Patriarch durch derlei Recherchen dazu gedrängt, erstmals öffentlich Stellung zu nehmen? Und warum tat er es ausgerechnet in Rom – umringt von Vertretern aller großen Weltreligionen? Sprach er das heikle Thema gar gegenüber dem Papst an, um ihn um seine Meinung zu bitten? Stutzig macht jedenfalls, dass Abune Paulos unmittelbar vor seiner Audienz im Vatikan gegenüber der italienischen Nachrichtenagentur *Adnkronos* noch lauthals den Bau eines neuen Museums in Axum verkündet hatte, in dem die Lade dereinst allen Neugierigen zugänglich gemacht werden soll. Details darüber, hieß es, würde er demnächst auf einer offiziellen Pressekonferenz bekannt geben, flankiert von Prinz Aklile Berhan Makonnen Haile Selassie, dem Enkel des letzten äthiopischen Kaisers. Sowie von Herzog Amedeo D'Aosta, der das Museumsprojekt finanzieren werde.

Seltsamerweise hatte sich der Patriarch die Sache nach seiner Audienz beim Papst plötzlich anders überlegt. »Ich habe nicht gesagt, dass die Bundeslade der Welt gezeigt würde«, bemühte er sich nun überraschend zu differenzieren. Die Entscheidung darüber obliege sowieso nicht ihm, sondern der Heiligen Synode aller Bischöfe, der zweimal jährlich zusammentretenden höchsten Instanz

der Äthiopisch-Orthodoxen Kirche. Und gegenüber Journalisten der *Welt* betonte er anschließend gar, dass die Lade mit Sicherheit »auch in Zukunft keinem Unwürdigen« gezeigt werde.

Wurde Abune Paulos von Papst Benedikt XVI. zum Rückzug gedrängt, um in Rom – aber auch in Äthiopien – keine Unruhe zu schüren? Dass die dortigen 35 bis 40 Millionen Gläubigen ihr Heiligtum entblößt sehen wollen, darf bezweifelt werden. Viele würden lieber in den Tod gehen. Freiwillig. Um die Lade mit ihrem eigenen Leib zu schützen. Dazu kommt, dass Abune Paulos in seinem Heimatland sowieso nicht unumstritten ist. Gemäß dem Kanon der Äthiopisch-Orthodoxen Kirche ist seine Ernennung zum Patriarchen gar illegal, weil sein Vorgänger noch lebt – im Exil.

Dass man ausgerechnet aus der europäischen Presse über die Museumspläne des Kirchenoberen erfahren musste, sorgte in Äthiopien zusätzlich für böses Blut. Ebenso, dass Abune Paulos als erster Patriarch überhaupt einen Blick auf die Lade geworfen hat, obwohl dieses Privileg laut uralter Tradition einzig dem »ewigen Wächter« in Axum vorbehalten ist. Für viele Gläubige ein unverzeihliches Sakrileg. Ähnlich schlimm, wie wenn Papst Benedikt während eines Empfangs in den USA plötzlich erzählen würde, dass Jesus und Maria Magdalena doch ein Kind zeugten, wie im Roman *Da Vinci Code* behauptet.

Wie geht man als Gläubiger mit derlei frevlerischen Tatsachen um? Man verschließt davor die Augen – wie etwa der Erzpriester Merawi Tebege von der Äthiopisch-Orthodoxen Tewahedo-Kirche in Deutschland. »Unser Patriarch hat sich falsch geäußert«, versicherte er dem Autor Anfang Juli 2009 am Telefon. »Warum das geschah, weiß ich auch nicht. Aber es ist ganz einfach unmöglich, dass er die Bundeslade selber gesehen hat. Seine Aussagen in Rom waren für alle peinlich – auch für ihn. Das ist alles, was ich dazu sagen kann.«

Gebrochen hat Paulos das Tabu offenbar erst kürzlich. Denn noch im Dezember 2007 hatte das religiöse Oberhaupt dem Journalisten Paul Raffaele vom *Smithsonian Magazine* versichert: »Selbst mir als Kirchenoberhaupt ist es immer noch verboten, die Lade zu sehen. Diese spezielle Ehre fällt nur dem Wächter zu.« Und so unberechenbar der Patriarch von seinen Gläubigen auch gesehen wird: Seine Aussage, wonach die Lade »keinem Alterungsprozess unterworfen« sei, sollte aufhorchen lassen. Schließlich scheint sie Spekulationen vieler Historiker zu entkräften, die in Axum eine maximal 800 Jahre alte, verrottete Nachbildung des Objektes vermuten. Weshalb sollte der tiefgläubige Abune Paulos diesbezüglich Lügen in die Welt setzen?

Liegt in Axum somit tatsächlich das verschollen geglaubte Original, dem die Bibel allerlei göttliche »Kräfte« zuschreibt? Allein ihre Berührung konnte bereits tödlich sein, versichert uns das Alte Testament. Ein Machtinstrument allererster Güte – speziell aus israelischer Sicht! Möglich scheint deshalb auch ein anderes, nicht minder mysteriöses Szenario, das den perfekten Zustand der Lade von Axum ebenfalls erklären könnte.

Seinen Anfang nahm es 1984 mit der damals in Äthiopien grassierenden Hungersnot, die auch in Israel mit Sorge zur Kenntnis genommen wurde. Abertausende von dunkelhäutigen Juden flüchteten seinerzeit in den Sudan. Zu ihrer Rettung rief der israelische Geheimdienst *Mossad* die *Operation Moses*

Kapelle neben der Kirche der Heiligen Maria von Zion. Hier soll sich die Lade befinden.

ins Leben. 8000 Betroffene wurden unter diesem Decknamen von den Israelis mit stiller Genehmigung des Sudan ausgeflogen, bis das geheime Treiben aufflog und die Aktion ob massiver arabischer Proteste abgebrochen werden musste.

Die bettelarmen »Falashas«, wie man die dunkelhäutigen Flüchtlinge in Israel nennt, wurden in ihrer neuen Heimat alles andere als herzlich aufgenommen. »Diese ungebildeten halbjüdischen Bauern schleppen doch nur gefährliche afrikanische Krankheiten bei uns ein«, murrten viele. Umso erstaunlicher, dass der *Mossad* am 25. Mai 1991 seine Hand erneut nach Äthiopien ausstreckte – diesmal unter dem Decknamen *Operation Shlomo.* Innerhalb von nur gerade 34 Stunden ließ das israelische Militär 14 400 äthiopische Juden aus dem Bürgerkriegsgebiet ausfliegen, um sie vor den herannahenden Rebellen in Sicherheit zu bringen.

Dem »Exodus« vorangegangen waren intensive Verhandlungen mit dem sozialistischen Diktator Mengistu Haile Mariam, der samt seinen militärischen Schergen unmittelbar danach aus dem Land flüchtete. US-Autor Grant R. Jeffrey weiß dazu eine Geschichte zu berichten, die – falls wahr – brisanter nicht sein könnte. Sie sei ihm von drei glaubwürdigen Informanten unabhängig voneinander bestätigt worden: von einem äthiopischen und einem israelischen Militärvertreter sowie vom Kanadier Robert N. Thompson, dem 1997 verstorbenen Berater des letzten äthiopischen Kaisers Haile Selassie.

Modell der Bundeslade: So könnte sie gemäß der Bibel ausgesehen haben.

Allen drei Quellen zufolge soll es dem *Mossad* bei seiner *Operation Shlomo* 1991 auch um die Bundeslade gegangen sein. 42 Millionen Dollar hätte das korrupte sozialistische Regime von den Israelis damals gefordert, damit diese ihre Glaubensgenossen ausfliegen durften. Israel trommelte die Summe bei einflussreichen jüdischen Familien zusammen, worauf sich die Machthaber mit ihren prall gefüllten Geldkoffern vor den heranrückenden Rebellen eilends aus dem Staub machten – Richtung Schweiz.

Dass sie ausgetrickst worden waren, merkten sie erst später: Die Koffer enthielten Falschgeld! Die echten 42 Millionen wurden derweil den neuen Machthabern in die Hände gedrückt. Als »Starthilfe«, um das wirtschaftlich marode Land wieder auf Vordermann bringen zu können. Im Gegenzug flog ein unmarkiertes israelisches Frachtflugzeug samt einer handverlesenen jungen Eliteeinheit in die nördlich gelegene Provinz Gonder. Von dort brach das Team in den allerletzten Bürgerkriegstagen in der Nacht heimlich nach Axum auf.

Bei den jungen Soldaten habe es sich ausnahmslos um Abkömmlinge des Stammes Levi gehandelt, wurde Grant R. Jeffrey versichert. Mit weiteren Spezialtruppen sei diese »Levi-Einheit« in einen unterirdischen Tunnelkomplex neben der Kapelle eingedrungen, um die dort verwahrte Lade bibelgerecht zu schultern und auszufliegen. Seither ruhe sie an einem geheimen Ort in Jerusalem – »bis die göttliche Zeit anbricht, in der sie ihren angestammten Platz im Heiligtum des wiedererrichteten Tempels einnimmt«. Lediglich eine billige »Räuberpistole«? Grant R. Jeffrey weiß um die Skepsis, die ihm entgegenschlägt. Wie glaubwürdig seine Aussagen seien, müsse jeder selber entscheiden, betont er deshalb: »Versichern kann ich nur, dass mir meine drei Informanten absolut vertrauenswürdig scheinen. Allerdings basieren ihre Schilderungen auf Informationen, die sie von anderen erhalten haben.«

Eines ist gewiss: Sollte der *Mossad* besagte Freveltat tatsächlich begangen haben, wären die Geheimdienstler wohl äußerst geschickt vorgegangen, um ihr Tun professionell zu verschleiern. Vermutlich durch die Platzierung einer Attrappe. Dies womöglich gar mit Wissen der neuen Machthaber – im Interesse der 42 Millionen Dollar und der Sicherung des Friedens im Land. Insofern dürfte wohl auch der erst 1992 unter den neuen Machthabern aus dem US-Exil geholte und zum Patriarch erkorene Abune Paulos bis heute keinen Schimmer davon haben, dass die offenbar »nicht alternde Lade« in Wirklichkeit modernen Datums sein könnte.

Weitere Indizien für Jeffreys »Verschwörungstheorie« bilden Augenzeugenberichte aus den 1980er-Jahren, welche die *New York Times* am 27. Januar 1998 zitierte. Sie beschreiben die Lade ganz anders als Abune Paulos. Demnach habe ein ehemaliger äthiopischer Hohepriester, der die Lade in den 1980er-Jahren zweimal zu Gesicht bekam, das Relikt als »Tafel aus weißem, poliertem Stein« bezeichnet, auf dem die Zehn Gebote eingeritzt seien, umschlossen von einer Goldkiste ohne jegliche Verzierungen. »Es ist wahr, dass der Inhalt der Lade in einer kleineren Kiste zu uns nach Äthiopien gelangte, nicht aber die große Originalkiste«, soll auch Gebreab Maru, Oberpriester der Kapelle bis 1985, bestätigt haben.

Bleibt noch die widersprüchlich anmutende Aussage von Jeffreys Informanten, wonach die »Levi-Einheit« die Lade aus einem unterirdischen Tunnelsystem in unmittelbarer Nähe der Kapelle der Heiligen Maria von Zion gehievt hätte. Besagen die »offiziellen« Informationen nicht, dass sich das Relikt direkt im Kuppelbau befindet? Und wenn nicht: Ist der zuständige »Wächter« somit nur Staffage für Einheimische und Touristen?

Gamal Nkrumah von der ägyptischen Zeitung *Al-Ahram* wollte es genauer wissen. Also konfrontierte er Abune Paulos im August 2007 mit derlei Fragen, als dieser seinem Land eine Visite abstattete. »Stimmt es, dass die Lade im Altar der Kapelle versteckt ist, wie gemunkelt wird?«, wollte der Journalist wissen. Der umstrittene Patriarch grinste verschmitzt und antwortete dann vielsagend: »Nur ich und ein paar wenige auserlesene Bischöfe kennen ihren präzisen Aufenthaltsort …« ■

BURROWS CAVE:

Dubiose Hehlergeschäfte in Illinois

»Wir glauben, dass die Wissenschaft alle Antworten finden kann. Vielleicht ist das einfach nicht möglich.« (Chris Morton, Weltenbummler)

»Solltest du je auch nur einen Fuß nach Illinois setzen, dann gnade dir Gott, Bürschchen! Wundere dich nicht, wenn du plötzlich eine Knarre an deiner Schläfe spürst.«

Russell Burrows ist kein Mann der diplomatischen Töne. Rund zehn Jahre ist sein Drohanruf her. Auslöser war die Enthüllung und Veröffentlichung vertraulicher Notizen aus seiner Feder, die ganze Ordner füllen. Schwarz auf weiß dokumentieren die handschriftlichen Aufzeichnungen, wie sich der Mann jahrelang am Verkauf »verbotener« Artefakte bereichert hat. Illegal, versteht sich. Darunter auch jede Menge Goldobjekte, die er mit seinen Kumpanen heimlich einschmelzen ließ, um den Erlös auf Schweizer Nummernkonten zu transferieren.

Stammen sollen die mit historischen Motiven bedeckten Steine und Metallpretiosen aus einem bis heute unbekannten, weit verzweigten Tunnelsystem in Illinois, das Burrows offensichtlich systematisch geplündert hat. Abertausende dieser Relikte steckte er ab 1982 in mühseliger Kleinarbeit in den eigenen Sack, um den Zugang zur Höhlenwelt schließlich in die Luft zu jagen. Übrig blieb eine Art steinernes Bilderbuch bekannter und unbekannter Kulturen, dessen roter Faden darin besteht, dass es keinen zu haben scheint.

Die lokale Justiz ließ Russell Burrows gutmütig gewähren – weil ihn US-Archäologen

Lässt sich keiner historischen Kultur zuordnen: »Hühner-Gott« im Comic-Stil.

Viele der Stücke aus Illinois befinden sich heute im Besitz privater Sammler.

Fisch aus Gold: ein Relikt von Tausenden (!) aus dem Fundus von Russell Burrows.

Verwirrend: Motive aus etlichen Kulturkreisen zieren die seltsamen Artefakte.

Auch für Archäologen verwirrend: Darstellung eines Zentauren mit Dreizack.

vorschnell als Aufschneider und Kunstfälscher abtaten. Folge: Viele seiner Fundstücke befinden sich heute in privaten Sammlungen oder Tresorräumen in und außerhalb der USA. Merkwürdiges ist darauf abgebildet: Seefahrer, behelmte Krieger, Elefanten, Götter, Indianer, ägyptische Priester, Mischwesen, Himmelserscheinungen, aber auch Menschen in Taucheranzügen sowie Schriftzeichen in Hülle und Fülle. Ein Sammelsurium altertümlich anmutender Darstellungen, deren Motive wilden Kinderträumen erwachsener Abenteurer entsprungen sein könnten.

Auch die Römer lassen grüßen: Hier ein Abbild von Julius Cäsar mit Lorbeerkranz.

Einige »seiner« gravierten Steintafeln verschacherte Burrows vor Jahren gar nach Deutschland, unter anderem an die Malta-Forscher Hubert und Dagmar Zeitlmair. 2009 bot das Ehepaar auf seiner Homepage zehn davon öffentlich als »prähistorische Originale« zum Verkauf feil. Zu saftigen Preisen zwischen 1500 und 3500 Euro! Auch diese Stücke werden wohl bald wieder die Hand wechseln. Wer besitzt nicht gerne einen vorgeschichtlichen amerikanischen Stein mit alteuropäischen Darstellungen oder merkwürdigen Schriftzeichen, die selbst versierte Experten nicht zu deuten vermögen.

Kopfskulptur aus der *Burrows Cave* mit merkwürdigen Schriftzeichen.

Man mag es drehen, wie man will: Russell Burrows' Geldgier beraubt uns derzeit einer einzigartig kontroversen Sammlung – Stück um Stück. Einer »Bibliothek aus Stein«, die niemandem und allen gehört und darum in ihrer Gänze einen Extrasaal im Museum der Kuriositäten verdient hätte. Stattdessen bleiben zunehmend nur noch Fotos als Beweisstücke übrig. Längst ließe sich damit ein ganzes Buch füllen. Ein paar bislang unveröffentlichte Beispiele mögen an dieser Stelle genügen: Zeugnisse einer Kultur, die offiziell nie existiert hat. Kurios anmutende Abbilder aus vergangenen Zeiten, deren Bedeutung sich nur dem erschließen mag, den die Muse der Fantasie küsst.

Und Russell Burrows? Der reibt sich nach Durchsicht seiner aktuellen Kontoauszüge derzeit wohl gerade die Hände. Einmal mehr. ■

CHEOPS-PYRAMIDE:
Wonach wird heimlich gefahndet?

»Ich habe 20 Jahre mit den besten Professoren der Welt zusammengearbeitet, darunter einige der wohl renommiertesten Archäologen und Ägyptologen aller Zeiten. Ich sehe nicht ein, warum ich in dieser Zeit nicht mehr gelernt haben könnte als andere in sechs Jahren an der Universität.«
(Franck Goddio, Unterwasser-Archäologe ohne Universitätsabschluss)

Ägyptens Pharaonen sind nicht totzukriegen. In den entweihten Totenstätten flüstert und wispert es. Bruchstückhaft murmeln die mumifizierten Könige ihre Geschichten. Aus tiefster Vergangenheit trägt der Wind ihre Worte an unser Ohr. Doch wir hören nur, was wir zu verstehen glauben. Und so füllt das königliche Kauderwelsch mittlerweile Tausende von gescheiten Büchern. Wer es anders interpretiert als die Mehrheit, gilt als Spielverderber – darunter auch die Amateurforscher Gilles Dormion und Jean-Yves Verd'hurt.

Im Frühling 2000 hatten die beiden auf dem *8th International Congress of Egyptologists* in Kairo mit der Nachricht für Furore gesorgt, in der Pyramide von Medum zwei unbekannte Kammern und einen Korridor aufgestöbert zu haben. Hohlräume, die den Experten bis dahin verborgen geblieben waren. Fachleute aller Couleur zollten ihnen dafür Anerkennung.

Dormion und Verd'hurt wollten sich nun in die Cheops-Pyramide vorwagen, wie sie kurz darauf öffentlich verkündeten. Grund: Georadarmessungen lassen sie dort einen noch unbekannten Hohlraum unterhalb der Königinnenkammer vermuten, in 3,5 Metern Tiefe. Ein Gang? Eine Falle? Oder gar eine unbekannte Grabkammer? Die Forscher beschlossen, an besagter Stelle ein winziges Loch zu bohren und eine Minikamera einzuführen …

Gaballah Ali Gaballah vom *Supreme Council of Antiquities* stimmte den geplanten Untersuchungen erwartungsfroh zu. Schließlich hatte Dormion mit offizieller Genehmigung der Ägypter bereits 1986 Probebohrungen in der

Königinnenkammer vorgenommen. Später hatten die Franzosen sogar den Auftrag erhalten, in der Pyramide ein neues Ventilationssystem zu realisieren: verlässliche Partner, von denen man sich einiges versprechen konnte. Doch dann kam alles anders …

Zehn grausame Plagen hatte Gott einst über Ägypten geschickt. Die elfte sparte er sich bis in die Moderne auf: den Selbstdarsteller Zahi Hawass! Freudestrahlend übernahm der Mann mit dem Schlapphut 2002 das Zepter von Gaballah, der vom ägyptischen Kulturminister vorzeitig in die Wüste geschickt wurde. Seither bläst in Ägypten ein neuer Wind. Denn im Gegensatz zu seinem Vorgänger regiert Hawass als Generalsekretär der ägyptischen Altertümerverwaltung mit eiserner Hand.

Wer dem selbstverliebten Nationalisten nicht huldigt, kriegt eins aufs Dach. Wer neue Entdeckungen nicht großzügig mit ihm teilen will, den ignoriert er. Und wer die Medien eigenhändig mit aktuellen Informationen füttert, den brandmarkt er als Verräter. Schließlich möchte Hawass am liebsten als »Pharao Cheops« wiedergeboren werden, wie er Journalisten gerne erzählt. Kurz: Der Mann zieht vor niemandem seinen Hut – außer vor sich selbst. Ein Wunder, dass er sich bislang noch keine eigene Pyramide errichten ließ.

Heimliche Fans von Edgar Cayce: Zahi Hawass (rechts) und Mark Lehner.

Gilles Dormion und Jean-Yves Verd'hurt standen dem begnadeten Selbstdarsteller von Anfang an im Weg. Hawass fackelte denn auch nicht lange und zerriss die Bewilligung seines Vorgängers kurz nach seinem Amtsantritt. Grund: »Bei den beiden Forschern handelt es sich um Amateure, die unserer Pyramide mit ihrer Bohrerei schweren Schaden zufügen könnten«, wie er zum Leidwesen der Franzosen schimpfte.

»Wer keine wissenschaftliche Institution hinter sich weiß, muss bei uns gar nicht erst anklopfen«, gab der »Pyramidenverwalter« seinen Standpunkt im September 2004 am *9th International Congress of Egyptologists* in Grenoble erneut durch – und verschwieg, dass sich nicht zuletzt auch Professor Michel Valloggia von der Universität Genf kurz zuvor für die beiden Franzosen stark gemacht, ja sogar ein offizielles Forschungsgesuch eingereicht hatte. Selbstverständlich ohne Erfolg.

Das hindert den Genfer Ägyptologen freilich nicht daran, Dormions Arbeit weiterhin in den höchsten Tönen zu loben. Valloggia: »Ich habe die Ergebnisse der Georadarmessungen eingehend überprüft. Man sieht darauf ganz klar einen von zwei Mauern begrenzten Gang, 1,05 Meter breit, was exakt dem Längenmaß von zwei Ellen im Alten Ägypten entspricht. Ich konnte mich außerdem selber davon überzeugen, dass die Steinplatten am Boden der Königinnenkammer augenscheinlich überarbeitet worden sind.«

Befindet sich dort der versteckte Eingang in die bislang unentdeckte Grabkammer von Pharao Cheops? Dormion und Verd'hurt bleibt nichts anderes übrig, als darauf zu hoffen, dass ihnen die Ägypter irgendwann doch noch gestatten, ihre kontroverse These zu verifizieren. Der Pyramidenchef aber bleibt stur: »Nur über meine Leiche«, winkt er ab und führt seither eigene Expeditionen in den letzten noch unerforschten Winkeln des jahrtausendealten Monumentalbaus durch. In der Hoffnung, dereinst selbst als gefeierter Entdecker in die ägyptische Geschichte einzugehen.

Zu diesem Zweck spannte der »Möchtegern-Pharao« kürzlich gar mit einem chinesischen Zahnarzt zusammen: Tze Chuen Ngnow. Unter dem Spitznamen »TC Ng« macht dieser Mann seit Jahren international Karriere. Seine Spezialerfindung: Filigrane chirurgische Greifwerkzeuge mit dem Feingefühl menschlicher Finger. Mit namhaften Wissenschaftlern der *Polytechnic University* in Hong Kong gelang es ihm, diesen Traum in die Tat umzusetzen. Ng's Entwicklungen waren derart erfolgreich, dass sie bereits 1995 von der russischen Weltraumbehörde für Lötarbeiten an der Mir-Weltraumstation eingesetzt wurden. Auch der europäische *Beagle 2 Lander* wurde 2003 mit seinen federleichten Vorrichtungen verziert, um damit Gesteinsproben vom Mars einzusammeln.

2005 bot Dr. Ng eines seiner genialen »Roboter-Insekten« auch Zahi Hawass an, um damit die ebenso engen wie langen Minischächte in der Königinnenkammer der Cheops-Pyramide nach verborgenen Kammern an ihrem Ende abzusuchen. Bereits 1993 hatte der deutsche Ingenieur Rudolf Gantenbrink dort mit einem ähnlichen Mini-Roboter vielversprechende Hinweise entdeckt, ehe ihn Zahi Hawass für immer aus der Pyramide katapultierte, samt seinem Hightech-Gefährt.

Mitarbeiter von *iRobot* bei der Vorbereitung der Schachtanalyse (2002).

Ng's verlockendes Angebot kam zur richtigen Zeit. Hawass witterte seine Chance und griff begierig zu. Einziges Problem: Er hatte für besagte Mission bereits einen einsatzbereiten Miniroboter aus den Hightech-Labors der *National University* in Singapore geordert und erhalten. Also ließ er Ende 2005 salomonisch verlauten: »Jetzt, da wir gleich zwei Roboter zur Verfügung haben, werden wir baldmöglichst eine Entscheidung treffen.«

Dann kehrte wieder Ruhe ein. Zumindest in der Öffentlichkeit. Denn wie mittlerweile durchgesickert ist, soll der Pyramidenchef im Juli/August 2008 gleich drei Mini-Roboter auf Probefahrt geschickt haben – in einem geheimen Testtunnel im Wüstensand. Das »Siegergefährt« aus England wurde im August 2009 in der Cheops-Pyramide startklar gemacht. Heimlich, versteht sich.

2002 – unmittelbar nach Amtsantritt – hatte Zahi Hawass sein Glück am Ende des Südschachts bereits vor Livekameras versucht: Mit einem Robotergefährt ließ er den dortigen Abschlussstein vor aller Augen aufbohren, um gegen Ende der TV-Übertragung eine Minikamera durch das so entstandene

Verräterisch: zwei Bilder der Kupferstäbe aus der Live-Sendung von 2002.

Loch zu schleusen. Überraschenderweise zeigten ihre Bilder einen bislang unbekannten Hohlraum, hinter dem sich eine zweite Steinplatte befand. »Eine weitere versiegelte Türe!«, wie Hawass krampfhaft lächelnd jubelte, um seine eigene Verwunderung zu kaschieren. Damit hatte es sich: Hastig verabschiedete sich der charismatische Selbstdarsteller von seinem Publikum – mit der hübschen TV-Moderatorin im Schlepptau.

Zurück blieben Millionen von verdatterten Fernsehzuschauern. Und ein verstörter Dr. Cornelius von Pilgrim, der die Welt ebenfalls nicht mehr verstand. Immerhin hatte der kluge Mann vom Deutschen Archäologischen Institut in Kairo noch 1994 hoch und heilig versichert, dass es völlig »ausgeschlossen« sei, dass sich hinter dem besagten Fallstein eine wie auch immer geartete Kammer befände. Auch Doktorbrillen schützen offenbar nicht vor Kurzsichtigkeit. Wer sich in der Folge nähere Aufschlüsse oder Publikationen über die neue

Entdeckung in der Großen Pyramide erhoffte, wurde bitter enttäuscht. Seither brodelt die Gerüchteküche: Wurden der Öffentlichkeit gezielt Informationen vorenthalten? Und: Wer beschädigte damals den rechten Kupferstift am Ende des 20 Zentimeter breiten und ebenso niedrigen Schachts? Bereits 1993 hatte Ingenieur Rudolf Gantenbrink mit seiner Roboterkamera dokumentiert, dass ein Teil des linken Stifts dort abgebrochen am Boden lag. Der rechte Stift dagegen hing noch vollständig erhalten an der »Geheimtür« – bis Hawass und die Firma *iRobot* 2002 an besagter Stelle den Bohrer für ihr TV-Special ansetzten.

Peinlicherweise dokumentieren ausgerechnet zwei Standbilder, die während eines Experiments kurz vor (!) besagter Livesendung entstanden und in deren Verlauf eingespielt wurden, das Malheur des Pyramidenchefs – ohne dass darüber offiziell je ein Sterbenswörtchen verloren worden wäre: Auf dem einen Einblenderbild ist der rechte Stift noch intakt, auf dem anderen ist er bereits abgebrochen!

Vollends zur Farce wurde die »Kupferstift-Affäre«, als der Autor die Hersteller des damaligen Robotergefährts kontaktierte, um Näheres über den verheimlichten »Unfall« zu eruieren. Innerhalb weniger Stunden antworteten am 13. Mai 2005 sowohl Roboter-Chefkonstrukteur Mike Bassett als auch *iRobot*-Sprecherin Elena Frigeri per Mail. Entzückt anerboten sie sich, Fragen aller Art zu beantworten. Gesagt, getan: »Wie brach der rechte Kupferstift ab? Und: Wurde das abgebrochene Stück in der Folge geborgen und untersucht?«

Reaktion von Bassett und Frigeri: monatelange Funkstille. Nach etlichen Rückfragen dann doch noch eine Antwort – voller nichtssagender Phrasen. Einzige konkrete Aussage: »Gerüchte kommentieren wir prinzipiell nicht. Das Kupferstück wurde nicht geborgen, da der Roboter dafür nicht geeignet war.« Dass das abgebrochene Teil während der Livesendung später nicht mehr zu sehen war, hat demnach einen einfachen Grund: Es dürfte unter den Raupen des Gefährts schlicht zerbröselt sein. Ebenso wie das am Gangboden liegende Unterteil des linkes Stiftes …

Eine akademische Bankrotterklärung. Doch warum die ganze Geheimniskrämerei? Geht es wirklich nur um eine rein fachliche Erkundung des Monuments, wie uns Fachleute treuherzig versichern? Oder steckt mehr dahinter? Es steckt mehr dahinter! Im Zentrum dieser »Verschwörung« steht Edgar Cayce. Der 1945 verstorbene weltberühmte »schlafende Prophet«, wie er von seinen Anhängern genannt wurde, hatte mehrere seiner Prophezeiungen den Ägyptern gewidmet. So behauptete Cayce unter anderem, dass die Sphinx um 10000 vor Christus von Überlebenden aus Atlantis errichtet worden sei. Und dass sich unterhalb von ihr, direkt bei der Cheops-Pyramide, eine »Kammer des Wissens« befinde, die deren gesamte Weisheit enthalte. Irgendwann um das

Jahr 1998, so prophezeite Cayce, würde diese Kammer geöffnet und später auch der Öffentlichkeit bekannt gemacht.

Cayces »Erbe« wird heute von der *Association for Research and Enlightenment* (ARE) verwaltet, einer mächtigen Institution mit potenten Geldgebern. Zusammen mit der *Cayce Foundation* bildet sie die eigentliche *Cayce Organisation*. Seit den 1970er-Jahren mischt diese bei Forschungsprojekten auf dem Gizeh-Plateau immer wieder eifrig mit – in der Hoffnung, die legendäre »Kammer des Wissens« endlich aufzuspüren.

Handelt Hawass im Auftrag der Cayce-Jünger? Er selbst dementiert dies vehement – unterstützt vom renommierten US-Ägyptologen Mark Lehner, der bei jeder Gelegenheit betont, dass die Sphinx »nur« 4500 Jahre auf dem Buckel habe. Ein cleveres Doppelspiel! Denn Lehner wurde in jungen Jahren von der *Cayce Foundation* nachweislich finanziell unterstützt. Sie erst ermöglichte ihm seine wissenschaftliche Ausbildung.

Hawass war der Organisation in der Vergangenheit ebenfalls zu Diensten, wie die Autoren Graham Hancock und Robert Bauval enthüllen. Dabei verweisen sie auf die Biografie von Cayces Sohn Hugh Lynn Cayce. Bis zu seinem Tod in den 1980er-Jahren arbeitete er mit missionarischem Eifer daran, die Prophezeiungen seines Vaters zu erfüllen. Cayce junior, so erfahren wir aus seiner Lebensbeichte, hatte den jungen Hawass 1975 über Mark Lehner kennen und schätzen gelernt.

1980 habe Hawass der Foundation mit einer Ausgrabung unweit der Sphinx massiv geholfen. Umso mehr war man an dessen wissenschaftlichem Aufstieg innerhalb der ägyptischen Verwaltung interessiert. Also bemühte sich Hugh Lynn Cayce, ihm eine höhere Ausbildung an einer US-Universität zu ermöglichen. Genauso kam es. Und so weiß auch Hawass, was er Cayces Sohn zu verdanken hat. Dies mag auch erklären, warum er Cayce zugewandte Expeditionsteams hinter den Kulissen immer wieder mit exklusiven Forschungslizenzen bevorzugte, speziell was die Sphinx und ihre im Untergrund vermuteten Geheimgänge zur Cheops-Pyramide betraf.

Sicher ist: Der Mann mit dem Schlapphut scheint etwas auf der Spur zu sein, über das er in der Öffentlichkeit kein Wort verlieren mag. Etwas, das er mit fanatischem Eifer sucht, für das ihm bei seiner

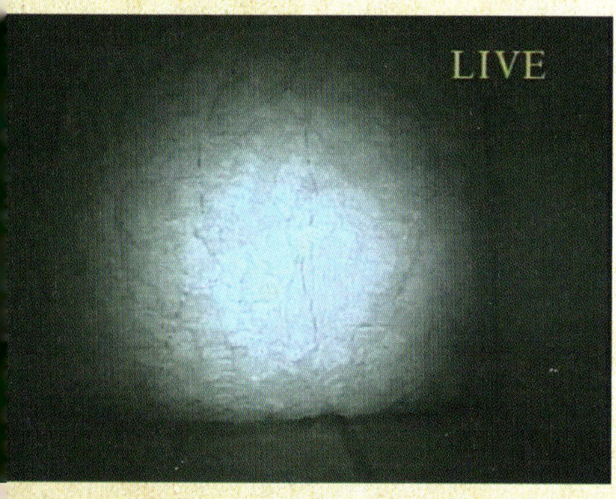

Was steckt hinter dieser Steinplatte?
Ein neuer Miniroboter soll Klärung bringen.

Zu Höherem berufen? Zahi Hawass – hier ausnahmsweise ohne Schlapphut.

Suche nahezu jedes Mittel recht scheint. Und das kann eigentlich nur die von Cayce erwähnte »Kammer des Wissens« sein. Daran dürfte auch die Tatsache nichts ändern, dass Hawass ab 2010 Vizekulturminister von Ägypten werden soll. Denn wer ihn kennt, weiß, dass der selbst ernannte Pharao der Moderne seine Nase auch weiterhin in fremde Gräber stecken wird.

Clever wie er ist, hielt der alte Fuchs seine größten Trümpfe denn auch bis zum Ende seiner »offiziellen« Amtszeit zurück: Darunter lange Zeit geheim gehaltene Ausgrabungen im Tal der Könige, DNA-Tests der Familie von Tutenchamun sowie die aktuellsten Untersuchungsresultate seiner jüngsten Robotermission in der Cheops-Pyramide. Die brisanten Entdeckungen schreien nach weiteren Grabungen.

Die wirkliche Bombe schlummert derweil noch immer im Wüstensand. Vermutlich direkt unter der benachbarten Sphinx, die mit dem Monumentalbau beziehungsweise dessen »Kammer des Wissens« unterirdisch verbunden scheint. Wie 2009 durchsickerte, sollen die Cayce-Anhänger mittlerweile grünes Licht für neue Bohrungen erhalten haben. Von wem? Dreimal dürfen Sie raten! ■

CRESPIS VERMÄCHTNIS:
Vergessener Schatz im Keller

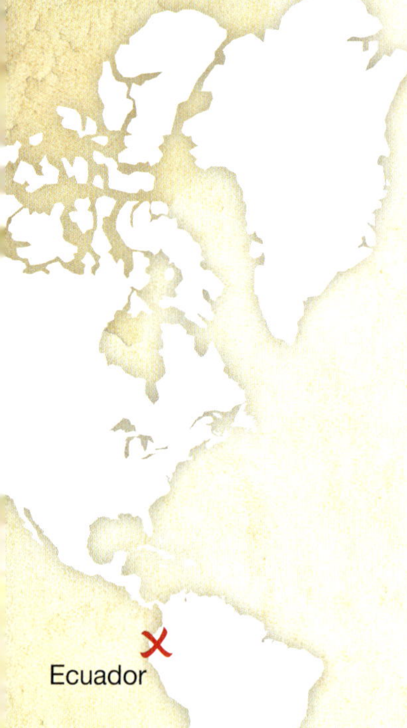

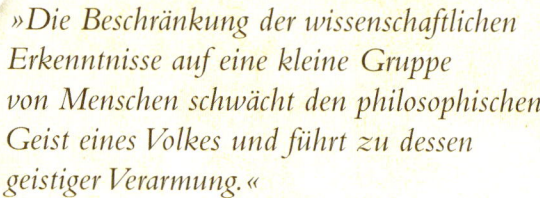

»Die Beschränkung der wissenschaftlichen Erkenntnisse auf eine kleine Gruppe von Menschen schwächt den philosophischen Geist eines Volkes und führt zu dessen geistiger Verarmung.«

(Albert Einstein, Physiker)

»Von der Vergangenheit haben wir keine Ahnung, doch davon jede Menge«, bilanzierte einst ein kluger Kopf. Padre Carlos Crespi hätte mit dem Mann auf dessen originelle Erkenntnis angestoßen und ihm nach der zweiten Flasche Wein mit verschmitztem Lächeln seinen kunterbunten Indio-Hort präsentiert. Der 1982 verstorbene Salesianerpriester hatte es faustdick hinter den Ohren – wie die meisten Geistlichen.

Weltenbummler, die sich im ecuadorianischen Cuenca in Crespis Hinterhof-Museum verirrten, wähnten sich ob der chaotischen Fülle an kuriosen Kostbarkeiten in einem geheimen Beutelager der Spanischen Inquisition: Welche unbekannte südamerikanische Kultur hatte die unzähligen, wild durcheinandergewürfelten Metallplatten, Skulpturen, Tonfiguren und verzierten Steine im Besitz des Padre einst gefertigt? Warum zeigten manche der Relikte dämonische »Fabelwesen«, aber auch Elefanten oder Schriftzeichen aus weit entfernten Erdteilen, welche die alten Indios gar nicht gekannt haben konnten? Standen Teile des Horts gar im Zusammenhang mit einem geheimnisvollen Höhlensystem in Ecuador, das gemäß der Legende Kristallsarkophage einer untergegangenen Hochkultur bergen soll? Und wohin verschwand das archäologische Sammelsurium, nachdem sein Wächter das Zeitliche segnete?

Bereits 1923 hatte sich Carlos Crespi nach Ecuador aufgemacht. Zunächst war er in den östlichen Regionen des Landes als Missionar tätig. Später zog es ihn nach Cuenca, wo er 1935 eine Schule gründete und auch ein Museum eröffnete. Dort stellte er Exponate einheimischer Kulturen aus, die er von befreundeten Einheimischen erhielt: Ritualgegenstände, Keramiken, Götterfiguren aus Stein und Holz sowie viele weitere Objekte aus dem kultischen Bereich und Leben der indigenen Stämme Ecuadors. Abertausende von Abertausende von Relikten! Darunter auch umstrittene, gravierte Metallplatten, die nach dem Erscheinen des Buches *Aussaat und Kosmos* von Erich von Däniken im Jahr 1972 weltweit für hitzige Kontroversen sorgten.

Die genaue Herkunft vieler Stücke bleibt bis heute unklar, ebenso wie Teile der darauf abgebildeten Motive und Schriftzeichen. Waren es Restbestände aus den Schätzen der Inka? Das Problem: Pater Crespi hortete so ziemlich alles, was irgendwie im Zusammenhang mit den alten Kulturen Ecuadors stand.

Crespi-Figur im Museumskeller: Exklusivfoto von Marco Alhelm.

Vermutlich auch einigen Ramsch. Amerikanisten klassifizierten seine Artefakte nach Konsultation von Fotos vorschnell als plumpe, zeitgenössische Fälschungen der einheimischen Indios. Kein einziger westlicher Professor unterzog sich der Mühe, wegen Crespis »Kuriositätenkabinett« persönlich nach Ecuador zu pilgern, um sich ein eigenes Bild davon zu machen. Ein kolossales Versäumnis!

»Zwar wurden manche der Objekte von einheimischen Experten tatsächlich als moderne Fälschungen entzaubert«, wie der junge deutsche Globetrotter Marco Alhelm weiß, der sich intensiv mit der Crespi-Kollektion beschäftigt hat. »Anderen Artefakten aber wurde von Kennern ein Alter von mehreren Jahrhunderten bis hin zu 3000 Jahren zugesprochen.«

Was die meisten europäischen Archäologen zudem gar nicht wissen: In den 1980er-Jahren, nach dem Tod des Paters, wurde ein beachtlicher Teil seiner Sammlung vom *Museo del Banco Central* in Cuenca aufgekauft – Tausende von Exponaten. »Interessanterweise handelte es sich dabei ausnahmslos um Objekte, die

So fand der Globetrotter Crespis Sammelsurium im Archiv der Bank vor.

Im Gegensatz zu den Steinobjekten ordentlich sortiert: Töpfe und Vasen.

Auch in Crespis Umfeld wimmelte es in den 1970er-Jahren von kuriosen Figuren.

nach Meinung lokaler Experten keine Fälschungen sind«, betont Marco Alhelm. »Offiziell ausgestellt wurden diese Stücke noch nie. Unter anderem, weil man sie selbst nach mehr als 25 Jahren noch immer nicht vollständig katalogisiert hat. Die Uhren ticken nun mal anders auf dem südamerikanischen Kontinent.«

Erschwert werde deren genaue Zuordnung zudem durch die unklare Fundsituation. Höchste Zeit also, mehr darüber in Erfahrung zu bringen, fand der reisefreudige Deutsche. Im Oktober 2007 brach Alhelm nach Cuenca auf. »Zunächst traf ich mich mit dem Direktor des *Museo Remigio Crespo,* Francisco Alvarez Pazos«, erzählt er. »Ein weiterer Termin führte mich zum *Museo del Banco Central,* wo ich mich mit Andrés Abad, dem Direktor der dortigen Kulturabteilung, traf. Anschließend sprach ich noch mit José Maldonado, dem Chefrestaurator des Museums der Bank.«

Zwei von drei Experten winkten wie erwartet ab: Es gebe keine echten Metallplatten, auf denen Schriftsymbole abgebildet seien. Überhaupt seien wohl alle Stücke neuzeitliche Fälschungen aus Messing und Blech. In Cuenca selbst seien außerdem keine dieser Objekte mehr aufzufinden. Man wisse selber nicht, wo sich der Großteil dieser Objekte mittlerweile befinde. Marco Alhelm: »Trotz allem hatte ich das Gefühl, dass man mir nicht die ganze Wahrheit sagen wollte …«

Lediglich Restaurator José Maldonado räumte ein, dass zumindest einige der Metallplatten aus der Crespi-Sammlung tatsächlich echt sein könnten. Einige wenige der umstrittensten Exponate befinden sich zudem in europäischem Privatbesitz, wie er weiß. Weiter gab Maldonado zu Protokoll, dass im städtischen Salesianerkloster Maria Auxiliadora noch weitere Stücke dieser Art lägen, welche die dortigen Geistlichen aber streng unter Verschluss hielten. Schade!

Andere Crespi-Objekte dagegen, deren historische Echtheit anerkannt wurde, lagern tatsächlich bis heute im Archiv des *Museo del Banco Central,* wie Alhelm vor Ort bestätigt wurde. Zwar keine Metallplatten, dafür jede Menge Stein- und Tonobjekte. Fotografieren durfte sie bislang niemand. Umso erfreuter war der deutsche Weltenbummler, als er wider Erwarten die Erlaubnis dazu erhielt: »Dank Andrés Abad, der mir die Türen zu diesen nicht für die Öffentlichkeit bestimmten Kellerräumen öffnete, konnte ich die von der Bank aufgekauften Exponate aus der Sammlung von Carlos Crespi exklusiv ablichten«, erzählt er nicht ohne Stolz. »Da lagen etliche Tausend bisher nicht katalogisierte Fundstücke aus allen Teilen Ecuadors – direkt vor meinen Augen! Faszinierend und durchaus verwirrend …«

Ob Vasen, Töpfe, V-förmig gewölbte Throne aus Stein oder seltsame Götterfigürchen: Alhelm blitzte mit seiner Kamera, was ihm vor die Linse geriet – um Außenstehenden endlich auch bildlich zu dokumentieren, was wissenschaftlich längst katalogisiert und untersucht gehört. Bleibt die Frage, wann die geheimnisumwitterten Museumsstücke im Keller der Bank von Cuenca endlich auch der interessierten Öffentlichkeit zugänglich gemacht werden. ■

Achtlos zusammengeworfen: Noch immer sind viele Fundstücke nicht katalogisiert.

DINOSAURIER:
Steinalte Bilder zeigen Urzeit-Echsen

»Wir müssen auch bereit sein, unsere sicher geglaubten Erkenntnisse mal über Bord zu werfen. Eines Tages wird man vielleicht auch über das lachen, was wir glauben, über die Dinosaurier zu wissen.«
(Nikolai Grube, Maya-Forscher)

Schüler sollten die Frage geflissentlich vermeiden. Denn sie gefährdet ihre Versetzung. Umso vorwitziger gehört sie ausgesprochen: Starben die Dinosaurier wirklich vor 65 Millionen Jahren aus – lange bevor der erste Mensch gemäß Lehrmeinung auf unserem Planeten erschien?

Das weltberühmte italienische »Palestrina-Mosaik« im *Palazzo Barberini* in Rom aus dem 1. Jahrhundert vor Christus lässt anderes vermuten: Es zeigt unter anderem ein »Fabelwesen« am Ufer des ägyptischen Nils, das frappierende Ähnlichkeiten mit den ausgestorbenen Urzeitmonstern aufweist. Zum Vorschein kam das uralte Fußbodenmosaik im 17. Jahrhundert – zu einer Zeit, als die Menschheit offiziell noch nicht die geringste Ahnung von ihnen hatte. Ärgerlich für alle Realisten.

Noch plastischer mutet eine Dinosaurierdarstellung an, welche die Schweizer Globetrotterin Tatjana Ingold in der thailändischen Gemäldegalerie des *Wat Phra Kaeo* entdeckte, des Tempels des Smaragd-Buddha im alten Königspalast in Bangkok: »Wenn ich es vor Ort richtig gelesen habe, entstand das Wandgemälde Ende des 18. Jahrhunderts, um 1785«, berichtet sie. Ein wissenschaftliches Paradoxon, denn das erste annähernd komplette Dinosaurierskelett wurde 1858

Kreatur aus der Urzeit: Ausschnitt des »Palestrina-Mosaiks« im *Palazzo Barberini.*

in den USA entdeckt. Erst danach entstand in der breiten Öffentlichkeit allmählich ein Bewusstsein in Bezug auf die einstige Existenz der Riesenechsen und ihr Erscheinungsbild.

Zu bedenken sei, so Tatjana Ingold, dass die Malereien in Thailand mittlerweile mehrfach »restauriert« worden sind, »sodass nicht definitiv ausgeschlossen werden kann, dass die Dinosaurierdarstellung eventuell später im Rahmen einer Restaurierungsarbeit hinzugefügt wurde. Als ich 2007 letztmals dort war, beschränkte sich die Restaurierung darauf, die Farben aufzufrischen.« Möge der Lack der Malerei noch manch weiteres Jahr glänzen – auf dass sie Fachleuten eines Tages vielleicht doch noch auffällt. ■

Jahrhundertealtes Gemälde im Tempel des Smaragd-Buddha in Bangkok.

DNA-RÄTSEL:

Haare, die es nicht geben dürfte

»Es gibt Situationen, in denen man ein Geheimnis halb preisgeben muss, um den Rest zu bewahren.«
(Philip Dormer Stanhope, Schriftsteller)

6000 US-Dollar. Diese stolze Summe verlangte der bekannte Kryptozoologe Loren Coleman beim Internet-Auktionshaus *Ebay* unlängst für ein »Original-Yeti-Haar«. Stammen soll das Beweisstück vom legendären Skalp, den Sir Edmund Hillary und Marlin Perkins 1960 auf ihrer berühmten Yeti-Expedition ergattern konnten. Leider hat das unscheinbare Ding für Sammler allerhöchstens ideellen Wert. Wie Untersuchungen bereits damals ergaben, scheint es sich lediglich um das Haar eines ziegenähnlichen Tieres aus der Himalaya-Region zu handeln.

Weitaus rätselhafter muten zwei weitere Haare an, die erst kürzlich ans Tageslicht kamen. Sie müssten die wissenschaftliche Welt eigentlich auf den Kopf stellen. Tun sie aber nicht, weil sich die wenigen, die überhaupt je davon erfuhren, mittlerweile lieber wieder ihren eigenen Frisuren widmen. Dass die involvierten Experten eisern darüber schweigen, macht die haarige Angelegenheit auch nicht sympathischer.

Abgeblockt werden journalistische Anfragen dort, wo es etwas zu verbergen gilt. Warum aber sollten ausgerechnet Forschungsresultate, die genetische

Haaranalysen zum Thema haben, der Öffentlichkeit vorenthalten werden? Weil die involvierten Forscher trotz blitzsauberer Analysen um ihren akademischen Ruf fürchten – ob der kontroversen Natur ihrer Entdeckungen, die sie anfänglich sträflich unterschätzten. Protagonist Nr. 1 dieses Trauerspiels ist der weltberühmte Bryan Sykes, Professor für Humangenetik in Oxford. Vor einigen Jahren nahm er ein vermeintliches Yeti-Haar unter die Lupe, das die BBC im kleinen Königreich Bhutan sichergestellt hatte. Der Befund war bestürzend – zumindest für diejenigen, deren Bildung sich auf das Lesen orthodoxer Fachbücher beschränkt. Publiziert wurde Sykes' schier unglaubliche Aussage am 2. April 2001 in der Londoner *Times* ebenso wie im *New Scientist*. Auch eine Audio-Version im Originalwortlaut liegt vor.

Fazit des Fachmanns: »Die untersuchte DNA aus diesem Haar ist nicht menschlich. Sie lässt sich auch keinem Bären zuordnen, noch irgendetwas, das sich sonst identifizieren ließe. Es ist wirklich ein Rätsel, und ich hätte nie gedacht, dass dies ein Rätsel bleiben würde. Niemals ist uns bislang DNA untergekommen, die wir nicht identifizieren konnten.«

Eine biologische Bombe! Doch auf Anfrage bestätigte Sykes nur, dass es sich dabei »mit Garantie nicht um einen Aprilscherz handelt«. Mehr gebe es dazu nicht zu berichten, blockte er unwirsch ab, weil er den Medienrummel offenbar satt hatte, den seine Aussagen auslösten. Welcher berühmte Professor geht in der Öffentlichkeit schon gerne mit einem Yeti auf Promotionstour?

Alison Stenger: Auch sie zeigte sich von der Haaranalyse schockiert.

Doch da ist noch ein zweites Haar, von dem – es ist wieder mal zum Verzweifeln! – hierzulande ebenso niemand den leisesten Hauch einer Ahnung zu haben scheint. Und dies, obwohl es die Brisanz von Sykes' Fund sogar noch übertrifft. Ans Tageslicht kam der rund 40 Zentimeter lange Faden 1999/2000 anlässlich einer archäologischen Grabung im US-Städtchen Woodburn (Oregon). Zwischen Salem und Portland lagern dort Tausende von Relikten aus der Frühzeit in der Erde. Knochen von Elefanten etwa, aber auch Fossilien von ausgestorbenen Riesenvögeln. Und eben auch lange Haarfäden. Letztere gerade mal ein paar Fuss tief. Noch dazu mehrheitlich tadellos »anoxisch« konserviert, inklusive Haarwurzeln. Als hätte man sie vor Urzeiten vakuumverpackt in eine Tiefkühltruhe gestopft.

Am 26. Juli 2000 zeigte das Weltbild unserer Vorzeit bereits erste Risse, wie eine weltweit lancierte AP-Pressemeldung dokumentiert. Tenor: »Wissenschaftler haben einen vorzeitlichen Haarfaden in *Woodburns Front Street Park* entdeckt – ein menschliches Haar, das vor langer Zeit in den Boden gelangt sein könnte, noch bevor sich moderne amerikanische Indianer vor ein paar tausend Jahren in Nordamerika niederließen. Das Haar wirft die Frage auf, wer Nordamerika als Erster bevölkerte.«

Geschürft wurde damals in einer nachweislich rund 11 000 Jahre alten Bodenschicht. Dazu die Leiterin der Untersuchungen, Alison Stenger, vom *Institute for Archaeological Studies* in Portland: »Wir gruben einen Klumpen Dreck aus. Und darin befand sich auch dieses lange Haar.« Ein Glücksfall für die Archäologen. Denn die Zahl der intakten Haarfollikel – der eigentlichen Haarwurzel – war derart hoch, dass einer modernen DNA-Untersuchung nichts im Wege stand.

»Unsere Forscher sandten das offenbar aus der Eiszeit stammende Haar ins Laboratorium, wo man mit der Extrahierung der DNA begann«, gab der mittlerweile emeritierte Geologie-Professor William Orr von der Universität Oregon 2001 gegenüber der amerikanischen Mystery-Journalistin Linda Moulton Howe zu Protokoll. Professor Orr fungierte damals als Direktor des *State Museum of Paleontology* in Eugene. Auch er ein ausgewiesener Fachmann auf seinem Gebiet. Doch als ihm die DNA-Resultate zum ersten Mal vorgelegt wurden, rieb sich der Mann verwundert die Augen. Wieder und wieder überflog er die entsprechenden Sätze, die an Deutlichkeit nichts zu wünschen übrig ließen. Der Professor: »Die Genetiker hatten herausgefunden, dass die DNA dieses Haares wider Erwarten mit keiner asiatischen DNA übereinstimmte!«

Das allein war schon reichlich merkwürdig. Immerhin besagt die gültige archäologische Lehrmeinung, dass die Eiszeitmenschen entlang der Westküste der Vereinigten Staaten einer japanischen Bevölkerungsgruppe entstammten, die vor rund 11 000 bis 12 000 Jahren über die Beringstraße zwischen Sibirien und Alaska brav nach Nordamerika marschiert war. Erst vor rund 8000 Jahren – so kritzeln es amerikanische Studenten auf ihre Prüfungspapiere – besiedelten diese ersten Menschen das Tal im heutigen Woodburn-Gebiet.

Doch die eigentliche Überraschung des genetischen Gutachtens sollte wenige Zeilen später folgen. William Orr wörtlich: »Unsere offensichtlich 11 000 bis 12 000 Jahre alte Haar-DNA ließ sich nicht nur keiner asiatischen Population zuordnen. Sie ließ sich auch keiner afrikanischen oder europäischen Population zuordnen. Sie ließ sich überhaupt nichts Bekanntem zuordnen. Wir haben nicht die leistete Ahnung, woher sie stammen könnte.« Augenscheinlich, so folgerte der Professor, müsse der »Haarträger« Mitglied einer Population gewesen sein, »die heute nicht mehr existiert«.

Oder anders gesagt: Das Woodburn-Haar stammt von einer uns völlig unbekannten Bevölkerungsgruppe, die mittlerweile von unserem Erdball verschwunden ist – und das vor gerade mal maximal 12 000 Jahren. Spurlos! Wie vom Erdboden verschluckt. Als hätte sie der liebe Gott in eine Arche Noah verfrachtet und diese einer Rakete gleich ruckzuck auf den nächsten Planeten katapultiert.

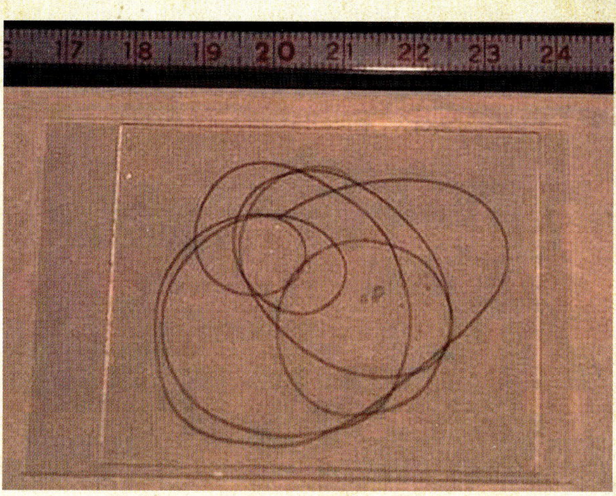

Stellt die Menschheitsgeschichte auf den Kopf: Das Haar von Woodburn.

Geleitet wurden die Woodburn-Grabungen – wie erwähnt – von Alison Stenger, Mitarbeiterin an der *University of Wisconsin-Madison.* Am 17. Oktober 2002 stand sie der Zeitung *Guardian* noch ausführlich Rede und Antwort. Die DNA-Analyse habe sie ebenfalls schockiert, gestand sie unumwunden ein. Und die Zeitung ergänzte, dass die kontroversen Resultate in der archäologischen Fachwelt wohl »einen Sturm auslösen« dürften. Der Sturm blieb aus. Nicht einmal ein laues Lüftchen kam auf. Vielen US-Archäologen ist die klassische Theorie der Einwanderung über die Beringstraße eben immer noch heilig. Frühere Menschen in Nordamerika – noch dazu mit völlig unbekannter DNA – sind ihnen ein Dorn im Auge. Und da Einäugige unter den Blinden immer noch als Könige gelten, regieren sie ihr Reich unbeirrt weiter, ohne dass das Volk aufmuckt.

Merkwürdigerweise zieht es Alison Stenger mittlerweile vor, öffentlich zu schweigen. Und auch Professor Orr – ihr wissenschaftlicher Mentor – scheint die haarige Angelegenheit die Sprache verschlagen zu haben. Jedenfalls ließen die beiden mehrere journalistische Anfragen bis auf den heutigen Tag unbeantwortet. Ob sie sich selbst den Mund verboten haben? ■

EXCALIBUR:

Das Zauberschwert steckt in Italien

»Das schönste Glück des denkenden Menschen ist, das Erforschliche erforscht zu haben und das Unerforschte ruhig zu verehren.«
(Johann Wolfgang von Goethe, Dichter)

Seinem Besitzer soll die Zauberklinge übermenschliche Kräfte verliehen haben. Und ihre Scheide machte jeden Träger unverletzbar. Wer würde mit einem solchen Zauberschwert nicht gerne mal Eindruck schinden? Möglich wärs. Denn »Excalibur« gibt es tatsächlich. Noch heute steckt das berühmte Schwert mitten im Fels. Allerdings nicht in englischen Gefilden – sondern in der italienischen Toskana, in der Einsiedelei von Monte Siepi unweit von Siena.

Der Legende nach soll es Galgano Guidotti dort um 1180 nach Christus in den Stein gerammt haben – um dem ritterlichen Lotterleben zu entsagen und seinen Frieden mit Gott zu finden, wie ihm Erzengel Michael in einer Vision empfohlen hatte. Die himmlische Botschaft kam an: Wild entschlossen setzte Galgano dazu an, sein Schwert auf einem Stein zu zerschlagen. Doch statt zu zerbersten, verschwand die Klinge bis zum Griff im Felsen, wie der junge Mann verdattert feststellen musste.

Gott hatte gesprochen. Und so verbrachte Galgano Guidotti sein Leben ab diesem Tag als Eremit. Den Hügel sollte er nie mehr verlassen. Denn nur gerade knapp ein Jahr später verließ er seine irdische Hülle im zarten Alter von 33 Jahren, um fortan in unseren Erinnerungen weiterzuleben. Der Mythos vom »Schwert im Stein« dürfte in der Folge bis in keltisch-walisische Gefilde vorgedrungen sein, wo er sich schließlich mit der Artuslegende vermengte.

Auch auf Galganos Zeitgenossen scheinen die damaligen Geschehnisse mächtig Eindruck gemacht zu haben. Italiener mögen Wunder. Also begannen sie nur gerade wenige Monate nach dem Ableben des Ritters eine Kapelle um sein

Im Stein verankert: das heilige Schwert von Galgano Guidotti.

Grab zu errichten – die *Rotanda di Montesiepi*. Bis heute zieht der eigenartige Rundbau Touristen, Gläubige und andere Schaulustige an. Und das Schwert? »Jahrelang wurde es als moderne Fälschung angesehen«, weiß die offizielle Internetseite der heiligen Stätte dazu zu berichten. »Metalldatierungen aber konnten 2001 seinen mittelalterlichen Ursprung nachweisen. Die Zusammensetzung des Metalls enthielt keinerlei Spuren neuzeitlicher Legierungen und auch der Stil ist vergleichbar mit dem eines Schwertes aus dem 12. Jahrhundert.«

Stimmt – ist aber nur die halbe Wahrheit. Die andere steckt im Stein. Zwar konnte der italienische Forscher Luigi Garlaschelli, Professor für Chemie an der Universität von Pavia, damals tatsächlich feststellen, dass das Schwert vollständig erhalten ist und in der Tat aus dem Mittelalter stammt. Dies mithilfe eines Endoskops sowie anhand von Metall- und Gesteinsproben. Allerdings soll die Klinge zumindest bis in die 20er-Jahre des letzten Jahrhunderts nur lose im Fels gesteckt haben, ehe sie dort von irgendwelchen Spaßvögeln mit Blei festgeklebt wurde.

Dem Mysterium tut dieser »Schönheitsfehler« nur bedingt Abbruch. Wer vermutet Merlins Utensilien schon in Bella Italia? Und so bekennt auch Professor Garlaschelli nicht ohne Stolz: »Mit unseren Untersuchungen konnten wir all jene Zweifler erfolgreich widerlegen, die eine neuzeitliche Fälschung witterten.« ■

Die Reliquie in der Einsiedelei, wie sie Touristen heute zu Gesicht bekommen.

FLUCH DER EISPRINZESSIN:

Bringt tätowierte Mumie Unglück?

»Du wirst immer nur das entdecken, was deinem Geist und deiner seelischen Entwicklung entspricht. Verflucht sei der Tag, an dem der Mensch blind versucht, in die Geheimnisse des Allmächtigen vorzudringen!« (Frederick S. Oliver, Schriftsteller)

»Sie sah aus, als würde sie schlafen.« Mathias Seifert dürfte das Bild nie mehr vergessen. Zusammen mit russischen Forschern wohnte der Schweizer 1993 im sibirischen Altai-Gebirge an der Grenze zu China, Kasachstan und der Mongolei der Bergung einer weiblichen Eisleiche bei. Obwohl nahezu 2500 Jahre alt, zeigte der Körper im Baumstammsarg keinerlei Verwesungsspuren. Als sei die Frau erst kürzlich gestorben. Wie eine frische Leiche in der Tiefkühltruhe.

Begonnen hatte alles im Oktober 1992, wie Seifert gegenüber dem Schweizer Journalisten Marc Walder in der Boulevardzeitung *Blick* später exklusiv zu Protokoll gab. Im Zürcher Kunsthaus fand zu diesem Zeitpunkt eine Ausstellung über das Nomadenvolk der Skythen statt. »Ich saß also im Kunsthaus und unterhielt mich mit zwei russischen Archäologen, die gerade einen Vortrag gehalten hatten. Sie erklärten mir ihre Probleme mit der Altersbestimmung ihrer Funde.« Der Dendrochronologe des Büros für Archäologie der Stadt Zürich horchte auf. Schließlich war die Datierung von Holz sein Spezialgebiet. Mathias Seifert: »Ich stellte ihnen darum meine Arbeit vor. Die beiden Russen waren begeistert und baten mich, sie bei ihren Ausgrabungen in Sibirien zu unterstützen.«

Im Juli 1993 ging es los. Auf eigene Kosten reiste Seifert ins Ukok-Hochtal und begab sich mit seinen russischen Kollegen auf die Suche nach den mittlerweile in Vergessenheit geratenen Skythen-Gräbern im Pazyryk-Tal: Steinberge von 25 Metern Durchmesser. Erstmals untersucht wurden Teile dieser sogenannten »Kurgans« zwischen 1927 bis 1929 und 1947 bis 1949 vom russischen Archäologen Sergej Iwanowitsch Rudenko. Bereits damals aber waren nur die wenigsten von ihnen unberührt, die meisten Goldbeigaben von Grabräubern längst geplündert.

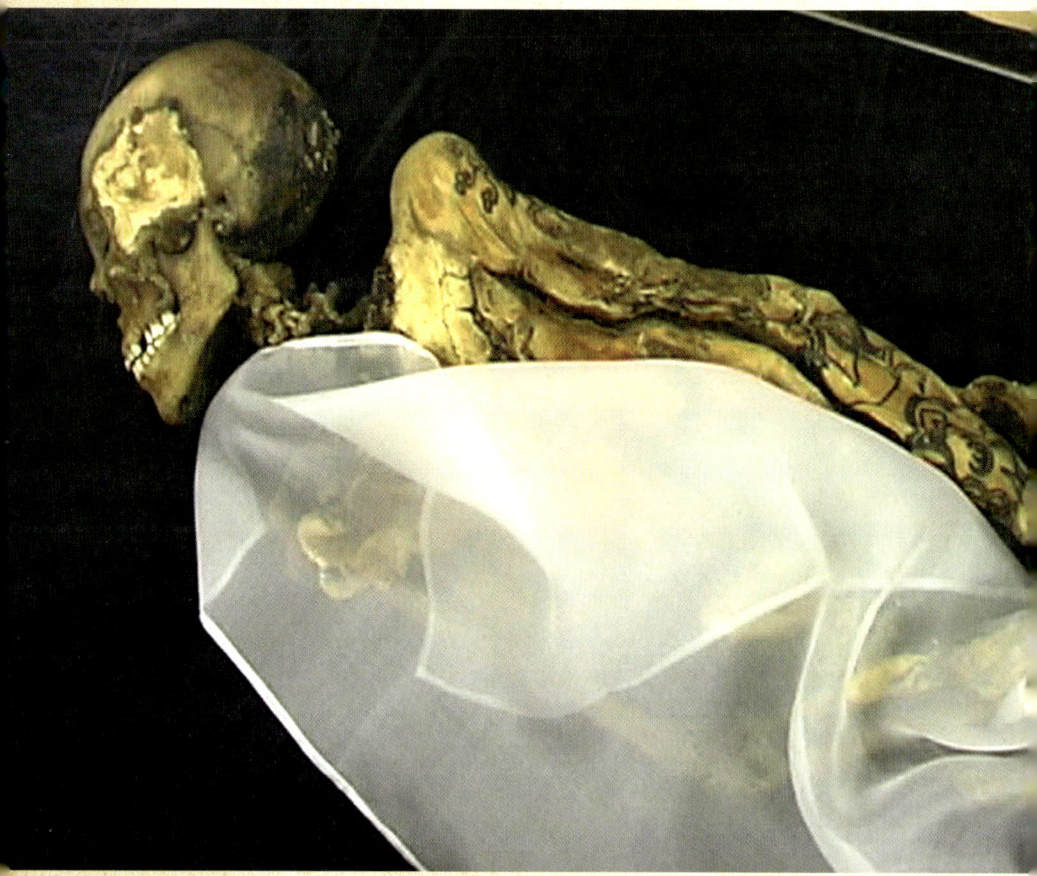

Pazyryk-Mumie: Geht von ihren Tätowierungen ein Fluch aus?

Neben Grabbeigaben mit chinesischem Einfluss, wie etwa einem vierrädrigen Streitwagen, förderten Rudenkos Ausgrabungen mehrere perfekt konservierte »Permafrost-Mumien« ans Tageslicht. Darunter ein »Anführer«, dessen Körper mit fantastisch anmutenden Tätowierungen übersät war. In einer künstlerischen Perfektion, wie man sie aus der damaligen Zeit noch nie gesehen hatte.

Die Gräber konnten vom Institut für Teilchenphysik der Eidgenössischen Technischen Hochschule (ETH) in Zürich später mit aufwendigen C14-Methoden in die Zeit zwischen 350 und 249 vor Christus datiert werden. Eine der Stätten nahmen die Forscher unter der Leitung der russischen Archäologin Natalja Polosmak im Sommer 1993 besonders genau in Augenschein. »Nervosität kam auf«, erinnerte sich Archäologe Mathias Seifert, der vor Ort mitfieberte. »Jeden Tag näherten wir uns ein Stück der Grabkammer. Wir erreichten in zwei Metern Tiefe die Holzdecke der Kammer. Sie war unversehrt. Wir jubelten! Die Spannung stieg ins Unermessliche.«

Das Grab im ewigen Eis war steinhart gefroren. Mit heißem Wasser versuchten die Forscher der Kammer ihr Geheimnis zu entlocken. Ganz zuunterst lag der Sarg. Bronzenagel um Bronzenagel wurde sorgfältig herausgezogen, das Innere in den folgenden Tagen ebenfalls aufgetaut. Elf Tage später war man am Ziel. Mathias Seifert: »Ich erlebte den großartigsten Moment meines bisherigen Lebens als Archäologe: Die ›Prinzessin‹ lag vor uns. Wie Dornröschen im Schlaf. Ihre Haut rein und fleckenlos. Die Permafrost-Decke hatte sie bestens konserviert.«

Kunstwerke auf nackter Haut:
Skizzen der prächtigen Tätowierungen.

Besonders beeindruckend: Auch auf dem Körper der weiblichen Mumie wanden sich kunstvolle blaue Tätowierungen – auf dem linken Arm, dem rechten Daumen und der linken Schulter. Mischwesen aus Greifvögeln und Hirschen! Als ob ein neuzeitlicher Tattoo-Künstler sie dort erst kürzlich hingelasert hätte. Noch dazu im selben Stil wie bei der um 1948 von Rudenko freigelegten männlichen Eisleiche.

Dann nahm das Drama seinen Lauf. Wenig später war die »Altai-Prinzessin« nämlich bereits mit Pilzen übersät, die sie regelrecht zerfraßen, wie der Gerichtsmediziner Rudolf Hauri vom Institut für Rechtsmedizin der Universität Zürich vor Ort enttäuscht feststellen musste: »Auch der Kopf der Mumie war abgefallen. Einfach tragisch bei einem derart wertvollen Fund.«

Schuld an der unappetitlichen Angelegenheit waren die miserablen Aufbewahrungsverhältnisse: Nach ihrer Bergung waren die wertvollen Gebeine kurzerhand in ein sibirisches Käselager überstellt worden, wo sie ab August 1993 wegen zu tiefer Luftfeuchtigkeit auszutrocknen begannen. Dringend benötigte Gelder für eine fachgerechte Überstellung der Leiche nach Moskau fehlten. »Die Situation dort unten ist einfach grauenhaft«, rapportierte Hauri. »Den russischen Kollegen fehlt es an allem. Wenn sich in nächster Zeit nichts ändert, ist der Fund wissenschaftlich gesehen verloren. Erhalten sind heute – verglichen mit dem Originalzustand – gerade noch 30 Prozent!«

Wie konnte es überhaupt so weit kommen? Nicht unbeteiligt am negativen Ausgang war vor allem der *National-Geographic*-Konzern, der sich exklusiv die Filmrechte sicherte, um den Fund vor Ort zu filmen, wie Hauri damals enthüllte. »Bei den Aufnahmen kam es zu erheblichen Verzögerungen, und so haben sich die Überreste bei der herrschenden Außentemperatur von +20 Grad Celsius natürlich massiv aufgewärmt. Über eine Woche lag die Leiche an der Sonne.«

Gipfel des Skandals war die Überführung nach Nowosibirsk: Die aufgetauten Gebeine wurden in einen Helikopter verfrachtet. Dieser musste allerdings notlanden. So wurden sie umgeladen auf einen Lastwagen, der mit dem Fund abseits jeglicher Straßen unsanft durchs Gelände rumpelte. Hauri: »Auf diese Weise gelangten die Gebeine oder vielmehr das, was von ihnen übrig geblieben war, behelfsmäßig in dieses Käselager, wo sie seither unter unzumutbaren Zuständen aufbewahrt werden.« Eine wissenschaftliche Katastrophe: Zeigten die ersten Fotos nach der Graböffnung die Tätowierungen noch in ihrer ganzen Pracht, waren diese mittlerweile kaum noch zu erkennen …

Ein schlechtes Wort bewirkt oft mehr als zehn gute: Hauris aufrüttelnder Hilferuf und die Medienberichterstattung im *Blick* zeigten in der Schweiz Wirkung. In Bern trafen sich Ismail Gemujew, Vizedirektor des Archäologischen Instituts von Nowosibirsk, Andrej Stepanow, der russische Botschafter in der Schweiz, und der Kulturreisen-Veranstalter Otto Frei. Dann ging alles plötzlich sehr schnell. Das Geld floss und der Leichnam konnte am 18. April 1994 endlich nach Moskau ins Lenin-Mausoleum überstellt werden.

Die dortigen Restauratoren gaben ihr Bestes, um zu retten, was noch zu retten war. Der Balsamierungsfachmann Wladimir Lwowitsch Koselzew nahm die Prinzessin in seine geübten Hände. »Als die Lady zu uns kam, war sie schon schwarz wie Steinkohle und völlig ausgetrocknet«, berichtete er der deutschen *taz* am 1. August 1996. »Außerdem spross und keimte bereits allerhand auf ihr.« Monatelang arbeiteten er und sein Team auf Hochtouren, um den Schimmel wegzukratzen und die wundervollen Tätowierungen wieder sichtbar zu machen. Mittlerweile ruhen die Gebeine im Museum von Nowosibirsk. Ebenso wie die des »Skythen-Prinzen«, einer weiteren Eisleiche, die im Anschluss an die erste Ausgrabung ans Tageslicht befördert werden konnte – auch sie mit ähnlichen, teilweise sogar identischen Tätowierungen übersät.

Die große Überraschung folgte am 15. Februar 2005 – auf einer wissenschaftlichen Konferenz des *State Hermitage Museum* in St. Petersburg. Infrarotuntersuchungen an weiteren, bereits 1947/1948 entdeckten Pazyryk-Mumien hätten gezeigt, dass auch sie einst mit Tattoos übersät waren, wie die Forscherinnen L. L. Barkova und S. V. Pankova ihren Kollegen aufgeregt verkündeten. Diese Zeichnungen seien allerdings längst verblichen, sodass sie den russischen Entdeckern damals nicht aufgefallen waren.

Bleibt die Frage, womit der unbekannte skythische »Leonardo da Vinci« seine Landsleute einst derart kunstvoll tätowieren konnte. Holzkohle – so die anfängliche Vermutung der Wissenschaftler – scheidet nämlich aus, wie Professor Kurt J. Irgolic vom Institut für Analytische Chemie der Karl-Franzens-Universität in Graz bereits 1998 gegenüber der

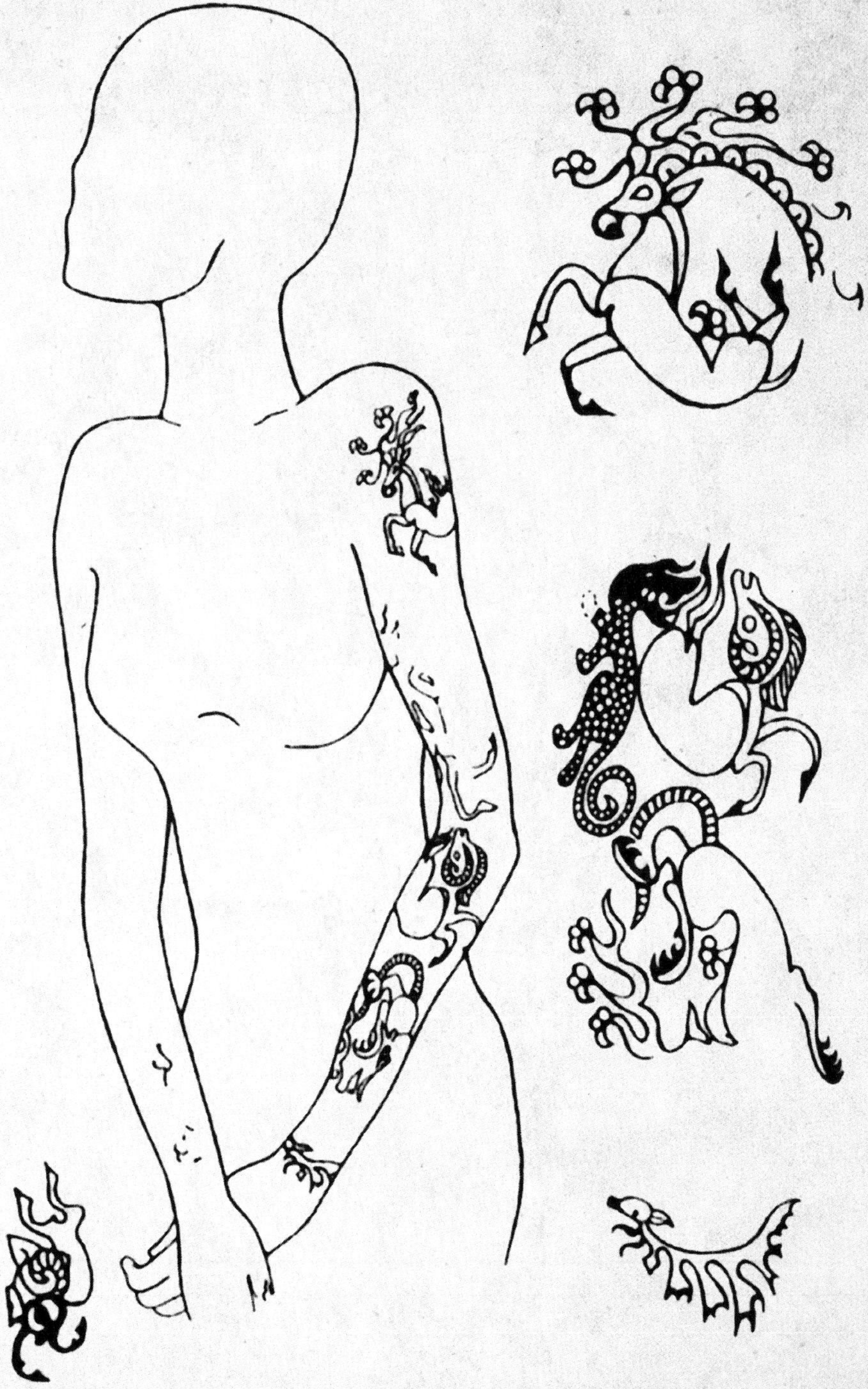

Die Pazyryk-Motive lehren selbst moderne Tattoo-Künstler das Staunen.

Tätowierter Hautfetzen: Hier sind die Zeichnungen noch gut erkennbar.

Publikation *Unizeit* ausgeführt hatte: »Die bisherigen Untersuchungen haben erwiesen, dass die skythische Prinzessin mit einer völlig anderen, noch unbekannten Substanz tätowiert wurde.«

Welche das war, blieb in der Folge leider im Dunkeln: Irgolic verunglückte am 21. Juli 1999 tödlich, wie Uni-Sprecherin Dagmar Eklaude auf Anfrage bestätigte. Beim Mineraliensammeln war der Professor unweit der Kleinprechthütte am Fuße der Zinkwand in den Schladminger Tauern abgestürzt. Seine Turnverein-Kollegen errichteten ihm dort später ein Gedenkkreuz. Ein tragischer Unfall? Oder steht Irgolics Ableben womöglich im Zusammenhang mit seiner Mumien-Leidenschaft? Immerhin nahm der Professor als internationaler Experte 1995 bereits peruanische Mumien unter die Lupe. Auch andere Leichenfunde hatten es ihm aus wissenschaftlicher Sicht angetan. Musste der arme Mann für seine Nekrophilie büßen?

Eine Frage, die spätestens seit dem »Fluch des Ötzi« – der noch berühmteren Eisleiche aus dem Ötztal – wieder erlaubt sein muss. Sieben Menschen habe die 1991 in einem Gletscher an der italienischen Grenze entdeckte Mumie mittlerweile auf dem Gewissen, rechnen eifrige Journalisten vor. Jeder der Verstorbenen war direkt in die Entdeckung oder Erforschung von Ötzi involviert. Und: Die meisten von ihnen kamen unter durchaus ungewöhnlichen Umständen ums Leben.

Professor Irgolic tauchte in dieser von Medien in aller Welt verbreiteten Liste bislang eigentümlicherweise nicht auf. Dabei gäbe es allen Grund dafür. Neben der Eisleiche aus dem Altai-Gebirge hatte der österreichische Mumienexperte nämlich auch Kontakt mit der Ötzi-Leiche – hautnahen sogar. So zeichnete der Professor für die offizielle chemische Analyse von Ötzis Haaren verantwortlich, in enger Zusammenarbeit mit seinem kurz darauf ebenfalls verstorbenen Kollegen Konrad Spindler.

Fiel somit auch Kurt Irgolic Ötzis Fluch zum Opfer? Oder war es vielmehr die »Altai-Prinzessin«, die ihm Unglück brachte, weil man ihre Grabesruhe störte? Deuten ihre kunstvollen Tätowierungen gar auf »geheime Kenntnisse der Toten«, wie Ausgräberin Natalja Polosmak überzeugt ist? Zumindest will es so scheinen. In der gebirgigen Region, wo die Mumie einst bestattet war, bebt es seit ihrer Bergung nämlich auffällig oft. Im Jahr 2003 sogar so stark, dass mehrere Dörfer der russischen Republik verschüttet wurden.

Für die Einheimischen ist der Grund dafür nach Rücksprache mit ihren Schamanen klar. Der Zorn der »Prinzessin« hatte sie getroffen. Seit Ihre Hoheit ins 600 Kilometer entfernte Nowosibirsk verbracht wurde, liege über ihrem Land ein Fluch, munkeln sie und fordern verzweifelt: »Die Prinzessin muss zu uns zurückkehren!« Bisher verhallten ihre Hilferufe ungehört in den endlosen Weiten der Steppe. ■

FUSS-SPUREN:

Moderne Menschen vor Jahrmillionen

»Die Menschheit läuft Gefahr, ausgerottet zu werden, ohne etwas über ihren Ursprung erfahren zu haben, ohne zu wissen, ob ihr Geschick von unbekannten Herrschern gelenkt und der natürliche Ablauf ihrer Geschichte verfälscht wurde.«

(Robert Charroux, Schriftsteller)

Auch Lehrmeinungen haben ein Verfallsdatum. Im Fall des Neandertalers wölbt sich der Konservendeckel bereits bedrohlich. Bis heute suchen wir seine berühmte Keule vergeblich. Der Verdacht liegt nahe, dass er gar keine besessen hat – weil er sich intelligenter zu behaupten wusste, als wir heute glauben. Doch auch sein Nachfolger, der Homo sapiens, sorgt zunehmend für Verwirrung – speziell seit dem 5. Juli 2005.

An diesem Tag unterrichtete die britische Geologin Silvia Gonzalez von der *Liverpool John Moores University* die Öffentlichkeit über eine geradezu sensationelle Entdeckung. In der Nähe des zentralmexikanischen Cerro-Toluquilla-Vulkans bei Puebla hatte sie 2003 mit ihrem Team menschliche und tierische Fußabdrücke identifiziert, die im Gestein einer vulkanischen Ascheschicht erhalten geblieben waren. Das Alter der unter einer meterdicken Sedimentschicht begrabenen Spuren: 40 000 Jahre. Einmal mehr schien damit beweisbar, dass der amerikanische Kontinent nicht erst vor rund 11 500 Jahren via Sibirien nach Alaska über die Beringstraße betreten wurde, wie uns heute immer noch eingetrichtert wird (»Clovis-Modell«).

Hunderte von tierischen und menschlichen Spuren – darunter auch solche von Kindern – konnte Gonzalez' Team im sogenannten »Valsequillo Basin« in alter Vulkanasche bislang identifizieren. Zwischen 200 000 und 25 000 Jahren vor unserer Zeit befand sich dort ein großer, seichter Vulkansee. Klimaschwankungen und die Eruption des Cerro Toluquilla ließen seinen Wasserspiegel steigen und fallen. Die Vulkanasche lagerte sich vor allem an seinen Ufern ab und konservierte die Fußabdrücke, die sich später zu Stein verhärteten.

Rund 60 Prozent der von ihr entdeckten Spuren konnte Silvia Gonzalez unzweifelhaft Menschen zuordnen – aufgrund der anatomischen Merkmale. Dazu zählten die Stellung der Großzehe, tiefe Fersen- und Fußballenabdrücke sowie die Wölbung der Sohle. Von der Größe her bewegten sich die Verursacher im Bereich des Homo sapiens, also des modernen Menschen. Die Geologin: »Nach Auswertung aller Daten schätzen wir, dass die ausgewachsenen Menschen zwischen 1,17 und 1,90 Meter groß gewesen sein dürften.«

Wer die Geschichte umschreibt, muss mit Widerstand rechnen. Und so hagelte es bald Kritik: Gonzalez' »Beweise« für die Ankunft des ersten Menschen in Amerika seien kreuzfalsch, schimpfte der amerikanische Geologe Paul Renne vom *Berkeley Geochronology Center* Ende 2005 in der Fachzeitschrift *Nature.*

Hinterließen in Mexiko vor Urzeiten bereits moderne Menschen ihre Spuren?

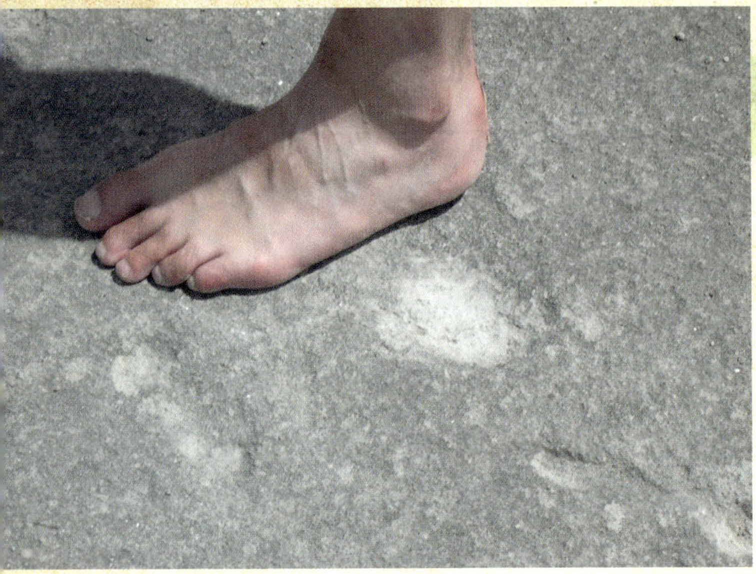

Versteinerte Spur – der menschliche Fuß daneben verdeutlicht ihre Größe.

Im vulkanischen Gestein bei Puebla wimmelt es nur so von Abdrücken aller Art.

Dummerweise schuf sich der kluge Mann mit seinen neuen Datierungen gleichzeitig ein massives Problem. Oder wie es das Internet-Wissenschaftsportal von *Bild der Wissenschaft* am 2. Dezember 2005 zusammenfasste: »Die Forscher um Renne datierten die Tufflagen, in denen die Abdrücke zu finden waren, mithilfe der Argon-Argon-Methode und kamen zu dem Ergebnis, dass das Gestein zwischen 1,3 und 1,5 Millionen Jahre alt ist.« Darauf deute auch die Magnetisierung des Gesteins hin: »Es muss entstanden sein, als das Erdmagnetfeld anders herum gepolt war als heute. Die jüngste Umpolung ist etwa 790 000 Jahre her.«

Rennes Datierungsmethode ist wesentlich zuverlässiger als die von Gonzalez angewandten Messtechniken. Insofern scheint für ihn sonnenklar: Die Fußabdrücke können definitiv nicht nach der Ablagerung des Jahrmillionen alten Gesteins entstanden sein. Schließlich wandelten damals noch gar keine intelligenten Menschen auf unserem Erdball. Die tauchten auf unserem Planeten erst vor mickrigen 200 000 Jahren auf, wie ein Blick ins Lexikon beweist. Er denke sowieso nicht, dass die mexikanischen Spuren Fußabdrücke seien, schob der Amerikaner später nach. »Das war mir sofort klar, als ich sie mir vor Ort angeschaut habe. Die meisten der Spuren dort sind definitiv modern …«

Den mindestens ebenso »logischen« Umkehrschluss scheut Renne wie der Teufel das Weihwasser. Denn wenn der Amerikaner mit seiner Datierung richtig liegt – wie er sich sicher ist – und die Abdrücke tatsächlich vom Homo sapiens stammen, eröffnet sich noch eine ganz andere Möglichkeit: dass moderne Menschen bereits vor weit über einer Million Jahren auf unserem Planeten herumstapften! Vertreter einer untergegangenen, längst vergessenen Zivilisation?

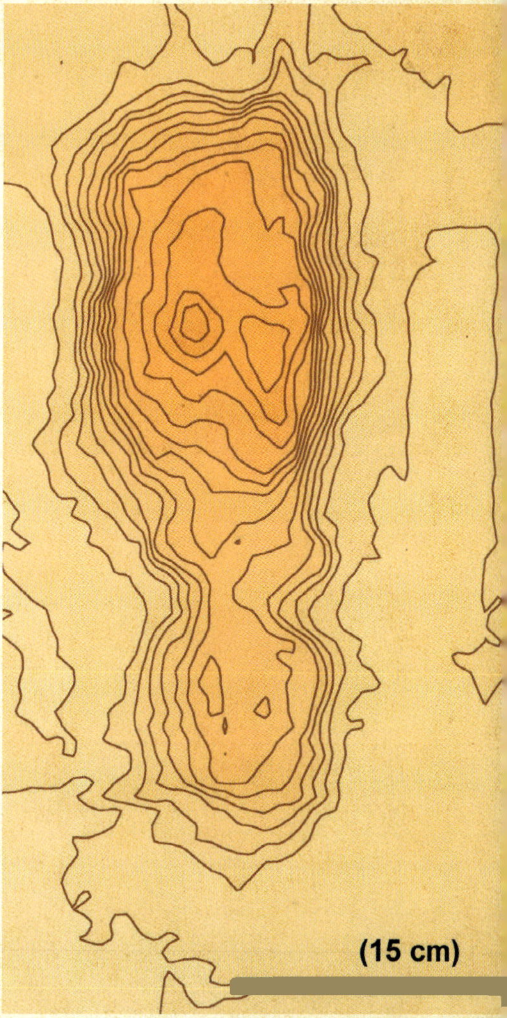

Diese Grafik dokumentiert: Die Fußspuren stammen tatsächlich von Menschen!

Offiziell unterschreiben mag Silvia Gonzalez derlei fantastisch anmutende Schlüsse nicht. Dennoch räumt sie diplomatisch ein: »Selbst wenn wir tatsächlich falsch liegen sollten und die Xalnene-Asche tatsächlich 1,3 Millionen Jahre alt ist, wie von Paul Renne behauptet, ist das nicht zwingend ein Grund, unsere Interpretation der Abdrücke als Fußspuren prinzipiell abzuschmettern – nur weil das nicht in Übereinstimmung mit den etablierten Modellen über die Besiedelung Amerikas gebracht werden könnte.«

Auch Renne räumt auf Anfrage mittlerweile ein, dass es für ihn nach heutigem Forschungsstand eigentlich nur noch zwei Möglichkeiten gibt: »Entweder handelt es sich nicht um Fußspuren. Oder aber sie gehören tatsächlich alten Hominiden – schockierend alten …« ■

Ob Erwachsene, Kinder oder Tiere: Hier herrschte vor Jahrmillionen emsiges Treiben.

GOLIAT:
Gab es den biblischen Recken wirklich?

»Was wir wissen, ist ein Tropfen;
was wir nicht wissen, ein Ozean.«
(Isaac Newton, Philosoph)

Die biblische Story von David und Goliat hat das Zeug zum Kassenschlager: Mit einer simplen Steinschleuder soll der Hirtenjunge den legendären Hünen der Philister einst zur Schnecke gemacht haben. Die Mücke triumphierte über den Elefanten. So schildert es uns die Bibel. Doch spricht sie auch die Wahrheit?

Zumindest teilweise, wie mittlerweile sogar Wissenschaftler der Katholisch-Theologischen Fakultät der Universität München glauben. Zusammen mit ausländischen Kollegen hatten sie im Sommer 2005 auf dem Tell-es-Safi-Hügel zwischen Jerusalem und Gaza gegraben. Dort, wo sich einst die Philisterstadt Gat befand. Besonderes Augenmerk richteten die Forscher dabei auf eine unscheinbare kleine Tonscherbe aus der Zeit des 9. oder 10. Jahrhunderts vor Christus. Darin eingeritzt: Buchstaben, die der Forscher Stefan Jakob Wimmer als frühe, kanaanäische Alphabetschrift deutet.

Als einer der Ersten seit 3000 Jahren hielt er das Fragment in Händen und befasst sich seither mit dessen Entzifferung. In kanaanäischer Sprache gelesen, ergeben die Worte jedoch keinen Sinn. Vielmehr scheinen sie zu einer anderen Sprache zu gehören – der Ursprungssprache der Philister, die diese aus ihrer früheren Heimat mitbrachten. »Ich dachte

unmittelbar an den Philisternamen Goliat, doch schien mir der Gedanke allzu verwegen«, berichtet Wimmer. »Niemand in der Fachwelt, so meinte ich, würde uns glauben, dass wir sozusagen Goliat gefunden hätten. Die Stadt Gat, in der wir gruben, wird in der Bibel ja als Heimat des legendären Riesen genannt, und ausgerechnet dort auf einen entsprechenden historischen Beleg zu stoßen muss nüchternen Wissenschaftlern als zu schön, um wahr zu sein, erscheinen.« Dennoch sind sich die involvierten Forscher inzwischen einig, dass auf der Scherbe tatsächlich Namen stehen, die als Frühform von »Goliat« angesehen werden müssen.

Die kleine Tonscherbe stammt aus dem 9. oder 10. Jahrhundert vor Christus.

Doch Wimmer wäre kein artiger Wissenschaftler, würde er allzu berauschende Interpretationen der Inschrift im zweiten Atemzug nicht doch ins Reich des Glaubens verweisen, um es sich mit seinen nüchternen Kollegen nicht zu verscherzen: »Darüber, ob seinerzeit wirklich ein schwerbewaffneter Riese von einem cleveren Jugendlichen, der später König über Israel werden sollte, im Terebinthental bei Gat mit einer Steinschleuder zur Strecke gebracht wurde, sagt die Inschrift in keinem Fall etwas aus.« Ausschließen tut sie dies ebenfalls nicht. ■

GROTTEN VON HUASHAN: Das achte Weltwunder liegt in China

»Die Theorie wiederkehrender Katastrophen, nach denen die kulturelle Entwicklung mehr oder weniger von Neuem beginnen musste, war in der Antike Allgemeingut.« (Charles Berlitz, Autor)

In China werden die *Huashan Grottoes* bereits als achtes Weltwunder gehandelt. Zu Recht: Stattliche 36 Höhlen umfasst die riesige »unterirdische Stadt« nahe Tunxi in der östlichen Anhui-Provinz, rund 280 Kilometer von Shanghai entfernt. Vor knapp 2000 Jahren hatten sie unbekannte Genies aus dem Fels gemeißelt.

Ein unterirdisches Labyrinth monumentalen Ausmaßes! Mit statisch perfekt konstruierten Felspfeilern, verwinkelten Gängen, steinernen Brücken, Treppen, riesigen Hallen und künstlich angelegten Wasserbecken, deren Inhalt so klar ist, dass man den Boden mit bloßem Auge erkennen kann. Ein Königreich aus längst vergangener Zeit, wie geschaffen als Kulisse für einen Fantasy-Film. Aber auch ein Tummelfeld für jeden *Geo*-Reporter oder für eine TV-Crew von *National Geographic* – müsste man meinen. Doch weit gefehlt: Kein einziger namhafter westlicher Journalist oder Forscher hat die Sensation bislang persönlich in Augenschein genommen.

Bilder wie aus einem Abenteuerfilm: die Huashan-Grotten von außen.

Selbst im Internet findet sich so gut wie gar nichts darüber. Und so mochte der damalige chinesische Staatspräsident Jian Zemin kaum glauben, was er sah, als er die Anlage am 20. Mai 2001 erstmals persönlich besichtigte. »Ein wahrhaftes Rätsel!«, schwärmte er vor Ort und gab ihr entzückt den Namen *Mysterious Grottoes of the Flower Mountain.* Jians Namensgebung trifft den Nagel auf den Punkt – umso mehr, als seine Historiker bis heute nicht die geringste schriftliche Überlieferung über das »Weltwunder« auftreiben konnten. Auch in den Höhlen selbst findet sich nicht ein einziges Schriftzeichen. Ein historisches Rätsel sondergleichen.

Wiederentdeckt hatte die unterirdische Anlage in den 1960er-Jahren zufälligerweise ein örtlicher Bauer, als er in der Gegend nach Heilkräutern suchte. Die Geschichtsschreiber haben uns seinen Namen nicht überliefert. Damit der arme Geselle nicht plötzlich reich wurde, übernahm die nordwestlich von Peking gelegene Tsinghua-Universität das Zepter und erkundete die Unterwelt fortan wissen-

Welche vergessene Kultur hat diese riesige »Stadt aus Stein« geschaffen – und wozu?

schaftlich. Ergebnis: Nicht das Wasser, wie ursprünglich angenommen, formte die Höhlenwelt in grauer Vorzeit, sondern menschliche Intelligenz und Muskelkraft.

Die Höhlen Nr. 2 und Nr. 35 sind mittlerweile auch für Touristen zugänglich. Zusammengezählt umfassen sie über 17 000 Quadratmeter Fläche. Allein die zweite Anlage (Nr. 35) ist bis zu 18 Meter hoch. Sie birgt stolze 36 Räume und 26 Steinsäulen, jede von ihnen im Durchschnitt über zehn Meter hoch, mit riesigem Durchmesser. Dazwischen überall steinerne Brücken, Podeste, Bassins und Treppen, kunstvoll angelegt. Eine Art vorzeitlicher »Atombunker«. Denn ob Sommer oder Winter: Drinnen ist es rund um die Uhr 15 Grad kühl. Außerdem konnten die einstigen Bewohner dieser Unterwelt

200 000 Kubikmeter Gestein sollen hier einst abgetragen worden sein.

Warum sah sich bislang noch kein westlicher Reporter in den Grotten um?

aus dem dortigen Bassin nach Belieben Trinkwasser schöpfen, obwohl es zwei Meter höher liegt als der örtliche Xinan-Fluss. Gibt es somit eine unterirdische Wasserversorgung, die noch nicht entdeckt ist?

Ebenfalls bemerkenswert: Keine der vorhandenen Hallen oder Wände wirft auch nur das geringste Echo zurück. Beim Erkunden der Höhlen stießen Archäologen lediglich auf ein paar altertümliche Lampen und Porzellanfragmente aus der Jin-Dynastie (um 350 nach Christus). Konsequenz: Die künstliche »Stadt« dürfte im Minimum knapp 2000 Jahre alt sein, was auch geologische Untersuchungen nahelegen. Womöglich ist sie gar noch älter, wie ähnliche Monumentalwerke rund um den Globus vermuten lassen. Erbaut von vergessenen Genies, wie sie einst auch die Cheops-Pyramide in Ägypten errichtet haben – begnadeten Bauherren der Vorzeit.

Selbst der chinesische Staatspräsident fand kaum Worte, als er die Unterwelt betrat.

200 000 Kubikmeter Stein sollen in den *Mysterious Grottoes of the Flower Mountain* nach Ansicht von Experten einst herausgemeißelt worden sein. Spuren dieses Gerölls suchte man bislang vergebens. Welche verschollene Kultur nahm diese Mühe auf sich? Zu welchem Zweck? Wie und wohin wurde die gewaltige Steinlast transportiert? Selbst die kommunistischen Chinesen, die sonst für alles und jedes eine hübsche Propaganda-Erklärung finden, sind diesbezüglich völlig ratlos.

Nicht zu vergessen: Erst zwei der insgesamt 36 unterirdischen Höhlen sind heute zugänglich. Was erwartet uns in Zukunft wohl in den anderen? Und wann schicken die millionenschweren westlichen Medienkonzerne endlich ihre Spitzenreporter los, um das »achte Weltwunder« blitzsauber zu dokumentieren? ■

Spuren künstlicher Bearbeitung: Wer schwang hier einst Hammer und Meißel?

HÖHLE VON IGNATIEVKA:

Wie kam das Kamel in den Ural?

»Zu Beginn der Zivilisation, als es weder Spezialisten noch Wissenschaftler gab, stand der Beruf des Genies noch allen offen.«
(Federico Di Trocchio, Wissenschaftshistoriker)

Sie liegt ein paar hundert Kilometer südwestlich von Jekaterinburg – dem einstigen Swerdlowsk. Und sie ist 1652 Quadratmeter groß. Wer die Ignatievka-Höhle in Augenschein nehmen will, muss erst einen steilen Hang bewältigen. Doch der Aufstieg lohnt sich.

Seit Mitentdecker Vladimir Sirokov sie in einem prächtigen deutschen Bildband der Öffentlichkeit näher brachte, staunen nun auch europäische Forscher über die dortigen Felsmalereien. Rund 14 000 Jahre sind diese alt. Und sie bergen gleich drei Rätsel.

So finden sich an der Decke der riesigen Grotte Zeichnungen von Mammuts, Pferden – und einem Kamel mit zwei Höckern. Das Problem: Kamele gab es zu jener Zeit im ganzen Uralgebiet nicht. Zudem handelt es sich um die einzige paläolithische Kameldarstellung weltweit. Wer also transportierte das arme Vieh damals ins Gebirge im äußersten Osten Europas, um es dort für die Nachwelt artgerecht porträtieren zu lassen?

Rätsel Nr. 2 bildet ein stilisiertes Mammut mit einem menschlichen Fuß. Auch darauf mag sich bis heute niemand so recht einen Reim machen. Noch reizvoller scheint indes eine dritte Darstellung: Sie zeigt eine Frau mit großen Brüsten und breitem Becken. Drei Punktelinien zwischen ihren Beinen führen zu den Schenkeln eines männlichen Fabeltiers. 28 Punkte sind es insgesamt. Nachgezählt hat sie Höhlen-Mitentdecker Vladimir Sirokov persönlich: »Die mittlere, längste Reihe besteht aus zwölf Punkten, die beiden seitlichen

Punktreihen aus vier beziehungsweise fünf Punkten. Die mittlere Punktreihe führt in gerader Verlängerung zu einer Reihe aus 21 Punkten, die von der Brustregion der großen roten Kreatur auf der anderen Seite des Bildfeldes ausgeht.«

Die wollüstige Darstellung fasziniert Sirokov derart, dass er – abseits der wissenschaftlichen Trampelpfade – auch mal verlockende Schleichwege auskundschaftet: »Falls diese Punkte die Zahl der fruchtbaren und unfruchtbaren Tage ihres Zyklus darstellen, wäre dies geradezu revolutionär«, meint der wissenschaftliche Mitarbeiter der Russischen Akademie der Wissenschaften. »Denn das würde bedeuten, dass die Menschen zu jener Zeit bereits detaillierte Kenntnisse des Reproduktionssystems hatten.« Verhüteten Höhlenbewohner in der Ignatievka-Region vor 14 000 Jahren somit bereits nach der Kalendermethode – etliche Jahrtausende bevor der Kalender überhaupt erfunden wurde? ■

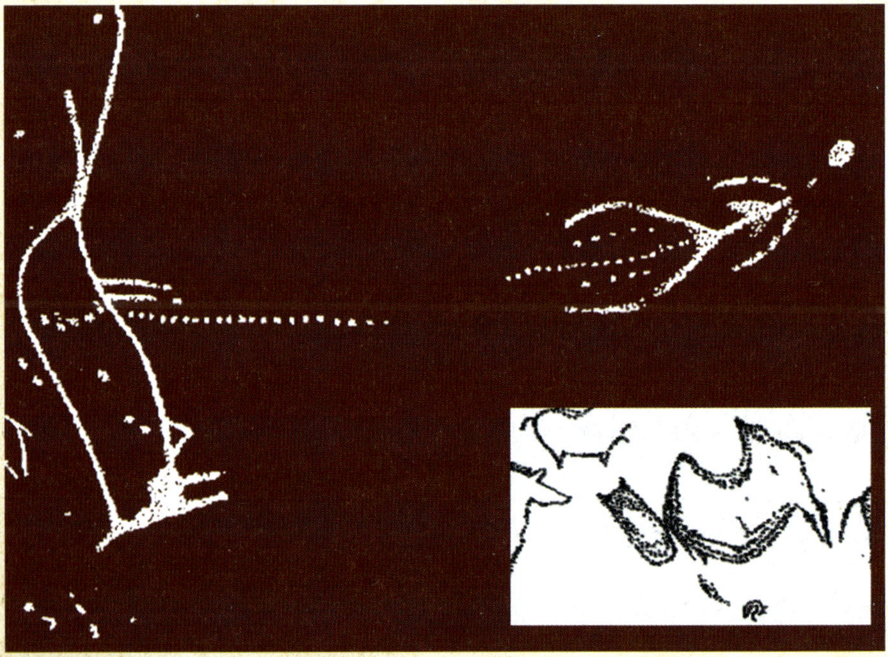

16 000 Jahre alt: geheimnisvolle Felsmalereien in der Ignatievka-Höhle.

ICA-STEINE:

Ist Cabreras »Urzeit-Bibliothek« doch echt?

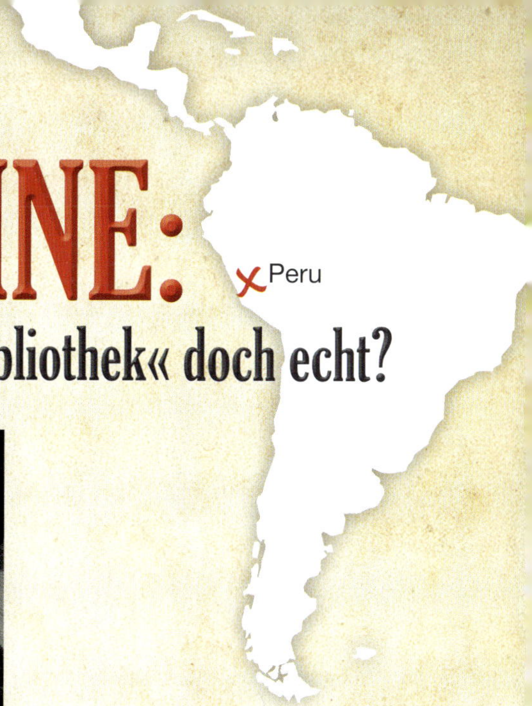

Mensch mit Fernrohr: einer von unzähligen Steinen aus der Cabrera-Sammlung.

»Zukunft ist die Zeit, in der man die ganze Vergangenheit kennen wird. Solange man die Vergangenheit nur teilweise kennt, lebt man in der Gegenwart.«
(Gabriel Laub, Aphoristiker)

Sie zeigen Dinosaurier, Fernrohre oder Luftschiffe und sollen dennoch aus tiefster Vergangenheit stammen. Entsprechend hitzig ist über die im Erdreich von Peru entdeckten »Steine von Ica« schon gestritten worden. Alles Fälschungen? Oder existierte einst doch eine »Menschheit vor der Menschheit«?

Um das herauszufinden, entschlossen sich die spanischen Globetrotter Maria del Carmen Olazar Benguria und Felix Arenas Mariscal, den faszinierenden Funden ab 1996 im Rahmen mehrerer Forschungsreisen selber nachzuspüren. Grund ihrer Neugier: Die angeblich uralten Objekte aus vulkanischem Andesitgestein weisen Gravuren auf, die verstörend modern wirken: Kaiserschnitt-Operationen etwa. Aber auch Darstellungen von Menschen mit Fernrohren oder anderen technologischen Utensilien wie Luftfahrzeugen.

Blick ins Mini-Museum des mittlerweile verstorbenen Javier Cabrera.

Bekannt wurden die Steine durch Javier Cabrera Darquea, einen peruanischen Arzt im Städtchen Ica, der Anfang der 1960er-Jahre ein derartiges Objekt geschenkt bekommen hatte. Fasziniert ließ er weitere gravierte Steine aus seiner Region zusammentragen. Seine Kollektion wuchs und wuchs – auf Tausende von Stücken!

Archäologen brandmarken alle »Cabrera-Objekte« heute als Fälschungen. Zu modern die Darstellungen, als dass man sich ihnen ohne Zweifel nähern könnte. Geschürt wird das Misstrauen durch Untersuchungen des Spaniers Vicente Paris. 1998 offenbarten dessen Mikrofotografie-Aufnahmen auf manchen Ica-Steinen Spuren von moderner Farbe und Poliermittel. Ist das der Weisheit letzter Schluss? Oder verteufelte man im Glauben an das Schlechte fälschlicherweise das Gute?

Auf Anraten Cabreras entschlossen sich Maria del Carmen Olazar Benguria und Felix Arenas Mariscal, eigenhändig nach allenfalls unentdeckten Ica-Steinen zu graben. In der Hoffnung, dass zumindest ein Teil seiner »Stein-Bibliothek« echt sein könnte. Also machten sich die beiden 2002 nach Ocucaje auf – eine Art Oase mitten in der Wüste zwischen Nazca und Ica. Dorthin, wo Cabreras Findlinge einst aufgetaucht sein sollen. Unterstützung für sein Vorhaben fand das rührige Gespann bei spanischen Archäologen und Paläontologen des Obersten Zentrums für wissenschaftliche Forschung in Madrid (CSIC) sowie einer Reihe von Fachkräften der *Universidad Autonoma de Madrid* (UAM).

Unverhofft schloss sich dem Team auch Basilio Uchuya an, ein Bauer aus Ocucaje, der den Großteil der Ica-Steine laut Medienberichten für Cabrera fabriziert haben soll. »Zwar habe ich der Polizei tatsächlich zu Potokoll gegeben, die Cabrera-Steine selber fabriziert zu haben«, räumte Uchuya vor Ort ein. »Aber ich tat dies nur zu meinem eigenen Schutz. Man hätte mich sonst wegen Plünderung archäologischer Stätten verhaftet!«

Der Mann schien glaubwürdig. Also gings los. »Wir verließen den Jeep und beschlossen, den Weg in Richtung Cerro Norte zu Fuß zurückzulegen«, schreiben Maria del Carmen Olazar Benguria und Felix Arenas Mariscal in ihrem Reisereport. »Unsere Begleiter waren mit Spaten, Pickeln und anderen Arbeitsgeräten ausgerüstet. Basilio Uchuya war überzeugt, dass eine Suchaktion auf dieser Seite kaum Aussicht auf Erfolg habe. Doch wir waren von einem äußerst beeindruckenden Szenarium umgeben, und so beschlossen wir, unsere Suche fortzusetzen.«

Tagelang wurde dort gebuddelt – ohne Erfolg. Rund 200 Meter unterhalb des Gipfels des Cerro Norte stachen den Spaniern schließlich einige Felsenhöhlen in die Augen, die Spuren früherer Bearbeitung verrieten. Was mochte hier Besonderes sein? Erneut wurden Spitzhacke und Schaufeln gezückt. Und

Diese Steine brachten die Spanier 2002 nahe von Ocucaje zum Vorschein.

dann verschlug es den beiden »Hobby-Archäologen« die Sprache: »In einer Tiefe von rund zwei Metern fanden wir ein schäbiges Tuch, dessen hellbraune Farbe verblasst war und in dem der Teil eines Steines zu erkennen war. Ein im Ica-Stil gravierter Stein!« Doch es kam noch besser. Denn nur wenige Meter davon entfernt brachten Grabungen vier weitere Steine mit Gravuren zum Vorschein. Einige von ihnen gar noch mit Ablagerungen verklebt – eine wertvolle Informationsquelle, um später feststellen zu können, wie alt die Abbildungen tatsächlich waren.

Zurück in Spanien machten sich die Spezialisten der Autonomen Universität Madrid ans Werk. Ihre Analysen brachten Ergebnisse, von denen Maria del Carmen Olazar Benguria und Felix Arenas Mariscal vor ihrer Reise nicht einmal zu träumen gewagt hatten: Das Tuch dürfte vor 1350 Jahren gewoben worden sein. Und die Karbonatablagerungen auf den mitgebrachten Boden- und Gesteinsproben waren gemäß Thermolumineszenz-Datierungen »mehr als 61 196 Jahre« respektive »mehr als 99 240 Jahre« alt – »bei einem Abweichungsfaktor von 5000 bis 8000 Jahren«. Die unendliche Geschichte der Ica-Steine ist damit um ein weiteres Kapitel reicher. Wie sie wohl weitergeht? ■

Weiterer Fund der Spanier: Auch er brachte die Experten in Madrid zum Staunen.

INKA-FUSSABDRUCK:

Kuriose Entdeckung in Bolivien

*»Die höchste Form der Ignoranz ist,
etwas abzuweisen,
von dem man überhaupt nichts weiß.«
(Wayne Dyer, Autor)*

Wo liegt Jesús de Machaca? Noch kennt den Ort nahe des Titicacasees auf dem bolivianischen Anden-Hochland hierzulande niemand. Die Geschichtsschreiber der Zukunft sollten ihn sich dennoch merken – und in ihren künftigen Werken vorsorglich ein paar Seiten freihalten. Ende 2007 nämlich entdeckte der bolivianische Forscher Roberto Hidalgo von der *Unidad Nacional de Arqueología* in Jesús de Machaca per Zufall einen versteinerten Fußabdruck. Unsere westlichen Archäologie-Koryphäen hatten ihn bis dahin sträflich übersehen. Im Gegensatz zu den lokalen Campesinos – ihnen ist der Abdruck schon lange bekannt. Ehrfurchtsvoll nennen sie ihn den »Fußabdruck des Inka«. Noch wissen nur die Götter, warum.

Bekannt gemacht hat den Fund in unseren Gefilden der junge deutsche Globetrotter Marco Alhelm nach ausgedehnten Expeditionen an den Fundort. »Der Abdruck befindet sich in einer Gesteinsformation aus rötlichem Sandstein und ist auffällig gut erhalten«, weiß er zu berichten. »Das Alter der Gesteinsformation wird von den involvierten Wissenschaftlern auf mindestens sieben Millionen bis 15 Millionen Jahre beziffert, datiert also ins Tertiär, präziser formuliert in den tertiären Abschnitt des Miozän.«

Mehrere Gutachten von bolivianischen Fachleuten scheinen die anfängliche Vermutung zu erhärten, dass es sich um einen menschlichen Fußabdruck handelt. Ihre wichtigsten Aussagen: Der Abdruck entspricht der heutigen Schuhgröße 39. Er stammt von einem Menschen mit einer Körpergröße von 1,70 bis 1,75 Metern und einem Körpergewicht von etwa 80 Kilogramm. Die Ballenregion weist eine Breite von 90 Millimetern auf. Der Fuß erlaubt einen stabilen, aufrechten Gang, der demjenigen eines modernen Menschen entspricht. Potztausend! Sollten sich diese Angaben als richtig erweisen, können wir unsere Geschichtsbücher einmal mehr in den Müll befördern. Denn in jener Epoche vor sieben bis 15 Millionen Jahren gab es nach bisherigem Kenntnisstand noch keine anatomisch modernen, aufrecht gehenden Vertreter des Homo sapiens. Diese tauchten erst vor knapp 200 000 Jahren auf.

Der Fußabdruck sei zwischenzeitlich mit Einverständnis der dort lebenden indigenen Bolivianer umzäunt worden, um ihn vor Beschädigungen zu bewahren, erzählt Marco Alhelm. »Man erwägt auch den Abtransport in ein Museum in La Paz. Vielleicht wird für Schaulustige aber auch ein kleines Häuschen vor Ort errichtet.« In diesem Sinne: Auf nach Jesús de Machaca – ehe die Fußspur vom Sturm der Entrüstung verweht wird, der ihr wohl bald entgegenpfeift! ■

Globetrotter Marco Alhelm aus Deutschland neben dem »Fußabdruck des Inka«.

INKA-SCHATZ:

Der Schlüssel zum Gold liegt in Polen

»Die Geheimnisse der Inka und ihrer Vorgänger sind den Gelehrten und Laien fünf Jahrhunderte später noch immer so rätselhaft wie damals den Eroberern.« (Zecharia Sitchin, Schriftsteller)

»Der Fluch des Goldes«: Unter diesem Titel präsentierte das Hamburger Museum für Völkerkunde 2007 Hunderte von Goldobjekten, Masken und Vasen der Inka. Die eindrucksvollen Ausstellungsstücke verband ihre mysteriöse Herkunft: Alle stammten sie aus peruanischen Raubgrabungen. Letztere sind seit den 1950er-Jahren zwar offiziell verboten – nur kümmert das kaum jemanden. Weder die Einheimischen, die oft aus purer Not plündern, noch die westlichen Schatzsucher, die der Schein des Goldes bis heute verblendet.

Nach wie vor scheint der Jackpot nicht geknackt. Speziell die legendären Inka-Horte, die während der Eroberung Perus um 1531/1532 vor den marodierenden Spaniern in Sicherheit gebracht wurden, schlummern noch immer im Untergrund – und offenbar noch einiges mehr, wie eine 29-seitige spanische Schrift aus dem Jahr 1896 erahnen lässt. Verfasst hat sie ein gewisser Alejandro Garland. Unter dem vielsagenden Titel *Los Tesoros Ocultos en el Peru (Die verborgenen Schätze in Peru)* gießt der Mann ein ganzes Füllhorn von Zitaten längst vergessener Schriftsteller und Chronisten über seine Leser aus. Allesamt bergen die alten Überlieferungen Hinweise auf versteckte Schätze der Indios und deren mögliche Verstecke. Zeile für Zeile werden Kostbarkeiten beschrieben und Begehrlichkeiten geweckt.

Die seltsamste Passage im Garland-Dokument hat jedoch weder Gold noch Edelsteine zum Thema. Vielmehr berichtet sie von einem alten Festbrauch in Cusco. In der Mitte eines Platzes hatte man dort ein großes Podest aufgebaut.

Sonnenfigur: Wie viele andere besteht auch dieses Inka-Relikt aus purem Gold.

»Und im Zentrum dieser Bühne thronte eine prächtige Figur des Ticiviracocha, dem sie als Weltenschöpfer den herausragendsten Platz zuteil werden ließen«, zitiert Garland den spanischen Conquistador Pedro de Cieza de León aus dem 16. Jahrhundert. Dann folgt der entscheidende Satz, der Schatzsucher aufhorchen lässt: »Unterhalb dieses Thrones befand sich eine Figur der Sonne aus mir unbekanntem Material.«

Eine Sonne aus »unbekanntem Material«? Metall dürfte es kaum gewesen sein, denn nach heutigem Kenntnisstand verwendeten die Inka keine Metalle, die nicht auch den Konquistadoren bereits bekannt waren. Woraus bestand das seltsame Kultobjekt also dann? Und wo befindet es sich heute? Garland: »Zu erwähnen ist, dass einige Geschichtsschreiber versichern, die Figur der Sonne sei 1572 von einer Expedition im Besitz des Inkas Tupac Amaru gefunden worden, der sich in den Bergen von Vilvabamba versteckt hielt.« Anschließend sollen sich ihre Spuren – wie so oft – im berüchtigten Nebel der Geschichte verloren haben. Dort, wo sich die kuriosen Artefakte mittlerweile nur so häufen.

Doch wer der Meinung ist, Inka-Schätzen könne man nur im peruanischen Hochgebirge oder im südamerikanischen Dschungel nachspüren, irrt. Quasi »vor unserer Haustüre«, im heutigen Polen, suchen seit Jahren einige unentwegte Schatzjäger nach dem »Schlüssel zum Gold der Inka«. Befinden soll er sich auf Schloss Niedzica bei Krakau. Wie er dorthin gekommen sein soll, ist Inhalt einer abenteuerlichen, aber grundsätzlich verbürgten Geschichte, die der Warschauer Reporter Aleksander Rowinski in seinem Buch *Unter dem Bann der Priester* fein säuberlich dokumentiert hat.

Seit Jahrzehnten trägt Rowinski Spuren und Hinweise über eine der wohl mysteriösesten Geschichten seines Landes zusammen. Demnach reiste ein Nachkomme der Familie, die das Schloss erbauen ließ, Sebastian Berzeviczy, im 18. Jahrhundert nach Lateinamerika. In Peru heiratete er eine Inka-Prinzessin. Der Ehe entstammte eine Tochter namens Umina. Umina wiederum ging eine Verbindung mit Tupac Amaru ein, dem Neffen des gleichnamigen Anführers eines Aufstandes gegen die Kolonialisten, der seinerseits vom ebenfalls gleichnamigen letzten Inka-Herrscher Tupac Amaru I. (1545 bis 1572) abstammte.

Der Aufstand wurde blutig niedergeschlagen, Tupacs Onkel getötet. Dadurch wurde Uminas Ehemann unversehens zum legitimen Anwärter auf den Inka-Thron. Um den Schergen der Eroberer zu entkommen, floh Tupac Amaru mit seiner Familie über Neapel nach Venedig. 15 Jahre lebten sie in der Folge unerkannt – dann wurde Tupac unter ungeklärten Umständen heimtückisch erdolcht.

An dieser Stelle kommt wieder Sebastian Berzeviczy ins Spiel. Aus Angst um das Leben seiner Tochter und seines Enkels floh er mit ihnen auf das von seinen Ahnen erbaute Schloss Niedzica. Dort, so wird verbreitet, empfingen sie nur kurze Zeit später Abgesandte aus ihrer südamerikanischen Heimat. Sie übergaben Umina »Quipus«, in Lederriemen geknotete Informationen über den Verbleib der riesigen Goldschätze ihres Volkes – unter anderem auch über den Schatz im Titicacasee. Ob sie ihr dabei auch von der bereits erwähnten »Sonne aus unbekanntem Material« erzählten, die sich 1572 im Besitz ihres Vorfahren Tupac Amaru I. befunden haben soll, ist nicht bekannt. Ebenso wenig, ob sie das geheimnisvolle Stück über Umwege womöglich wieder in Familienbesitz nehmen konnten. Möglich aber wäre es.

Doch auf Niedzica ereilte auch Umina ihr trauriges Schicksal. Wie zuvor bereits ihr Mann, wurde auch die Inka-Prinzessin hinterrücks erstochen. Von wem, ist bis heute ungeklärt und Anlass zahlreicher Spekulationen. Einzig Uminas Sohn Antonio Tupac entging den unbekannten Häschern. Grund dafür war die Adoption durch seinen Onkel Berzeviczy-Benesz.

Die Namensänderung erfüllte ihren Zweck: Antonio Tupac blieb sein Leben lang unbehelligt. Und die wertvollen Quipus vorläufig unauffindbar. Schon glaubten viele, die ganze Geschichte sei lediglich »Schatzjägerlatein«. Das änderte sich schlagartig am 31. Juli 1946: Ein Nachfahre des Berzeviczy-Benesz-Clans, Andrzej Benesz, ließ an diesem Tag in Anwesenheit von Augenzeugen die sechste Stufe des Schlosseinganges abheben. Er folgte damit einem Hinweis, den er in alten Familiendokumenten gefunden haben wollte. Und tatsächlich entdeckte man einen zylindrischen Bleibehälter. Dessen Inhalt: einer der Quipus von Prinzessin Umina!

Zweifler warfen Benesz in der Folge vor, den Mythos bewusst geschürt zu haben. Misstrauisch machte sie nicht zuletzt, dass in der südamerikanischen Abteilung des Museums von Poznan kurz zuvor just ein solcher Quipu gestohlen worden war. Nur ein Zufall? Fast will es so scheinen, denn trotz der Kritik befasste sich Andrzej Benesz sein Leben lang unbeirrt weiter mit dem Rätsel von Niedzica. Bis 1976: Genau 30 Jahre nach dem spektakulären Fund verlor er bei einem Autounfall ungeklärter Ursache sein Leben. Benesz erhielt ein Staatsbegräbnis – er war zu diesem Zeitpunkt als stellvertretender Parlamentspräsident einer der ranghöchsten Politiker des Landes. Seit diesem Tag hat auch niemand mehr den Quipu gesehen. Er ist bis auf den heutigen Tag spurlos verschwunden.

Doch da sind noch zwei weitere entfernte Nachkommen der Berzeviczys, die der Autor überraschend in der Schweiz ausfindig machen konnte: Géza und Miklos Teleki aus Basel. Der eine arbeitete bis vor einigen Jahren als Direktor des Basler Volkswirtschaftsbundes. Der andere führt eine eigene Arztpraxis. Beide waren sie 1948 im Kindesalter mithilfe des Roten Kreuzes in die Schweiz gebracht worden. »Unsere Eltern blieben im kommunistischen Ungarn zurück«, erzählt Géza Teleki. »Unsere Mutter war im Schloss aufgewachsen, das meine Großmutter von 1919 bis 1944/45 führte – bis die Russen kamen.«

Wegen der kommunistischen Zensur habe die Mutter nicht viel über das Schloss geschrieben. Gemeinsam wollten die beiden Brüder deshalb 1962 nach Niedzica fahren – doch kurz zuvor kamen ihre Eltern bei einem Eisenbahnunglück ums Leben. Géza Teleki: »1991 war es dann endlich so weit und die Polen empfingen uns äußerst freundschaftlich.«

Im Gegensatz zu den Telekis verweigert der Sohn des 1976 verstorbenen Andrzej Benesz, ein Anwalt in Danzig, jede Aussage zu dem Thema, wie Vertreter der *Neuen Zürcher Zeitung* nach einem Besuch vor Ort am 20. Januar 2004 ernüchtert feststellen mussten. Die Zeitung: »Historiker Rowinski, der die Geschichte um den geheimnisvollen Inka-Schatz in Niedzica seit über 30 Jahren zu ergründen versucht, glaubt, das Versteck in einer Burgruine rund 70 Kilometer nördlich von Niedzica, ebenfalls am Fluss Dunajec gelegen, lokalisiert zu haben. Deren Besitzer, ein Krakauer Geschäftsmann, soll den Eingang zu geheimen unterirdischen Gängen angeblich mit 300 Tonnen Beton versiegelt haben. Er wolle den Schatz nicht heben, denn er benötige ihn weder zu seinem Glück, noch sei er auf das Gold angewiesen ...«

Schloss Niedzica bei Krakau: Birgt es versteckte Hinweise auf den Inka-Schatz?

Den Basler Géza Teleki fasziniert vor allem, wie hartnäckig sich »der Mythos« vom Inka-Schatz in Polen bis heute hält. Alle paar Jahre reist er mittlerweile in das sagenumwobene Gemäuer seiner Vorfahren, wenngleich er den kursierenden Erzählungen nur geringe Bedeutung beimisst. Auch den Gerüchten über historische Dokumente in Bezug auf den Schatz in einem Krakauer Kirchenarchiv ist er nicht persönlich nachgegangen.

»Bereits in meiner Verwandtschaft war diese ganze Geschichte eigentlich kaum ein Thema, obwohl man natürlich davon wusste, dass Berzeviczy nach Peru ausgewandert war. Die Story über den Schatz kam sowieso erst 1946 auf – nach dem Fund des Quipu. Was daran wahr ist und was nicht, mag ich deshalb nicht abschließend beurteilen.« Auch eine Rückgabe des Schlosses durch die polnischen Behörden an seine Familie sei für ihn derzeit offen, »wenngleich unsere Ansprüche zumindest moralisch gesehen durchaus anerkannt werden«, wie Teleki weiß. Der Gedanke an eine Reprivatisierung des Monuments sei aber allein schon deswegen illusorisch, weil es jährlich rund eine halbe Million Schweizer Franken an Unterhalt verschlingt.

»Allerdings gibt es nicht wenige Gegenstände aus dem Schloss, die eindeutig meinen Vorfahren gehörten und nun auf polnische Museen verteilt sind.« Keine Inka-Objekte, sondern antike Möbel, wie er präzisiert. Mithilfe eines örtlichen Anwalts versuche man derzeit zumindest einen Teil davon zurückzuerhalten, um sie dann womöglich in eine Kulturstiftung zur Förderung der polnisch-ungarischen Beziehungen einzubringen.

Schloss Niedzica ist als Museum mittlerweile mit feudalen Gästezimmern ausgestattet. Sehr zur Freude der lokalen Fremdenführer. Ganz in ihrem Sinne warnt beim Bauwerk ein dreieckiges Schild unübersehbar vor dem Geist der Inka-Prinzessin Umina: »Achtung Gespenst!« ■

JESUS-GRAB:
Das Mysterium des heiligen Feuers

»Der körperliche Höhepunkt ist keineswegs der Höhepunkt des Lebens. Dieser kommt, wenn Ehrgeiz und Unrast sich in Geduld und Nachdenken verwandelt haben.«
(Heinrich Harrer, Forschungsreisender)

Gläubige preisen es als das »größte aller christlichen Wunder«. Denn es geschieht jedes Jahr aufs Neue – am orthodoxen Ostersamstag um 14 Uhr Ortszeit. Mitten in der Altstadt von Jerusalem. Seit mindestens 1200 Jahren, wie aus uralten Überlieferungen zu erfahren ist. Abertausende orthodoxe Christen aus aller Welt strömen an diesem Tag jeweils in die Grabeskirche. Historischen und archäologischen Quellen zufolge thront das dortige Gotteshaus just über dem Ort, wo Jesus laut Evangelium einst gekreuzigt wurde und später auferstand. Die baulichen Ursprünge der heiligen Stätte reichen bis ins 4. Jahrhundert zurück.

Schlangestehen bis zu sechs Stunden ist an diesem Ostertag keine Seltenheit. Doch die Pilger stört das wenig. Sie wissen: Am heiligsten Ort der Welt erwartet sie »Wundervolles« – fast schon auf die Minute genau. Jahr für Jahr ereignet sich in der verwinkelten Basilika nämlich das Wunder des »heiligen Feuers«, das sich wie aus dem Nichts zu manifestieren scheint. Mitten aus dem mit einer Marmorplatte bedeckten Jesus-Grab – im winzigen Innersten einer kleinen Kapelle, die in der Kirche einst um die Grabstätte herum errichtet wurde.

Heiliger Ort: die Grabeskirche Jesu in der Altstadt von Jerusalem.

Hand aufs Herz: Haben Sie von diesem Schauspiel je gehört? Nein? Dann befinden sie sich in guter Gesellschaft. Zumindest in Westeuropa, wo kaum jemand Gescheites darüber zu berichten weiß. Wohl auch deshalb, weil sich die römisch-katholische Kirche seit jeher schwer damit tut. Ebenso wie viele westliche Archäologen. An biblischen Relikten verbrennt man sich in ihren Kreisen nur ungern die Finger. Besonders wenn aus ihnen »göttliches Feuer« lodert …

Mit der uralten Stätte und ihrer Geschichte eingehend beschäftigt hat sich im Westen in jüngster Zeit lediglich ein dänischer Theologe: Niels Christian Hvidt. »Bereits der russische Priester Daniel beschreibt das Wunder und die umrahmende Zeremonie detailliert in seiner Reisebeschreibung aus den Jahren 1106/1107«, weiß er. »Darin erinnert er sich, wie der Patriarch die Grabeskapelle mit zwei nicht brennenden Kerzen betritt. Er kniet vor dem Stein und sagt bestimmte Gebete auf, worauf das Wunder geschieht: Licht geht aus dem Inneren des Steines hervor – ein blaues undefinierbares Licht, das nach einiger Zeit alle Lampen sowie die zwei Kerzen des Patriarchen entzündet. Dieses heilige Feuer breitet sich sodann zu allen Menschen aus, die sich in der Kirche aufhalten.«

Seit jener Zeit wird an der Tradition dieser Zeremonie unverändert festgehalten. Zu den historischen Augenzeugen zählen unter anderen der russische Pilger Archimandrite Arsenius (1375) und der englische Chaplain Henry Maundrell (1696). Und jedes Jahr ereignet sich das Lichtwunder von Neuem. Bis heute.

Niels Christian Hvidt wohnte dem Ereignis mehrmals persönlich bei. So auch am 18. April 1998. Wie immer wurde das Grab damals überprüft und versiegelt. Dann folgte der Auftritt des Patriarchen. Dreimal umkreiste er das Grab und entledigte sich anschließend seiner Kleidung, zugunsten eines schlichten weißen Gewandes. Alle Lichtquellen in der Kirche wurden gelöscht, bis sie in Dunkelheit gehüllt war. »Mit zwei großen Kerzen betrat er dann die Grabeskapelle – zuerst den kleinen Raum vor dem Grab und dann das Grab selbst.«

Da es Niels Christian Hvidt – wie jedermann – nicht gestattet war, den Ereignissen im innersten Grabheiligtum beizuwohnen, bat er den damaligen griechisch-orthodoxen Patriarchen von Jerusalem – Diodorus I. – im Rahmen eines Interviews um genauere Informationen. »Wie genau ereignet sich das Wunder?«, wollte er vom Gottesmann wissen, der die Zeremonie ab 1982 bis zu seinem Tod im Dezember 2000 jedes Jahr aufs Neue vollzog. »Ich suche meinen Weg bis in den Grabraum in der Dunkelheit und falle auf die Knie«, antwortete ihm der griechische Patriarch. »Hier spreche ich bestimmte Gebete, die uns durch Jahrtausende überliefert wurden, und warte dann. Manchmal

Verklärter Blick: orthodoxe Christen in Erwartung des Heiligen Feuers.

warte ich ein paar Minuten, aber meistens passiert das Wunder gleich, nachdem ich gebetet habe. Aus dem Innern des Steins, auf dem Jesus aufgebahrt wurde, entweicht ein unbeschreibbares Licht. Normalerweise hat es eine blaue Nuance, aber die Farbe kann sich ändern und viele Töne annehmen.«

Man könne das Spektakel mit Worten kaum beschreiben, fügte der Patriarch an: »Das Licht steigt aus dem Stein empor, wie Nebel aus einem See. Es sieht fast so aus, als ob der Stein von einer Wolke umgeben ist, aber es ist Licht. Das Licht verhält sich jedes Jahr unterschiedlich. Manchmal bedeckt es nur den Stein, ein anderes Mal leuchtet der ganze Grabraum, sodass die Menschen, die in der Kirche warten, das Grab von Licht erfüllt sehen.« Das Licht brenne nicht, zumindest nicht im klassischen Sinn. »Ich habe mir in all den Jahren, in denen ich nun Patriarch von Jerusalem bin und das heilige Licht empfange, noch nie den Bart verbrannt. Das Licht hat eine andere Konsistenz als das Feuer, das in den Öllampen brennt …«

Theologe Hvidt hakte nach und bat um weitere Details. Bereitwillig fuhr der Patriarch fort: »An einem bestimmten Punkt steigt das Licht empor und bildet eine Säule, in der das Feuer sich anders verhält, sodass ich meine Kerzen anzünden kann. Nachdem ich das Feuer empfangen habe, gehe ich nach draußen

Jeden Ostersamstag spielen sich in der Grabeskirche »wundervolle« Szenen ab.

und gebe es zuerst dem armenischen und dann dem koptischen Patriarchen – und dann allen Menschen, die sich in der Kirche befinden.«

Ein gigantischer Bluff? Möglich. Bleibt die Frage, ob es das Oberhaupt der griechisch-orthodoxen Christen wirklich nötig hat, Jahr für Jahr aufs Neue einen derart aufwendigen Schwindel zu inszenieren. Umso mehr, als sich das Feuerwunder ja auch unter der Ägide seiner Vorgänger ereignete. Also selbst zu Zeiten, in denen man von der Erfindung der Streichhölzer (1832) oder gar des Feuerzeugs noch nicht einmal zu träumen wagte.

Erschwerend kommt hinzu, dass der Patriarch vor der Zeremonie jeweils einer Art Leibesvisitation unterzogen wird – um sicherzustellen, dass er im Innern der Kapelle nicht schummelt. Und auch das Jesus-Heiligtum selbst wird sorgfältig auf etwaige technische Hilfsmittel überprüft und dann mit Wachs versiegelt, ehe es der Gottesmann betreten darf. So will es die religiöse Tradition. Was also hat es mit der ominösen Marmorplatte über dem Felsengrab wirklich auf sich? Fungiert sie tatsächlich als »Empfänger zum Himmel«, wie die Pilger glauben? Oder behalten die Archäologen Recht, die den uralten Ort mit Verachtung strafen, weil sie als Atheisten lieber an anderes glauben mögen – nämlich an Betrug?

Vertrackterweise sind da auch noch die Wunder, die sich in der Grabeskirche selbst ereignen. Dort, wo jeweils Tausende von Gläubigen mit großen, frischen Kerzen gespannt der Rückkehr des Patriarchen samt seinem heiligen Feuer entgegenfiebern. Und darauf hoffen, dass sich ihre Kerzen wie von selbst entzünden. Oder dass sich die Öllampen in der Kirche aus dem Nichts entflammen. Vergebliche Liebesmüh? Im Gegenteil: Hunderte von Augenzeugen haben über derlei Erlebnisse bereits berichtet und ihre Aussagen eidesstattlich beglaubigt.

Unter ihnen auch Arkimedes Pendaki, der 1983 mit dem orthodoxen Glauben schon fast gebrochen hatte. Dennoch folgte er seiner Mutter auf die Pilgerreise nach Jerusalem – bis in die Grabeskirche. Dort entzündete sich die Kerze seiner Mutter vor seinen Augen wie von Geisterhand. Pendaki war zuerst erbost, weil er an einen Schwindel glaubte, dann aber derart beeindruckt, dass er schließlich zum orthodoxen Priester wurde.

Weiter besitzt Theologe Niels Christian Hvidt eine Videosequenz, die ein ihm bekannter Ingenieur namens Souhel Nabdiel aus Bethlehem vor einigen Jahren in der Kirche gedreht hat. Der Däne: »Herr Nabdiel hat seit seiner frühen Kindheit an der Zeremonie teilgenommen. 1996 wurde er gebeten, die Zeremonie vom Balkon der Kirche aus zu filmen.« Mit Nabdiel befanden sich noch eine Nonne und vier weitere Gläubige auf dem Balkon. »Die Nonne stand rechts von ihm. Auf dem Video kann man sehen, wie er zuerst die Menge unten in der Kirche filmt. Als der Moment gekommen ist, an dem der Patriarch ins Grab eintritt, um das Heilige Feuer zu empfangen, erlöschen alle Lichter. Während der Patriarch sich noch im Grab befindet, hört man auf dem Video plötzlich den überraschten Aufschrei der Nonne, die neben Herrn Nabdiel steht …«

Aufgeregt suchte der Mann nach dem Grund des Aufschreis. Und, o Wunder: »Die Kamera dreht sich nach rechts, wo sich die Ursache der Aufregung befindet: Eine große Kerze, die von einer russischen Nonne gehalten wird, entzündet sich vor den Augen der Anwesenden, noch bevor der Patriarch aus dem Grab herausgekommen ist. Mit zitternder Hand hält die Frau die Kerze, während sie sich immer wieder bekreuzigt.«

Weitere Videosequenzen des russischen Fernsehsenders NTV zeigen ebenfalls erstaunliche Dinge: Wie in Trance fahren einige der Gläubigen mit bloßer Hand durch die Flammen ihrer eigenen Kerzen oder Fackeln – ohne sich dabei zu verbrennen. Eine Frau lässt die Fackelflamme gar mitten über ihr Gesicht züngeln, und dies gleich mehrmals. Ebenso ein anderer Mann, der das Feuer seiner Kerze am 27. März 2003 in aller Seelenruhe sekundenlang seinen Hals umgarnen lässt.

Hightech-Schabernack aus der Zauberkiste? Pyrotechnische Gaukeleien der höchsten Kirchen-Patriarchen? Und das alles im Grab von Jesus? Wohl eher ein weiteres Kapitel in den archäologischen X-Akten! ■

Das Jesus-Grab in der Basilika ist von einer kleinen Kapelle umgeben.

KARATE IN PERU:
Kupferten Ureinwohner bei den Asiaten ab?

Fußtritte teilen die Schwächeren aus. Zumindest bei uns in Europa. Seit jeher kamen derlei verpönte Abwehrschläge hierzulande nur ausnahmsweise zum Einsatz, etwa bei den altgriechischen »Pankration«-Wettkämpfen oder gelegentlich auch in der mittelalterlichen Fechtkunst. Ganz anders im ostasiatischen Raum. Dort haben Kampfsportarten, bei denen neben den Fäusten auch die Füße eingesetzt werden, eine lange Tradition. Umso erstaunlicher, dass auch im präkolumbianischen Amerika »eine Kampfsportart mit Fußtritten« existierte, wie die Universität des Saarlandes 2004 vermeldete.

»Alle Augen schauen,
wenige beobachten,
sehr wenige erkennen.«
(Albert Sánchez Piñol, Anthropologe)

Schlagender Beweis dafür ist ein Tonkelch aus der vorinkaischen Mochica-Kultur, der im Ethnologischen Museum Berlin aufbewahrt wird. Besonders genau unter die Lupe genommen hat dessen Motive der Saarbrücker Wissenschaftler Agustin Segui. »Der Kelch, der bei Menschenopfern Anwendung

Skizze der Darstellung
auf einem Mochica-Tonkelch
im Museum von Berlin.

fand und noch Restspuren menschlichen Blutes aufweist, stellt einen kleinen Katalog von Kampftechniken dar«, bilanziert er. So deutet eine Szene zweier kämpfender Krieger eindrucksvoll den Fußtritt zum Kinn des Gegners an. Die Ähnlichkeit mit ostasiatischen Kampftechniken ist offensichtlich.

Dies spornte Segui an, nach weiteren Belegen zu suchen. Bald fand er Abbildungen, die zwar bereits Jahrzehnte zuvor publiziert worden waren, im Kontext von Kampftechniken jedoch bisher keine Beachtung gefunden hatten. Mehr noch: Auch archäologische Artefakte belegen seiner Meinung nach weitere kampftechnische Varianten in der gleichen Kultur, die ebenfalls typisch ostasiatisch sind.

Woher die damaligen Ureinwohner von den asiatischen Kampfkünsten erfahren haben? Dieser Frage gehen die saarländischen Universitätsexperten diplomatisch aus dem Weg – indem sie gar nicht erst darüber spekulieren. »Ob sich nun derartige Kampftechniken unabhängig von anderen Methoden entwickelt haben oder aber mit den Menschen ihren Weg nach Südamerika fanden, bleibt zu untersuchen«, merkt der deutsche Karatekämpfer Thomas Feldmann kritisch an.

Recht hat der Mann. Schließlich entwickelte sich die peruanische Mochica-Kultur vom 1. Jahrhundert bis zum 8. Jahrhundert nach Christus. Und Asiaten hatten in der dortigen Region laut offizieller Geschichtsschreibung damals in etwa so viel verloren wie ein Sumpfhuhn auf dem Mond …

KNOCHEN VON ISHANGO:

Primzahlen vor 20 000 Jahren

»Ich glaube nicht an eine spontane Entfaltung des Genies. Vielmehr bin ich der Überzeugung, dass es in der Menschheitsgeschichte Augenblicke von ganz besonderer Bedeutung gibt.«
(Jacques Bergier, Schriftsteller)

Wann begann der Mensch zu rechnen? Um 3000 vor Christus. In Mesopotamien. Und in den Kulturen des Nillands, wo die jährlichen Überschwemmungen zur Erdvermessung zwangen. Bereits 17 000 Jahre früher aber schlug ein gewitzter Bursche in Zentralafrika den heutigen Gelehrten ein Schnippchen. Aus einem simplen Knochen schnitzte er sich eine prähistorische »Rechenmaschine« – in einer Zeit, die keine Zahlen kannte. Berechnend wie er war, hütete er sein Werk wie ein Kleinod, ehe der Tod es ihm entriss.

1950 fiel das zehn Zentimeter lange Stück dem Archäologen Jean de Heinzelin de Braucourt in die Hände, beim Lake Edward im ehemaligen belgischen Kongo. Neugierig musterte der Mann den mit etlichen Einkerbungen übersäten Knochen. Am oberen Ende trug das seltsame Ding einen Quarzstein. Eine Art »Zauberstab«? Doch was bedeuteten die zu einzelnen Grüppchen formierten strichartigen Zeichen? De Heinzelin begann sie zu zählen – und seine Augen weiteten sich: Das waren komplexe Ziffernreihen! Eine davon beschäftigte sich mit der Zahl 10. Ihre Einkerbungen gruppierten sich nach dem Prinzip 20 + 1, 20 – 1, 10 + 1, 10 – 1. Eine zweite Reihe zeigte die Primzahlen zwischen 10 und 20. Und die dritte basierte auf der Multiplikation mit 2.

Doch nachdem der Forscher seine Entdeckung 1962 in der Zeitschrift *Scientific American* veröffentlicht hatte, regte sich Widerstand: ein urzeitliches mathematisches Genie? Noch dazu mitten in Zentralafrika? Unmöglich! Statt den »Leonardo der Steinzeit« zu preisen, ließ man sein Fundstück während 50 Jahren in einer Museumsschublade verrotten. Der Wind drehte sich erst Ende der 1980er-Jahre, als der US-Anthropologe Alison Spence Brooks von der *George Washington University* das Alter des Fundstücks hieb- und stichfest beziffern konnte – auf sagenhafte 22 000 Jahre.

Seit 2001 ist der »Knochen von Ishango« nun im *Institut Royal des Sciences Naturelles* in Brüssel ausgestellt, wo er nach intensiven Bemühungen des bekannten belgischen Mathematikers Dirk Huylebrouck von der Universität in Gent endlich eine eigene Vitrine erhielt. Mehr noch: 2002 verriet Huylebrouck hinter vorgehaltener Hand, dass im Nachlass von de Heinzelin ein zweiter, ähnlicher »Zauberstab« aufgetaucht sei, den dieser seinerzeit unweit des ersten entdeckt hätte.

Zeugnis eines Mathe-Genies: der Knochen von Ishango (aus zweierlei Perspektive).

Auf einer wissenschaftlichen Konferenz in der *Royal Flemish Academy of Belgium* wurde dieses zweite Stück Anfang März 2007 in Brüssel der Weltöffentlichkeit präsentiert. Ebenso wie sein Pendant trägt es numerisch gruppierte Striche – angeordnet in sechs, relativ komplex zusammengesetzten Mengen aus längeren und kürzeren Einkerbungen. Welchem Rechenmuster diese folgen, sollen weitere Untersuchungen klären. Bleibt die ketzerische Frage, wer den Zentralafrikanern rund 20 000 Jahre vor den alten Griechen ins Ohr geflüstert haben mag, was Primzahlen sind. Nach offizieller Lehrmeinung nämlich haben sich erstmals die Mathematiker der pythagoräischen Schule (500 bis 300 v. Chr.) mit ihnen herumgequält. ■

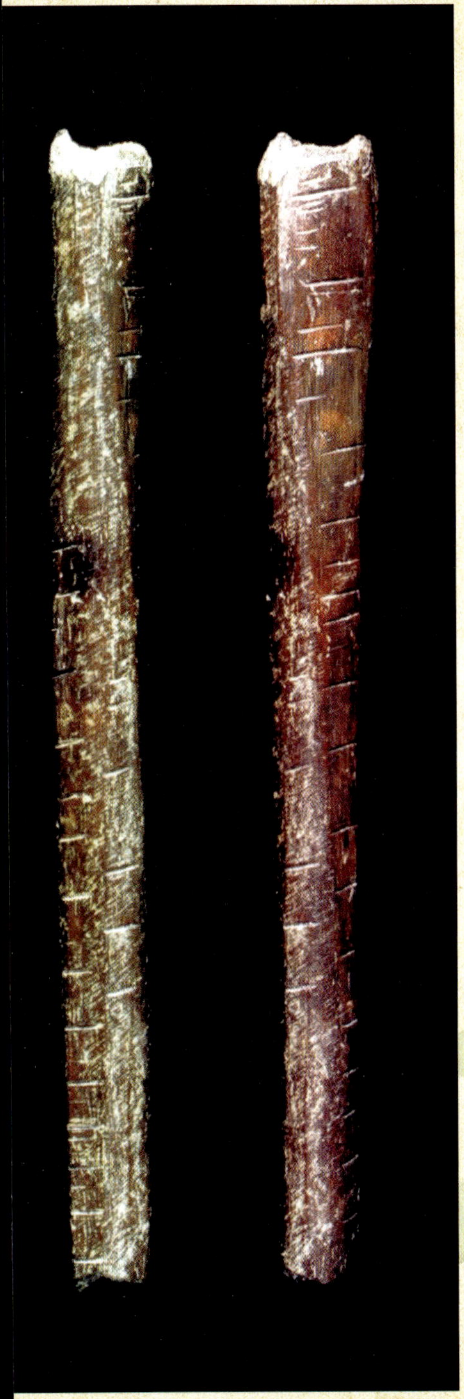

Der zweite Knochen: Auch er ist mit ähnlichen Einkerbungen übersät.

KOPFSKULPTUR AUS ROM:

Wie gelangte sie nach Zentralamerika?

»Wie schön wäre es, wenn auch unsere Jugend ein Land mit Geheimnis und Zauber, ein ›Shangri-La‹, besäße, das zu erreichen ihre besten Kräfte in Anspruch nehmen würde.«
(Heinrich Harrer, Forschungsreisender)

»Ich kenne doch meine Kollegen. Sie werden sagen: Er ist ein Träumer. Ein Romantiker. Keine seriöse Person. Es ist ein dreckiges Geschäft: Die attackieren sich gegenseitig wie Hunde. Wie Hunde!« Jahre ist es her, seit Romeo Hristov seiner Verdrossenheit über die konservative Mentalität der Ausgräberzunft in den USA mit derlei harschen Worten erstmals öffentlich Ausdruck verlieh – damals noch als 35-jähriger emigrierter bulgarischer Archäologie-Doktorand. Überzeugt davon, dass Geschichte nichts anderes ist als die schriftlich fixierte Vorstellung, die wir uns von ihr machen.

Sein »Corpus delicti« kann sich sehen lassen: Eine kleine römische Terrakotta-Skulptur aus einem mittelamerikanischen Grab. Nachweislich echt und ungefähr aus der Zeit zwischen dem zweiten Jahrhundert vor und dem sechsten Jahrhundert nach Christus. Aufspüren konnte Romeo Hristov das schmucke Stück in den Archiven des *National Museum of Anthropology* in Mexico City, wo man es längst vergessen hatte.

Von der Kopfskulptur erstmals gelesen hatte der Bulgare bereits in jungen Jahren – 1985 – beim Stöbern in einem vergilbten, russischen Heftchen. Noch hinderte ihn der Eiserne Vorhang daran, ihr nachzuspüren. Dennoch ließ ihm das seltsame Stück keine Ruhe mehr. Gefangene Geister gebären entfesselte

Gedanken. Und so begann der junge Mann nächtens von einer grenzenlosen Zukunft zu träumen, die ihm das Objekt seiner Begierde eines Tages in die Hände spielen würde.

Fünf Jahre später wurde der Traum Wirklichkeit: Hristov durfte sein Heimatland endlich verlassen. Via Brasilien wechselte er von der Universität in Sofia schnurstracks nach Mexiko, an die *National School for Anthropology and History* – in der Hoffnung, die verschollene römische Figur dort ausfindig zu machen. Nach etlichen Anfragen und Recherchen wurde er um 1992 schließlich fündig.

Ausgegraben hatte die kleine Kopfskulptur samt weiteren Kostbarkeiten einst der bekannte Archäologe Jose Garcia Payon – in einem Grabbau bei Tecaxic-Calixtlahuaca, im Toluca Valley unweit von Mexico City. Weil sich die Gruft unter drei intakten Schichten von Stein und Zement vor der historisch dokumentierten Zerstörung Calixtlahuacas durch die Azteken befand, war schnell klar: Sie musste aus der Zeit vor 1510 stammen! Genauer gesagt aus der Periode von 1476 bis 1510. Also noch vor der Ankunft der Spanier. Denn Eroberer Cortez landete erst 1519 in Veracruz.

Vorderansicht des altrömischen Köpfchens, fotografiert von Romeo Hristov.

Eine römische Skulptur in einem intakten präkolumbianischen Grab? Für konservativ denkende US-Archäologen ist das in etwa so, als wenn die NASA anlässlich ihrer ersten Mondlandung eine Stalin-Büste auf unserem Trabanten entdeckt hätte. Ein Sakrileg! Kein Wunder, dass es Jose Garcia Payon vorzog, seinen Fund für sich zu behalten. Nur hie und da zeigte er das Stück heimlich einigen befreundeten Kollegen, in der Hoffnung, Antworten auf seine vielen Fragen zu finden. Er fand sie nicht.

Um 1960 nahm auch der österreichische Anthropologe Robert Heine-Geldern das kuriose Stück unter die Lupe. »Es handelt sich um das ungefähr zwei Zentimeter hohe, mit dem Pylos bedeckte Köpfchen eines bärtigen Mannes, das fraglos dem hellenistisch-römischen Kunstkreis entstammt«, konstatierte er später im *Anzeiger der österreichischen Akademie der Wissenschaften.* »Der stark ausgeprägte Naturalismus spricht für ein Datum um 200 nach Christus.«

Aufgrund der intakten Schichten war für Heine-Geldern sofort klar, dass er etwas ganz Erstaunliches in den Händen hielt: »Die Möglichkeit, dass das Stück etwa in jüngerer Zeit in den Grabbau gelangt sein könnte, ist mit Sicherheit auszuschließen. Die anderen Grabbeigaben, Keramik und Schmuckgegenstände, dürften ins 12. Jahrhundert gehören. Der kleine Kopf muss sich daher schon seit ungefähr einem Jahrtausend in Mexiko befunden haben, als er schließlich in dem Grab niedergelegt wurde.«

Leider zollte die Fachwelt seinen Ausführungen so gut wie keine Beachtung. Und so verwischte der Staub der Zeit die Spuren des außergewöhnlichen Stückes. Es geriet in Vergessenheit – bis es Romeo Hristov in den örtlichen Museumsarchiven wiederentdeckte. Unterstützung bei seinen Nachforschungen erhielt er von Santiago Genoves T., einem emeritierten Anthropologie-Professor und ehemaligen Teilnehmer an Thor Heyerdahls Expeditionen.

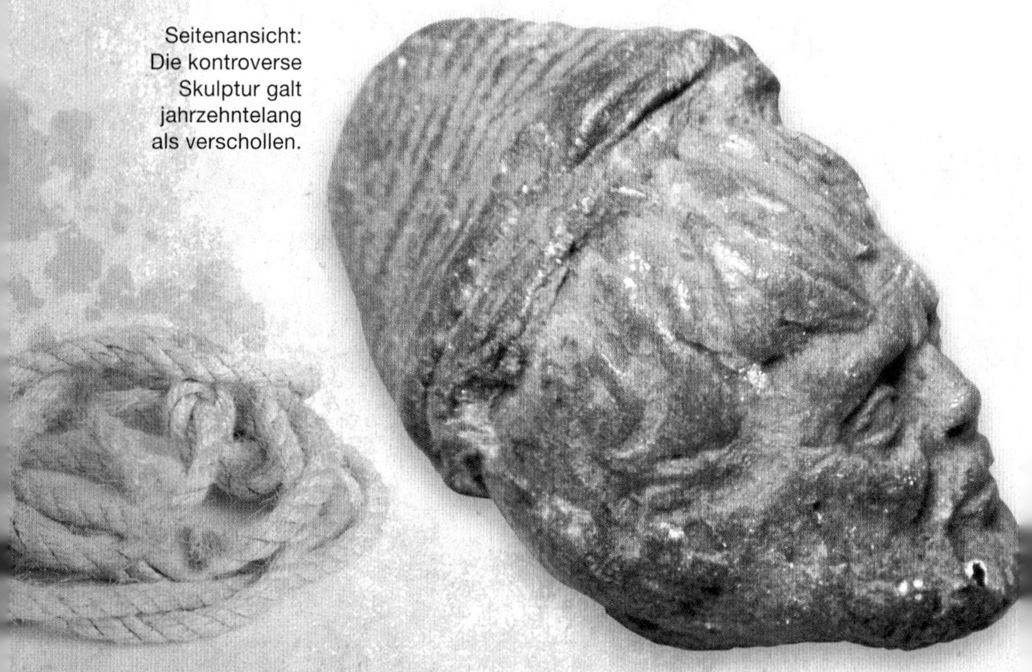

Seitenansicht: Die kontroverse Skulptur galt jahrzehntelang als verschollen.

Jahrelang klopften Hristov und sein Mentor bei akademischen Journalen an, um ihre Untersuchungsergebnisse wissenschaftlich publiziert zu sehen. Eingelassen wurden sie nicht. *Antiquity* etwa, eines der ehrwürdigsten Wissenschaftsmagazine auf diesem Gebiet, schickte ihren Fachaufsatz postwendend zurück. »Man gab mir nicht einmal die Chance, etwas dazu zu sagen«, ärgerte sich der aufmüpfige Bulgare, der damals an der Universität von Salamanca in Spanien gerade an seiner Dissertation arbeitete. Auch *Current Anthropology* lehnte eine Publikation ab.

1999 klappte es dann doch noch – im renommierten Fachjournal *Ancient Mesoamerica* der *Cambridge University Press.* Unter dem Titel »Mesoamerikanische Beweise für präkolumbianische transozeanische Kontakte« listen Hristov und seine Koautoren darin Resultate von umfangreichen Testreihen auf, welche die Authentizität des Fundstücks bestätigen. So nahm sich etwa die Forschungsstelle Archäometrie des Max-Planck-Instituts für Kernphysik in Heidelberg der Skulptur an. Ihre Thermolumineszenz-Datierung fiel zwar nicht hundertprozentig eindeutig aus, dennoch gelangte das Team um Günther Wagner zu dem Schluss, dass »die Figur ungefähr 730 bis 2880 Jahre alt« sein dürfte. Dies bestätigte Wagner am 8. April 2000 in einem Brief an den *New Scientist.*

Und auch Bernard Andreae, emeritierter Direktor des Deutschen Archäologischen Instituts in Rom, meinte am 27. Februar 2000 gegenüber dem italienischen *Corriere della Sera:* »Das Stück ist ohne jeden Zweifel römischen Ursprungs. Laboranalysen haben bewiesen, dass es antik ist.« Stilistische Untersuchungen würden auf das 2. Jahrhundert nach Christus deuten.

Nach einer derlei geballten Ladung an Beweisen hätte man annehmen dürfen, dass die globale Fachwelt ein Loblied auf den Fund angestimmt hätte. Doch weit gefehlt. Einmal mehr zeigte man Hristov die kalte Schulter. Schlimmer noch: »Es geht das Gerücht, dass die Figur dem Entdecker untergejubelt worden sein soll«, schrieb Paul Schmidt vom *Instituto de Investigaciones Antropologicas* in Mexiko am 6. März 2000 in einem Brief an *Ancient Mesoamerica.* Noch dazu ließ er es sich nicht nehmen, dem jungen Hristov väterlich zu versichern, dass »jeder hier weiß, dass der Kopf kolonialen Ursprungs ist« und der leitende Archäologe Garcia-Payon bei der Ausgrabung 1933 persönlich gar nicht vor Ort gewesen sein soll.

Dumm nur, dass mittlerweile eine Thermolumineszenz-Datierung vorliegt, die das Stück unzweifelhaft als historisch echt deklariert. Wer mischt schon aus Jux eine echte Kostbarkeit in einen antiken Schatz, anstatt sie gewinnbringend zu verhökern? Hristov wollte dennoch sichergehen. Also setzte er sich mit dem Sohn des mittlerweile verstorbenen Ausgräbers in Verbindung. Wusste er von solchen Vorwürfen? Alles nur Gerüchte, winkte dieser ab. Derlei Vorhaltungen seien seinem Vater schon in den 1960er-Jahren gemacht worden: »Mein alter Herr versicherte bei jeder Gelegenheit, dass er bei der Entdeckung anwesend war.«

Dazu kommt, dass der kontroverse Fund bei Weitem nicht das einzige römische Stück in Amerika ist, das aus der Zeit vor den spanischen Eroberern stammt, wie wir mittlerweile wissen. Bereits 1961 konstatierte dazu der österreichische Anthropologe Robert Heine-Geldern im *Anzeiger der österreichischen Akademie der Wissenschaften:* »Wie mir Professor Walter Krickeberg mitteilte, enthielt eine Sammlung aus der Huaxteca, also aus der Gegend der mexikanischen Golfküste, die Seler im vorigen Jahrhundert in Mexiko für das Berliner Museum für Völkerkunde erwarb, einen kleinen spätrömischen Venus-Torso. Leider ist über die Fundumstände nicht mehr bekannt, als dass sämtliche Gegenstände der Sammlung angeblich aus der gleichen Grabung stammen sollen.«

Und weiter: »Über den anscheinend recht umfangreichen Fund römischer Münzen, der vor einigen Jahren in Venezuela gemacht wurde und der derzeit in Washington untersucht wird, liegt noch kein Bericht vor, sodass es sich vorläufig nicht sagen lässt, ob es sich um einen vorkolumbischen Hort oder um eine spanische Sammlung der Kolonialzeit handelt.«

Wen wunderts, dass der einst so enthusiastische junge Bulgare mit zunehmendem Alter nachdenklicher geworden ist. Kaum jemandem sei bewusst, wie mühsam sich seine Recherchen gestalteten »und wie viele Leute mich bereits zu stoppen versuchten«, seufzt Romeo Hristov. »Abgesehen von diversen persönlichen Gründen, die aus akademischer Sicht eigentlich völlig irrelevant sind, gibt es in der Wissenschaft leider immer noch einige mehr oder weniger gängige Vorurteile und Missverständnisse, welche die objektive Untersuchung von transozeanischen Reisen nach Amerika vor Kolumbus seit mittlerweile mehr als hundert Jahren extrem komplizieren.« Gut gebrüllt, Löwe! ■

KRISTALLSCHÄDEL:

Spielberg wildert im Mystery-Revier

»Ich weiß nicht, ob es besser wird, wenn es anders wird. Aber es muss anders werden, wenn es besser werden soll.« (Georg Christoph Lichtenberg, Experimentalphysiker)

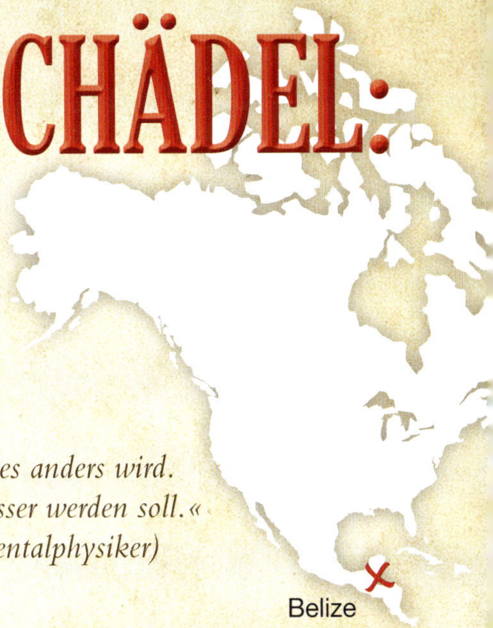

Eigentlich wollten sie lediglich ein fremdes Land bereisen. Doch dann erschloss sich ihnen eine neue Welt. Als die englischen TV-Produzenten Chris Morton und Ceri Louise Thomas in den 1990er-Jahren in Guatemala die alten Maya-Ruinen besichtigten, hörten sie zum ersten Mal von einer uralten Legende – der Prophezeiung der 13 Kristallschädel. Kurz darauf erfuhr das englische Paar, dass solche Relikte tatsächlich existieren. Ab dann begann für die beiden Dokumentarfilmer eine Reise, die sie nach vielen Umwegen dorthin führen sollte, wo alles anfing.

Den ersten und weltweit bekanntesten Kristallschädel stöberten Chris Morton und seine Partnerin in Kanada auf – bei Anna Mitchell-Hedges, die 2007 im hohen Alter von 100 Jahren verstarb. Seither befindet sich ihr »Schatz« im Besitz von Bill Homann, der in Sedona (Arizona) ein kleines Museum dafür errichten lassen will. Entdeckt hatte Mitchell-Hedges den makellos glitzernden Totenkopf in den 1920er-Jahren auf einer Expedition ihres Vaters, der damals im Dschungel Mittelamerikas die alte Maya-Tempelstätte Lubaantun ausgrub.

Der Schädel und sein beweglicher Kiefer sind aus einem einzigen Stück reinen Quarzkristalls gefertigt, einem der härtesten Materialien der Welt. Und er weist keinerlei moderne Werkzeugspuren auf, wie Analysen in den kalifornischen Laboratorien von *Hewlett-Packard* 1970 ergaben. Das prächtige Stück scheint somit sehr alt sowie von Hand geformt und poliert worden zu sein – eine Schufterei, die mindestens 300 Jahre lang gedauert haben dürfte!

Der Mitchell-Hedges-Schädel, wie er 2008 im niederbayerischen Mach zu sehen war.

Ein halbes Dutzend ähnlicher Kristallschädel konnten Morton und Thomas auf ihrer Reise um die Welt in der Folge ausfindig machen. In London brachten sie die außergewöhnlichen Stücke zusammen, um sie von Experten des *British Museum* begutachten zu lassen. Kernfrage: Handelt es sich ausnahmslos um raffinierte Fälschungen aus der Neuzeit, wie Kritiker mutmaßen? Oder stammen einige der Artefakte doch aus der Maya-Zeit?

Zumindest in zwei Fällen schien Letzteres zuzutreffen. Noch während der Untersuchungen aber wurden die Experten des Museums plötzlich unruhig. »Einer der Mitarbeiter klang sehr verlegen und fügte hinzu, er habe strikte Anweisung bekommen, keinen weiteren Kommentar abzugeben«, berichtet Chris Morton. Hatten die Wissenschaftler die restlichen Schädel überhaupt analysiert? Hegten sie die Befürchtung, dass es sich um dubiose Hehlerware handelte? Oder hatten ihre Untersuchungen Merkwürdiges offenbart, was nicht bekannt werden sollte? Seltsamerweise erhielten weder Morton noch die Besitzer der Stücke auf diese Fragen jemals Antwort.

Nach Meinung des US-Archäologen Professor Michael D. Coe von der renommierten *Yale University* in New Haven beweist der Nachweis vermeintlich moderner Schleifspuren auf Kristallschädeln ohnehin gar nichts, wie er gegenüber dem Paar überraschend erklärte. »Zwar sei man unter Archäologen lange Zeit davon ausgegangen, dass keine präkolumbianische Zivilisation rotierendes Schneidwerkzeug benutzt habe«, so Morton. »Doch neuere Entdeckungen widersprächen dieser Überzeugung. Anscheinend hatte man inzwischen einige Ohrgehänge aus Obsidian gefunden, die hauchdünn und perfekt gerundet waren und somit nur mit rotierendem Schneidwerkzeug hergestellt worden sein konnten. Diese Ohrgehänge stammen laut Coe definitiv aus der Periode der Azteken/Mixteken!«

Ohne konkrete Ergebnisse, aber um einige Erkenntnisse reicher, stiegen Chris Morton und Ceri Louise Thomas wieder ins Flugzeug. Erneut führte sie ihre Reise auf den amerikanischen Kontinent, wo ihnen ein Cherokee-Mischling aus Arizona schließlich die uralte Legende der Kristallschädel offenbarte. Sich selbst bezeichnete der »Eingeweihte« als Kriegshäuptling des Ältestensrates der *Twisted Hair Society*, einer indianischen Vereinigung aus über 400 verschiedenen Stämmen Nord-, Mittel- und Südamerikas.

»Ganz zu Anfang gab es zwölf Welten, auf denen Menschen lebten«, erzählte der Indianer. »Das sind Planeten, die sich um verschiedene Sonnen drehen, und die Ältesten trafen sich auf einem Planeten namens Osiriaconwiya. Das ist der vierte Planet vom Hundestern, Sirius. Er hat zwei Sonnen und zwei Monde, und dort trafen sie sich, um über das Elend des Planeten der Kinder zu sprechen.« Zu dessen Rettung hätten die Planetenältesten nach reiflicher Beratung ihr gesamtes Wissen auf holographischem Weg 13 Kristallschädeln einverleibt und den Problemkindern des Universums geschenkt – den Menschen auf der Erde.

»Jeder Schädel steht für das Wissen eines bestimmten Planeten«, erläuterte der Indianer. »Man kann sich das am besten wie moderne Computer vorstellen. In allen Kristallschädeln sind sehr viele Informationen gespeichert, die man abrufen kann, wenn man weiß, wie. Und das war auch das eindrucksvollste und wertvollste Geschenk an die Kinder dieser Erde, denn es war geschenktes Wissen. Es war das größte Geschenk, weil es die Quelle war, aus der sich alles entwickeln konnte, es war der Boden, auf dem wir alle erblühen konnten.«

Einst hätten sich die Kristallschädel in einer Pyramide befunden, die man »die Arche« nannte. »Die Arche bestand aus den zwölf Schädeln von jedem einzelnen der heiligen Planeten, die kreisförmig angeordnet waren, und aus einem dreizehnten Schädel, dem größten, der in der Mitte dieses Kreises lag. Der dreizehnte Schädel steht für das Gesamtbewusstsein aller Welten. Er verbindet das Wissen aller heiligen Planeten.«

Hüter der Schädel seien die Maya gewesen, bis die Artefakte von den Azteken geraubt wurden. Als schließlich die Spanier einfielen, mussten die Schädel voneinander getrennt und versteckt werden – »bis die Zeit kommt, in der wir lernen, miteinander zu teilen, füreinander zu sorgen, uns gegenseitig zu lehren und zu heilen und in Frieden mit Großmutter Erde zusammenzuleben«, so der Cherokee abschließend.

Eifrigster Leser der uralten Indianer-Erzählung war Steven Spielberg. 2007 griff der Meisterregisseur die geheimnisvolle Legende auf – für seinen Kinofilm *Indiana Jones und das Königreich des Kristallschädels.* Hemmungslos bediente er sich für sein Skript aus Mortons Buch, ebenso wie er aus der Gedankenwelt Erich von Dänikens schöpfte. Den weltweiten Medienrummel um den Hollywood-Blockbuster erlebte das englische Paar mit entsprechend gemischten Gefühlen. »Unser Buch ist das Original, auf dem der Film basiert«, betonen sie. »Wir wurden aber nie angefragt deswegen. Das macht uns bei aller Freude über den Film schon etwas betroffen.«

Besonders pikant: Bereits lange vor der ersten Drehbuchfassung des Indiana-Jones-Films hatten Morton und Thomas neben der Realisation einer BBC-Reportage auch ein Drehbuch für einen Abenteuerfilm zum Thema verfasst. »Wir haben das Skript einem uns bekannten Produzenten weitergereicht. Was dann damit geschah, wissen wir nicht.« Chris Morton hat die Angelegenheit nun in die Hände seines Anwalts gelegt.

Und der Schweizer Götterforscher Erich von Däniken? Der sieht die Angelegenheit gelassener: »Es wäre wirklich nett, wenn Spielbergs Filmcrew in Zukunft auch mal persönlich bei mir anklopfen würde«, schmunzelt er. »Vielleicht könnte ich ihr ja da und dort noch einen Tipp liefern. Umso mehr, als bereits im ersten Film, in dem es um die Bundeslade ging, ohne Rücksprache Ideen von mir verwendet wurden …« ■

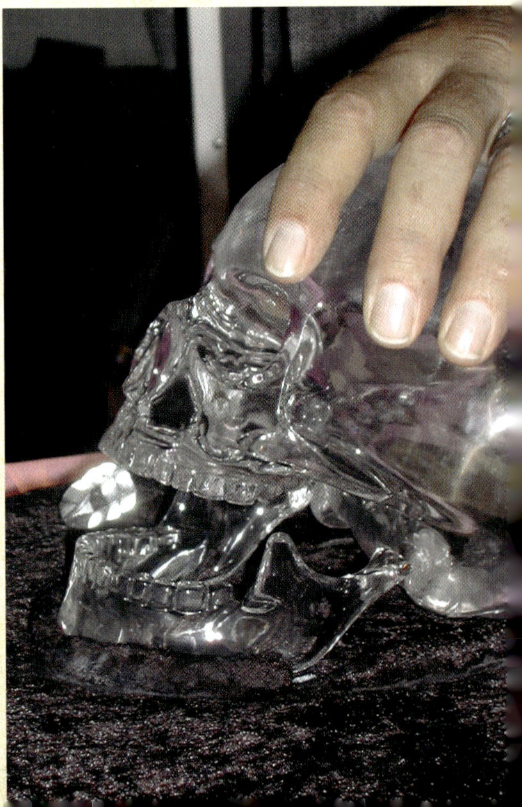

Birgt das geheimnisvolle Kristallobjekt eine Botschaft an die Menschheit?

KULTUR-SPRUNG: Wiege der Kunst lag in Süddeutschland

»Ihr seht und sagt: Warum? Ich aber träume und sage: Warum nicht?« (George Bernard Shaw, Dramatiker)

Wo werden derzeit die weltweit ältesten Skulpturen moderner Menschen ausgegraben? In den endlos langweiligen Weiten der entferntesten Wüste? Am Fuß des unerreichbarsten Hügels auf der anderen Seite der Weltkugel? Konkret: im Niemandsland von Weissnichtwo? Nein – direkt vor unserer Haustüre, mitten in Süddeutschland! Prachtvolle Meisterstücke aus der Steinzeit, dort, wo sie viele am wenigsten erwarten.

Erst vor Kurzem war es wieder mal so weit. Fünf neue Figuren konnten Professor Nicholas Conard und sein Team Mitte 2007 stolz der Öffentlichkeit präsentieren. Geschnitzt sind die bemerkenswerten Funde aus Mammutelfenbein. Allesamt stammen sie aus der Vogelherdhöhle im Lonetal. Ihr Alter: stolze 35 000 Jahre! Damit gehören sie »zu den ältesten und beeindruckendsten Beispielen figürlicher Kunst der Eiszeit«, wie die Tübinger Uni mit Rücksicht auf eventuelle Kollegenschelte etwas gar vorsichtig formuliert. Tatsächlich aber deutet alles darauf hin, dass es die ältesten der Welt sind. Zum Vergleich: Die berühmten Prachtmalereien in den Höhlen von Lascaux und Altamira sind gerade mal »läppische« 15 000 Jahre alt.

Nur einer von etlichen Rekordhaltern: Der »Wasservogel« aus Süddeutschland.

Besonders spektakulär ist der Fund der ersten vollständigen Elfenbeinfigur auf der Schwäbischen Alb, die ein sorgfältig geschnitztes Mammut darstellt – sagenhafte 32 500 bis 38 500 Jahre alt. Unter den Skulpturen befinden sich zudem der gut erhaltene Teil eines Löwen, das Bruchstück eines zweiten Mammuts sowie Reste zweier noch nicht identifizierter Darstellungen. Alle Neufunde stammen aus den Sedimenten der Höhle, die 1931 durch den Tübinger Archäologen Gustav Riek ausgegraben worden war. Ihre Datierung scheint gut gesichert. Denn etliche Radiokohlenstoffdaten für den Vogelherd bewegen sich zwischen 30 000 und 36 000 Jahren vor heute.

Bereits Ende 2004 hatten die Tübinger mit ähnlich sensationellen Fundstücken aufwarten können: So präsentierten sie damals eine bei Ausgrabungen in der Geißenklösterle-Höhle bei Blaubeuren entdeckte Flöte, aus Mammutelfenbein geschnitzt – und ähnlich alt. Gemeinsam mit den bereits zuvor in denselben Ablagerungen entdeckten Flöten aus Vogelknochen war es bereits das dritte Musikinstrument, das in Geißenklösterle zu Tage gefördert werden konnte.

Die Funde dokumentieren, dass die Ursprünge der Musik bis in das europäische Eiszeitalter vor mehr als 30 000 Jahren zurückverfolgt werden können. Auch dies eine handfeste Sensation. Umso mehr, als Thermolumineszenz-Datierungen sogar Daten von rund 37 000 Jahren vor heute geliefert haben. Damit sind die Flöten von Geißenklösterle deutlich älter als alle weltweit je entdeckten Musikinstrumente. Professor Conard: »Die angewandte Technik, die Flöte aus hartem Elfenbein zu schnitzen, ist weitaus höher einzustufen, als ein solches Instrument aus hohlen Vogelknochen herzustellen.«

Die herausragenden Funde aus den Höhlen des Schwäbischen Jura würden die Region als eines der Schlüsselgebiete frühester kultureller Innovationen am Beginn des Jungpaläolithikums ausweisen, betont der Professor. »Sie spielen eine bedeutende Rolle bei der weltweit geführten Diskussion um die Ursprünge kultureller Modernität. Sie zeigen, dass die Bewohner des europäischen Eiszeitalters vor nicht weniger als 35 000 Jahren in kultureller Hinsicht bereits auf dem Niveau historisch belegter Bevölkerungen standen und ein voll entwickeltes modernes Verhalten zeigten.«

Experimente von Friedrich Seeberger, einem Spezialisten für archäologische Musik, belegen zudem, dass mit den uralten Flöten »ästhetisch ansprechende« Musik gespielt werden kann. Steinzeitler, die im Stil der Udo-Jürgens-Band herumflöteten und tanzten wie wir – kaum vorstellbar. Und damit immer noch nicht genug. Denn wiederum ein Jahr zuvor – 2003 – waren die Tübinger Forscher bei Ausgrabungen in der Höhle »Hohle Fels« bei Schelklingen auf der Schwäbischen Alb bereits auf drei weitere kleine Skulpturen aus Mammutelfenbein gestoßen, die ebenfalls weitaus älter als 30 000 Jahre sind: einen Pferdekopf, einen Wasservogel und einen Löwenmenschen.

Erneut jagen sich die Weltrekorde: So gilt etwa der Wasservogel als »älteste bekannte Darstellung eines Vogels überhaupt«. Und auch in diesem Fall gehen die Wissenschaftler davon aus, dass die Figuren von anatomisch modernen Menschen gefertigt wurden, »denn figürliche Kunst wurde bisher nie in eindeutigem Zusammenhang mit vormodernen Menschenformen wie etwa dem Neandertaler gefunden. Die europäischen Neandertaler scheinen wenige Jahrtausende nach der Besiedlung im ›Hohle Fels‹ ausgestorben zu sein.«

Bisher seien auf der Schwäbischen Alb überdies keine klaren Hinweise darauf gefunden worden, dass sich moderne Menschen und Neandertaler begegnet wären. »Vielmehr sieht es so aus, als hätten die modernen Menschen die Region entlang des Donautals vor fast 40 000 Jahren besiedelt und ein Gebiet betreten, in dem Neandertaler nicht oder nur noch mit sehr geringer Bevölkerungsdichte anwesend waren«, wie Professor Conard betont. Insofern könne mit Gewissheit davon ausgegangen werden, dass Musik und skulpturelle Kunst von hier ihren Siegeszug um die Welt antraten. Oder wie es der Ausgräber formuliert: Die erste »Kulturpumpe« der Welt habe sich in Süddeutschland befunden.

Moderne, kunstversierte Homo-sapiens-Vertreter vor knapp 40 000 Jahren, welche die ersten Kunstwerke der Menschheit fertigten – und das ausgerechnet in Deutschland: schwer verdauliche Kost für konservative US-Archäologen, die der europäischen Wissenschaftsgilde seit jeher gerne ihre Denkmodelle einverleiben würden. »Falls der Mann recht hat, könnte das unsere Ansicht über die Entwicklung der Menschheit über den Haufen werfen«, resümierte 2007 beispielsweise die US-Fachzeitschrift *Archaeology* in ihrer September-Ausgabe. Fügte aber sogleich an, dass Conards Schlussfolgerungen »seit jeher umstritten« seien.

»Pure Ignoranz unserer Daten«, hält dieser beharrlich dagegen. Verständlich, denn der deutsche Professor gilt als versierter Datierungsspezialist. Wie jeder Pionier muss er sich derzeit den Weg freikämpfen, den andere nach ihm entlangspazieren werden. Unterstützung erhält er dabei vom britischen Archäologen Anthony Sinclair, der bezüglich der 2003 entdeckten drei Figuren in der Fachzeitschrift *Nature* unverblümt einräumte: »Das sind ohne Zweifel die ältesten Stücke figürlicher Kunst in der Welt!«

Und als ob da der Sensationsfunde nicht schon genug wären, hatte der Professor auch 2009 seinen großen Auftritt. Diesmal zauberte er – simsalabim! – die »Venus vom Hohle Fels« aus dem Hut – eine aus Mammutelfenbein geschnitzte Frauenstatuette. Auch diese unlängst entdeckte »älteste Wiedergabe eines Menschen« wurde vor mindestens 35 000 Jahren hergestellt. Das »Kulturwunder« von Süddeutschland erklären kann freilich auch dieses füllige Prachtweib nicht.

Sicher aber scheint: Vor rund 40 000 Jahren marschierte der Homo sapiens aus dem Osten donauaufwärts bis ins Schwabenländle und »hinterließ auf seinem langen Weg nicht eine Spur von künstlerischem Gestaltungswillen«, wie es der deutsche Wissenschaftsjournalist Michael Zick umschreibt. Dann gebar er dort wie aus dem Nichts plötzlich die Kunst. Ein Akt revolutionärer Evolution. Als ob ihn alle Musen dieser Welt gleichzeitig geküsst hätten, um ihn aus seinem Dornröschenschlaf zu wecken. Als wenn ihm jemand das kulturelle Wissen von einer Sekunde auf die andere ins Gehirn gestopft hätte. Alle Achtung! ■

Ebenso füllig wie prächtig: die kürzlich entdeckte »Venus vom Hohle Fels«.

LA-MARCHE-TAFELN:
Karikaturen aus der Steinzeit

»Wir müssen die Wirklichkeit umdenken, um ins Mögliche vorzustoßen. Nichts kann rückgängig gemacht werden, was einmal gedacht wurde.«
(Friedrich Dürrenmatt, Schriftsteller)

August 1937: Keuchend wühlen zwei Männer im Boden einer französischen Höhle. Immer wieder glauben sie etwas gefunden zu haben. Mal nimmt der eine der beiden einen der herumliegenden Steine unter die Lupe. Mal der andere. »Nichts«, winkt der Erste ab. »Ebenfalls nichts«, seufzt der andere, der nur noch einen Arm hat, leicht enttäuscht und macht sich wieder an die Arbeit. So geht das tagelang weiter.

Dann aber hört der einarmige Franzose seinen Kollegen draußen vor der Höhle unvermittelt fluchen. »Donnerwetter, Péricard! Schauen Sie sich dieses Stück mal bei Tageslicht an!«, fährt es aus ihm heraus. Léon Péricard, Amateurforscher aus Lussac-les-Châteaux, eilt nach draußen, wo sein Kollege gerade erregt auf ein kleines Stück Kalkstein schielt. Die Mittagssonne blendet ihn. Nach einigen Sekunden hält ihm der großgewachsene Forscherfreund das Täfelchen endlich entgegen.

Péricard nimmt es ihm neugierig aus der Hand. Und plötzlich weiten sich auch seine Augen: »Man sollte meinen: Schriftzeichen …«, murmelt er fassungslos und dreht und wendet das Stück nach allen Seiten, um im gleißenden Licht einen besseren Blick darauf zu erhaschen.

»Das denke ich allerdings auch«, entgegnet der andere mit dem Namen Stéphane Lwoff und zeichnet die Gravuren wie zum Beweis mit seinem Zeigefinger nach: »Noch besser: Kritzeleien! Zeichnungen! Zeichnungen aus uralter Zeit. Und äußerst modern. Schauen Sie nur einmal genauer …«

Péricard kneift die Augen zusammen. Dann wird er leichenblass: »Mein Gott, das sieht ja aus wie Menschen der Neuzeit. Im perfekten Seitenprofil! Mit Hüten, Jacken, Hosen, Stiefeln. Beinahe wie zeitgenössische Karikaturen. »Aber ...«, stammelt er und blickt seinem Kollegen ungläubig in die Augen: »Das kann doch nicht sein: so alt und gleichzeitig so modern?«

Ähnlich überliefert hat uns die damaligen Ereignisse der berühmte französische Globetrotter Robert Charroux in seinem Buch *Histoire inconnue des Hommes* in den 1960er-Jahren. Auf rund einer Buchseite skizziert er dort die Entdeckungsgeschichte von insgesamt über 150 gravierten vorzeitlichen Steintäfelchen aus der La-Marche-Höhle. Charroux wörtlich: »Diese Entdeckung, die alles, was die klassische Vorgeschichte bisher geglaubt hatte, in Zweifel stellte, wurde im Jahre 1938 von Abbé Breuil für authentisch erklärt. Zurzeit liegen einige der kostbaren Steine von Lussac in einer Schauvitrine im *Musée de l'Homme,* wohlgemerkt nicht alle Fundstücke, sondern nur die harmlosesten, die zu den klassischen Theorien nicht zu sehr im Widerspruch stehen.«

Weitere Details und Fotos der sensationellen Darstellungen blieb der französische Autor seinen Lesern ob der tristen Informationslage leider schuldig. Und so geschah, was in derlei Fällen oft geschieht: Die Entdeckung geriet nach wenigen Jahren bereits zum zweiten Mal in Vergessenheit. Frei nach dem Motto: Was man nicht selbst sieht, glaubt man auch nicht.

Familie Feuerstein lässt grüßen: Eine Auswahl der 16 000 Jahre alten Darstellungen.

Zu Unrecht, wie wir heute wissen, denn die *Grotte de la Marche* in der Gemeinde Lussac-les-Châteaux im südfranzösischen Departement Vienne, rund 40 Kilometer südöstlich von Poitiers gelegen, gilt in Expertenkreisen mittlerweile als einer der weltweit wichtigsten Fundorte von prähistorischen Felszeichnungen überhaupt – wenngleich sie längst nicht so bekannt ist wie die Chauvet-Höhle, ihr nicht minder eindrucksvolles Pendant. »Kreiert« wurden die in der La-Marche-Höhle entdeckten Darstellungen in der »Epoque Magdalénienne III«, einer späten Phase der Jungsteinzeit – ungefähr um 14000 vor Christus.

Ihren Ursprung nahm die Entdeckungsgeschichte vor bald 100 Jahren. Damals hatte ein gewisser H. Lavergne in der Nähe der Höhle fast zufällig einige aus Feuerstein gefertigte, steinzeitliche Werkzeuge aufgestöbert. In einer Zeit, als die mittlerweile weltberühmten Felszeichnungen in der dritten, ebenso bekannten französischen Höhle (»Lascaux«) noch nicht einmal entdeckt waren – und das Interesse an der Urgeschichte der Menschheit einigen wenigen Gelehrten im Elfenbeinturm vorbehalten war.

In der Gegend von Lussac-les-Châteaux begannen die Archäologen denn auch erst Ende der 30er-Jahre des letzten Jahrhunderts mit systematischen Grabungen. Wiederentdeckt hatte die Höhle von La Marche ein Amateur-Forscher: Léon Péricard. Rasch erkannte er 1937 deren Bedeutung und unternahm dort zusammen mit dem Wissenschaftler Stéphane Lwoff während rund fünf Jahren Grabungen. Eine mühselige Arbeit, denn Péricard hatte bei Verdun einen Arm verloren.

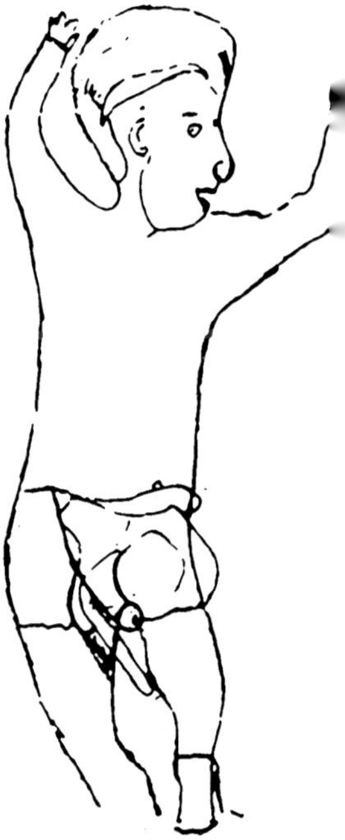

In regelrechter Kleinarbeit förderten die beiden eine ansehnliche Menge steinzeitlicher Werkzeuge zutage, darunter Pfeile aus Feuerstein, Schlagbolzen und Mahlsteine. Abbé Breuil, ein renommierter französischer Vorgeschichtler und Kenner anderer Felsbilder, stand ihnen beratend zur Seite. Als Über-

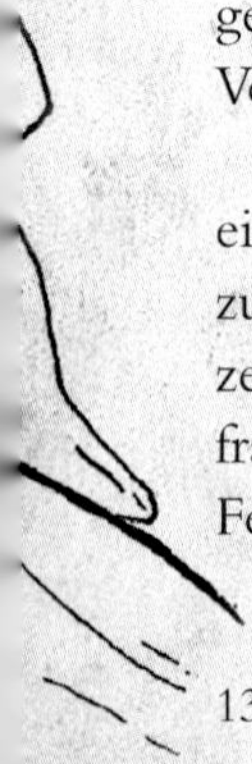

raschungsfunde erwiesen sich unzählige gravierte Tafeln, Täfelchen und Fragmente aus Kalkstein. Ihre zeichnerischen Motive widerspiegeln die Umwelt der prähistorischen Künstler und zeigen unter anderem Tiere: Mammuts, Antilopen, Raubkatzen und Rentiere.

Absolut einmalig für diese frühe Epoche ist eine ganze Serie mit Zeichnungen von Seitenansichten menschlicher Gesichter und Körper: schwangere Frauengestalten, menschliche Köpfe, männliche Gesichter. Allesamt im Comic-Stil in den Stein graviert! Hunderte solcher meisterhaften »Karikaturen« aus der Vorzeit zählten die Experten. Manche der Abgebildeten sind gar bekleidet und mit modern anmutenden Kopfbedeckungen versehen. Andere Darstellungen scheinen eher schwer interpretierbar, wurden sie doch im Laufe der Zeit teilweise mit Ocker überstrichen und neu bemalt.

Überzeugt, eine Art vergessene prähistorische »Bibliothek« gefunden zu haben, orientierten Péricard und Lwoff die französischen Behörden und publizierten ihre Entdeckungen in mehreren Artikeln ab 1940 im *Bulletin de la Société préhistorique Française.* Unter dem Titel »Iconographie humaine du Magdalénien III« findet man dort etwa die minutiöse Beschreibung zahlreicher »karikierter« Gesichter von Stéphane Lwoff. Nebst verschiedenen Abbildungen und Fotos von Gravuren und Abgüssen beschreibt Lwoff in seiner Abhandlung auch die Werkzeuge aus Knochen, die ebenfalls mit Einkerbungen verziert sind.

Leider unterließen es die Forscher, in ihren Artikeln die Anwesenheit von Zeugen am Ort der Entdeckung zu erwähnen – speziell den unter Akademikern hochgeachteten Abbé Breuil. Ihre Kollegen hatten für die Publikationen in den 1940er-Jahren deshalb mehrheitlich nur Hohn und Spott übrig und bezichtigten die beiden gar des dreisten Betrugs. Derart originelle Darstellungen in einer uralten Höhle? Mumpitz! Die beschriebenen Gravuren seien viel zu modern, zu ausgefeilt, zu gut, wie allgemein befunden wurde. Unvorstellbar, dass solche Kunstwerke einst von primitiven »Höhlenmenschen« gefertigt worden sein könnten.

Keine Regel ohne Ausnahme: Ein paar wenige Vorzeitforscher zeigten sich glücklicherweise aufgeschlossener und vertraten die Hypothese, dass sich in den Höhlen in der Umgebung von Lussac-les-Châteaux einst so etwas wie eine steinzeitliche »Lehrwerkstätte« befunden haben könnte. Auf jeden Fall seien die Fundstücke wichtige Zeugen des Lebens jener frühen Menschen. Ihre Zeichnungen, so schwärmten sie, seien von höchster grafischer Präzision und zeugten von erstaunlicher Kenntnis der Bewegungsabläufe. Möglicherweise bezögen sich die Darstellungen auch auf heilige Riten und geheimnisvolle Bräuche, wurde spekuliert.

Dennoch: Niemand – ob Gegner oder Bewunderer – wusste die Raffinesse der derart modern anmutenden Zeichnungen schlüssig zu erklären. Also gerieten die Prachtbilder, wie bereits erwähnt, wieder in Vergessenheit – jahrzehntelang. »Die Stücke wurden von der modernen Wissenschaft zu Unrecht völlig vergessen«, schimpfte am 28. Mai 2002 als erster (!) deutschsprachiger Wissenschaftler Michael Rappenglück vom Institut für Interdisziplinäre Studien im bayrischen Gilching gegenüber *BBC News Online.* Der Archäoastronom: »Sie wurden vor Dekaden mal in einigen Büchern kurz erwähnt und als Fälschungen abgestempelt. Und seither? Nichts!«

Lange Gesichter auch in der Schweiz: »Stilisierte Seitenprofile menschlicher Gesichter vor 16 000 Jahren? In Frankreich? Davon weiß ich nichts!«, schüttelte um 2008 ein erfahrener Schweizer Archäologe den Kopf, als ihn der Autor am Telefon spontan darauf ansprach. Und dann schmunzelte der Mann gutmütig: »Wissen Sie, unsere Vorfahren konnten bestimmt vieles. Vielleicht auch ein bisschen mehr, als wir ihnen rückblickend zutrauen. Aber Karikaturen im Asterix-Stil? Nie und nimmer! Ich schätze, Sie vergeuden damit nur Ihre Zeit …«

Weit gefehlt. Bereits nach ein paar Telefonaten mit seinen französischen Kollegen war klar: Die erwähnten Objekte existieren sehr wohl. Und es dürfte sich in der Tat um die ältesten menschlichen Gesichtsdarstellungen dieser Art handeln. Ein Teil der Fundstücke wird heute im *Musée de Sainte Croix* (Poitiers) aufbewahrt, ein anderer Teil im *Musée de l'Archéologie Nationale* (St. Germain en Laye), ein weiterer im *Musée de Préhistoire* (Lussac-les-Châteaux) und ein vierter Teil ist im Fundus des *Musée de l'Homme* (Paris) gelandet.

Eine Mitarbeiterin im dortigen *Département de Préhistoire* wusste gar noch Interessanteres zu berichten: Die Stücke lägen zwar mehrheitlich im Museumsarchiv, allerdings seien neue Untersuchungen im Gange, und ein jüngerer französischer Wissenschaftler habe vor etwas mehr als einem Jahr eine ausführliche wissenschaftliche Arbeit über die *Grotte de la Marche* verfasst. Sein Name: Nicolas Mélard.

Der Franzose Mélard doktorierte mit seiner Arbeit 2006 unter dem Titel *Les pierres gravées du Magdalénien moyen à La Marche/Lussac-Les-Châteaux.* Seit Jahren bemüht sich der aufgeschlossene Forscher darum, die sensationellen Darstellungen wieder ins Bewusstsein der Öffentlichkeit zu rücken. »In Lussac gibt es ein Museumsprojekt, in das ich auch als wissenschaftlicher Berater eingebunden bin«, verrät Mélard. »In Poitiers wiederum werden ebenfalls Anstrengungen zu einer neuen Aufarbeitung der Präsentation der Objekte von La Marche unternommen. Auch hier bin ich direkt als wissenschaftlicher Berater tätig.«

Mehr als 2000 Fragmente mit Gravierungen seien mittlerweile wissenschaftlich erfasst worden. Die Objekte hätten sich größtenteils an der Oberfläche

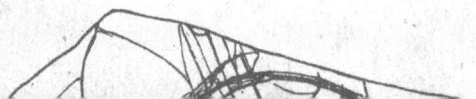

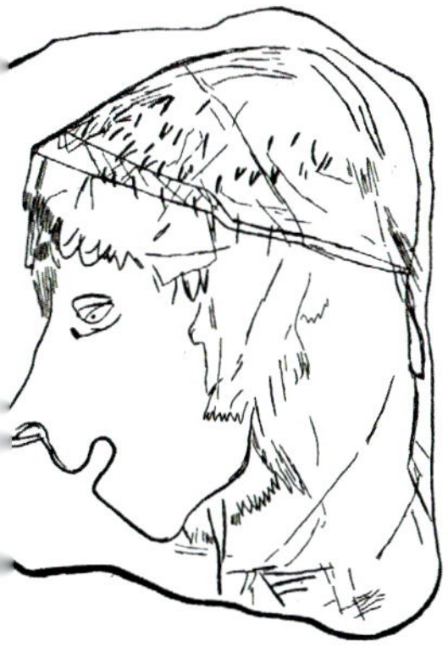

des damaligen »Wohnplatzes« befunden: »Sie sind dadurch anders als die meisten Höhlenmalereien und -zeichnungen eng an die alltäglichen Arbeitsvorgänge auf einem jungpaläolithischen Siedlungsplatz gebunden.«

Nur: Liegt bei derart modernen »Comic-Darstellungen« unserer Vorfahren vor rund 16 000 Jahren nicht immer noch der Verdacht nahe, dass irgendein Student oder Künstler den Entdeckern Lwoff und Péricard einen üblen Scherz gespielt haben könnte? Schließlich existieren doch weltweit keinerlei ähnlich begnadete Vergleichszeichnungen! »Fälschungen? Definitiv nicht!«, entrüstet sich Nicolas Mélard nach jahrelangen Untersuchungen. »Die Stücke sind mit hundertprozentiger Garantie echt. Auch wenn einige davon sehr überraschende Motive aufweisen, wie Sie sicherlich wissen …«

Gewissheit darüber, so betont der junge Franzose, hätten nicht zuletzt erneute Ausgrabungen von Jean Airvaux gebracht. Letzterer veröffentlichte in Frankreich im Jahr 2001 unter dem Titel *L'Art Préhistorique du Poitou-Charentes* einen prächtigen Bildband, in dem viele weitere menschliche Darstellungen aus der *Grotte de La Marche* zu sehen sind, die er während seiner dortigen archäologischen Grabungsarbeiten von 1988 bis 1993 sicherstellen konnte.

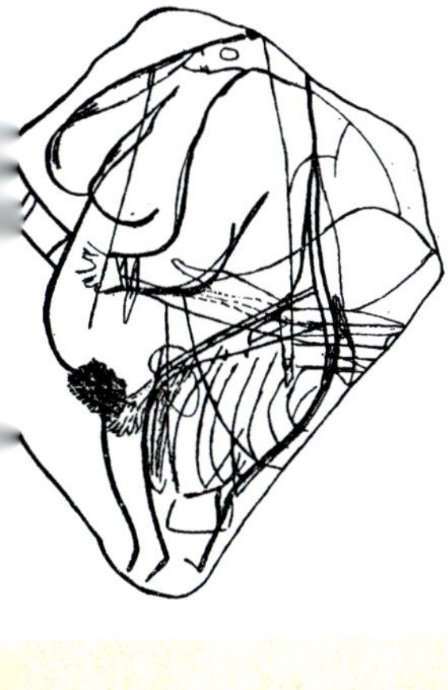

Nicolas Mélard hofft nun, seine ergänzende Forschungsarbeit über die Stücke baldmöglichst wissenschaftlich publizieren zu können. Wetten, dass manche seiner Kollegen dennoch weiterhin ihre Augen davor verschließen werden? Für begnadete Comiczeichner vor 16 000 Jahren gibt es in Geschichtsbüchern von heute schlicht keinen Platz. Vielmehr scheint es, als ob sich Belgiens Hergé *(Tim und Struppi)* oder sein französischer Kollege Albert Uderzo *(Asterix)* per Zeitmaschine unbemerkt in die Vergangenheit katapultiert hätten, um dort ihre Zeichenstifte zu schwingen. Aber damit wären wir bereits wieder im Reich der Fantasie. ■

MAMMUT-PARADOXON:

Mysteriöse Magenreste aus Sibirien

»Die Natur ist unerbittlich und unveränderlich, und es ist ihr gleichgültig, ob die verborgenen Gründe und Arten ihres Handelns dem Menschen verständlich sind oder nicht.«

(Galileo Galilei, Astronom)

Was ist dran an der weitverbreiteten Legende, wonach gewisse Mammuts im russischen Sibirien und in Nordamerika in grauer Vorzeit quasi über Nacht »einfroren« und innerhalb der letzten 100 Jahre mit noch unverdautem Mageninhalt im Eis wiederentdeckt wurden? Deuten derlei Funde tatsächlich auf einen jähen Temperatursturz »quasi über Nacht« hin, wie von Katastrophen-Fans gerne behauptet? Womöglich gar auf einen plötzlichen Klimawandel, der die dortige Landschaft innerhalb weniger Minuten zu Eis erstarren ließ, wie uns gewisse Hollywood-Filme opulent vor Augen führen?

Spurensuche im Naturhistorischen Museum in Basel. Hier befinden sich geheimnisumwitterte Überreste des sogenannten »Beresowka-Mammuts«, das auch in Roland Emmerichs Klimakatastrophen-Epos *The Day after Tomorrow* erwähnt wird, wenngleich kaum ein Museumsbesucher sich dessen bewusst sein dürfte. Gegen Abend, wenn in der Basler Ausstellungsstätte alles ruhig ist und die Gänge und Räume verlassen sind, wirken die nachgestellten Köpfe von Urzeitmenschen und die riesigen Skelette prähistorischer Tiere fast schon unheimlich – zumindest auf jene, die solche Anblicke nicht gewohnt sind. Burkart Engesser dagegen, Paläontologe und früherer Konservator im Museum, ist in diesen Räumen zu Hause. Jedes Objekt der prähistorischen Abteilung ist ihm vertraut – ein Stück seiner eigenen Geschichte.

Engesser war auch dabei, als der zuständige Präparator Daniel Oppliger vor gut 20 Jahren das lebensgroße Mammut im Museum originalgetreu anfertigte.

Vom Ende des Flurs schielt es keck um die Ecke und erfreut seit Jahren Tausende von Besuchern. Etliche Kinderhände haben ihm schon ehrfurchtsvoll übers Fell gestrichen. Das etwa drei Meter hohe Tier besteht aus einem eisernen Gerüst, aus Glasfasern, Kunststoff und richtigen Haaren von isländischen Schafen, Menschen und Braunbären. Etwas aber ist daran tatsächlich echt: der Mageninhalt. Oppliger montierte im Bauch des künstlichen Tieres dafür eigens ein Guckloch. Wer hineinspäht, erblickt halbzerkaute Zweige und Gräser. »Mageninhalt, 40 000 Jahre alt«, steht darunter geschrieben.

»Diesen Mageninhalt erhielten wir vor langer Zeit aus St. Petersburg«, erklärt Burkart Engesser. Ob es sich um eine Schenkung, einen Kauf oder Tausch handelte, weiß der Paläontologe nicht. Zur Gabe aus Russland gehörten auch noch ein Stück Mammuthaut, eingelegtes Muskelfleisch und Haare. »Im Museum in St. Petersburg türmen sich ganze Berge von Mammut-Hautstücken und -Haaren«, weiß der Experte. Kein Wunder, denn die meisten gefrorenen Mammuts wurden in Sibirien gefunden. Auch das berühmte »Beresowka-Mammut«, dessen Mageninhalt das Präparat im Basler Museum ziert.

Beresowka-Expedition in Sibirien (1901/1902): die Blockhütte der Forscher.

Ausgegraben und abtransportiert wurde der ursprünglich gefrorene Kadaver um 1901/1902 am gleichnamigen Fluss von Paläontologen der Kaiserlichen Akademie in St. Petersburg unter der Leitung der Forscher Otto Herz und Eugen Pfizenmayer. Letzterer berichtete Jahre später darüber: »Schon eine ganze Weile bevor ich den Mammutkadaver erblickte, traf ein Geruch, der gar nicht lieblich war, meine Nase. Das roch wie die Dämpfe, die aus einem schlecht gehaltenen Pferdestall kommen, stark mit Aasgeruch gemischt. Dann, nach einer Biegung des Pfades, sah ich den Schädel, der sich hoch erhob. Und jetzt standen wir am Grab dieses gigantischen Tieres! Hinterteil und Glieder saßen noch teilweise in den Erdmassen fest, in denen der Kadaver von oben her aus einer der breiten Spalten der Eisbank gerutscht war. Die Wände dieser Eisbank ragten an mehreren Stellen über dem Gebiet, von dem die Erde heruntergefallen war, fast senkrecht empor.

Kaum zerkaut und beinahe unvergoren: Mageninhalt des »Beresowka-Mammuts«.

Das gut erhaltene Fleisch auf dem Oberarm, auf dem oberen Schenkel und auch auf dem Becken war mit dicken Fettschichten bedeckt. So lange, wie es noch gefroren war, sah es recht appetitlich aus. Es hatte eine dunkelrote Farbe, ähnlich gefrorenem Rindfleisch und Pferdefleisch. Nur grobfaseriger. Aber sobald es auftaute, veränderte es sein Aussehen völlig.« Schlaff und grau sei es geworden – und habe einen widerwärtigen, stinkenden Geruch von sich gegeben.

»Es war damals nicht möglich, den Kadaver mit Pickel und Schaufel aus dem gefrorenen Boden herauszubekommen«, erklärt Burkart Engesser. Deswegen bauten die Forscher über dem Eiskörper eine Blockhütte auf, die sie ständig beheizten. Die aufgetauten Teile wurden schließlich abgetrennt, in Pferdehäute eingenäht und wieder eingefroren. Auf diese Weise konnte der Kadaver zur St. Petersburger Akademie verfrachtet werden, wo er heute noch ausgestellt ist.

Bis heute umrankt ihn ein seltsames Geheimnis: »Das Beresowka-Mammut muss nach seinem Tod auffällig schnell gefroren sein, denn zwischen den Zähnen fanden sich noch gut erhaltene Reste der letzten Mahlzeit, Kräuter und Gräser«, bestätigt der Basler Paläontologe. Anhand dieser Gräser – aber auch dank des vorhandenen Mageninhalts – habe man heute Beweise dafür, was Mammuts einst gefressen hatten. Nach wie vor grübelt Engesser darüber nach, warum sich im Magen Zweige fanden: »Vermutlich war Herbst oder Winter, als das Tier starb, und das Mammut hatte wenig Gras zu fressen.« Außerdem seien diese Zweige kaum zerkaut. »Das ist seltsam, denn Rüsseltiere haben eigentlich starke Zähne, mit denen sie das Futter regelrecht zermalmen.«

Der Kadaver des sibirischen Tieres wurde in sitzender Stellung gefunden – mit mehrfachen Knochenbrüchen. »Offenbar war das Tier in eine Eisspalte gestürzt und konnte sich nicht mehr befreien«, so Engesser. Wieso ein Mammut aber derart schnell einfrieren konnte, dass viele Weichteile erhalten blieben, könne bis heute nicht plausibel erklärt werden, räumt er unumwunden ein. Ebenso rätselhaft bleibt, warum der Mageninhalt des Beresowka-Mammuts kaum verdaut war, wie auch die Proben in Basel zeigen.

Nach wie vor umstritten sind bezeichnenderweise auch die generellen Gründe für das großflächige Aussterben der behaarten Fleischkolosse vor rund 10 000 Jahren. »Es hatte bestimmt mit den Folgen des Klimawandels zu tun«, ist der Konservator »im Ruhestand« überzeugt. Dass der Mensch die Tiere ausgerottet hat, wie vor allem amerikanische Forscher behaupten, mag Burkart Engesser nicht glauben: »Es gab damals zu wenige Menschen – und das Mammut war kein leicht zu jagendes Beutetier.« Es könne aber durchaus sein, dass eine bereits angeschlagene Population von den damaligen Jägern zusätzlich reduziert wurde. »Wären aber sehr viele Tiere getötet worden, hätte das Spuren hinterlassen. Und solche wurden bis heute nicht gefunden.« ■

MEIER-SAMMLUNG:

Kuriositäten aus dem Schatzkästchen

»Ergehe dich lieber in Wäldern statt in Büchern. Bäume und Steine werden dich lehren, was du von Lehrern nicht zu hören kriegst.«
(Bernhard von Clairvaux, Mystiker)

Harry Meier und die nordamerikanischen Indianer – das ist eine Liebesgeschichte ohne Ende. Seit seiner Jugend verbringt der Schweizer Sozialpädagoge aus dem idyllischen Städtchen Thun so ziemlich jeden Sommer in der Welt seiner Freunde. Speziell das Zuni-Reservat im US-Bundesstaat Neu Mexiko an der Grenze zu Arizona hat es dem »Neuzeit-Schamanen« angetan. Es ist eines der kleinsten der Welt – neben dem der Hopi-Indianer. Im Lauf der Zeit hat Meier tiefe Freundschaften mit den dortigen Ureinwohnern geschlossen.

Parallel dazu sammelte der Globetrotter auf seinen Reisen über viele Jahre hinweg archäologische Kuriositäten, die er in einem kleinen »Schatzkästchen« aufbewahrt. Darunter auch ein rostiger Nagel mit Bearbeitungsspuren – umhüllt von Tropfstein: Dieses kuriose Artefakt erhielt Harry Meier um 2001 von einem Kollegen geschenkt, der es in einem der größten Höhlensysteme Neu Mexikos von den Wänden gebrochen haben will.

Laut dessen Aussagen soll die Anlage von ähnlichen Stücken nur so wimmeln. Werkzeuge – insbesondere Äxte – seien dort regelrecht in den Stein »eingewachsen« und würden nur noch teilweise herausragen. Selbst ein Schädel finde sich darin, der komplett von Tropfstein-Calcit umgeben sei. Neben dem Nagel hat Meier noch einen kleinen Falter in seinem Besitz, der ebenfalls aus besagter Höhle stammt. Auch dieses Tierchen ist in Kalkspat gehüllt. Welches böse Schnippchen hat ihm die Natur einst geschlagen?

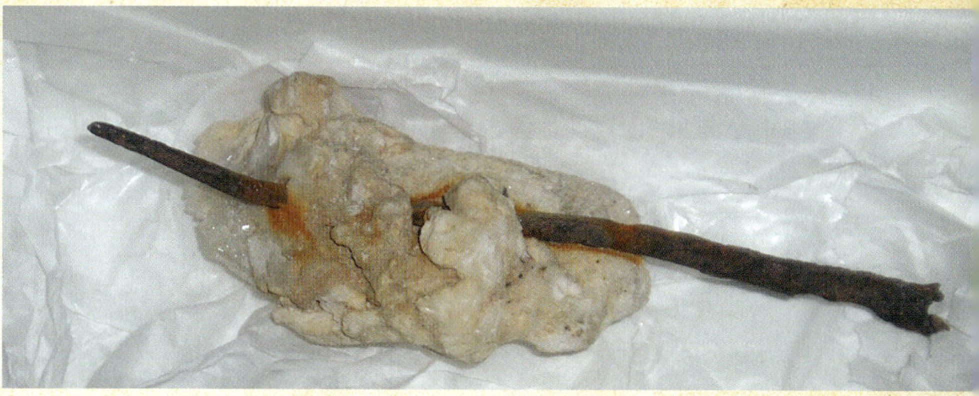

Dieser Nagel soll aus einer Tropfsteinhöhle in Neu-Mexiko stammen.

Bei Merida entdeckt: Schieferstein-Faustkeil mit UFO-Darstellung.

Ein weiterer Faustkeil aus der Schatulle des Schweizer Indianerfreundes.

Befinden sich heute ebenfalls in Thun:
Mischwesen-Figürchen aus Süddakota.

Plädiert für ein Leben im Einklang mit der Natur: Harry Meier.

Besonders stolz ist Meier auf seine »Mischwesen«-Figürchen aus Süddakota, die er von einem indianischen Bekannten erhielt. Stammen sollen sie aus einem alten See in den Blackhills bei Hill City. Die aus weichem Stein gefertigten Mini-Skulpturen seien dort einst vom Wasser freigegeben worden, wurde ihm erzählt, und »konnten bis heute keiner bekannten nordamerikanischen Kultur zugeordnet werden«. Alle sind durchbohrt, dürften also früher als eine Art Talisman um den Hals getragen worden sein.

Himmlisch und ketzerisch zugleich muten schließlich auch zwei mexikanische Faustkeile mit seltsamen Darstellungen aus Mexiko an: Diese beiden Schieferstein-Objekte erhielt Meier 1997 von dortigen Bekannten seiner Frau. Sie sollen in der Nähe von Merida (Yucatán) gefunden worden sein, am Rande des Dschungels. Eines der Stücke zeigt einen behelmten Kopf sowie ein Himmelsobjekt. Was stellt das Gesicht mit dem Helm dar? Und warum erinnert uns das Flugobjekt an ein UFO? ■

MICHIGAN-RELIKTE:
Verschollener Mormonen-Hort aufgetaucht

»Intelligenz ist jene Eigenschaft des Geistes, dank derer wir schließlich begreifen, dass alles unbegreiflich ist.«
(Emile Picard, Mathematiker)

Die Ketzer der Moderne preisen sie als Geschenk der Götter. Für Wissenschaftsgläubige sind es lediglich teuflisch gute Fälschungen. Lange Zeit glaubten – nebst manchen archäologischen Querdenkern – nur noch die Mormonen an ihre Echtheit. Nun scheinen auch Letztere ihre Hoffnung aufgegeben zu haben. Vor wenigen Jahren distanzierten sich ihre Vertreter erstmals offiziell von den sogenannten »Michigan-Artefakten« – nachdem sie diese jahrzehntelang nicht als moderne Erzeugnisse abtun mochten. Glaubensorientiertes Kalkül einer oft kritisierten Religionsgemeinschaft, um von der breiten Öffentlichkeit nicht länger verteufelt zu werden?

Geborgen wurden die gravierten Tafeln, Kultobjekte und Werkzeuge zwischen 1848 und 1920 im US-Bundesstaat Michigan. Zu Tausenden hatten dort Einheimische – zumeist Farmer – die mit kindlich naiv anmutenden Schriftzeichen und Zeichnungen versehenen Stücke aus Schiefer, Ton oder Kupfer aus dem Boden gefördert. Den Spekulationen schienen anfänglich keine Grenzen gesetzt, denn die Relikte sind teilweise mit christlichen Motiven verziert, wie etwa der Bundeslade oder der Arche Noah.

Pfeife mit Gesicht: Eines von vielen Stücken, das sich keiner bekannten Kultur zuordnen lässt.

Aber auch Darstellungen von Mammuts oder indischen Elefanten, von Asteroiden, Drachen oder Menschen mit orientalischen Gesichtszügen wecken Zweifel an der klassischen US-Geschichtsschreibung. Hatte Nordamerika in alter Zeit doch Besuch von Menschen aus dem Nahen Osten oder aus Europa erhalten? Lange vor dem Einfall der Spanier am Ende des 15. Jahrhunderts? Gaben die auf den Objekten verewigten Darstellungen führenden Mormonen recht, die in ihnen die visionären Erlebnisse ihres kontroversen »Propheten« und Gründervaters Joseph Smith visualisiert sahen?

Umstrittene Fragen, die noch vor wenigen Jahrzehnten auch die aufgeschlossene US-Archäologin Henriette Mertz beschäftigten. Über 100 Jahre nach der Entdeckung unterzog sie die Michigan-Artefakte in ihrem 1986 posthum erschienenen Buch *The Mystic Symbol* einer intensiven Untersuchung. Fazit: Viele der Stücke seien echt und tatsächlich von Christen hergestellt, die um das Jahr 312 auf den amerikanischen Kontinent geflohen sein sollen. »Ebenso gut könnte man behaupten, dass Cleopatra ein Mann war«, schimpfen dagegen Geschichtslehrer, die alles besser wissen. Geschichtslehrer wissen immer alles besser.

»Monster-Kopf«: Jahrelang lagerten die Relikte in den Tresoren der Mormonen.

Eine weitere Kreatur: Auch dieses Stück befindet sich heute im Museum von Lansing.

Etliche der Artefakte sind mit geheimnisvollen Schriftzeichen verziert.

Auch biblische Szenen sind auf den Michigan-Relikten dargestellt.

Wen wunderts, dass viele der ursprünglich weit über 20 000 (!) gravierten Stücke bald von der Bildfläche verschwanden und in Museumskellern oder Archiven privater Sammler landeten? Ein weiterer Teil – die sogenannte »Soper/Savage-Kollektion« – gelangte vor Jahrzehnten über die *University of Notre Dame* in den Besitz der Mormonen in Utah, wo sie lange Zeit in den Tresoren des *Salt Lake City Museum* verstaubte – ohne dass die Öffentlichkeit je einen Blick darauf werfen durfte.

Doch auch die konservativen Mormonen erlebten einen Generationenwechsel. Ihre jüngeren Vertreter dachten plötzlich aufgeschlossener als ihre Vorgänger. Und so wurden 797 der Objekte im Jahr 2003 schließlich dem *Michigan Historical Museum* in Lansing ausgehändigt, wo die seltsamen Relikte 2004 erstmals öffentlich ausgestellt wurden – und den Besuchern seither hämisch »als größte archäologische Fälschung in der US-Geschichte« präsentiert werden.

Was wollten uns die damaligen Künstler durch ihre Werke mitteilen?

Elefantendarstellung: »Eine Fälschung«, winken Fachleute ab. Zu Recht?

»Drachenfigur« mit Schriftzeichen: Indiana Jones hätte seine helle Freude daran.

Die meisten Artefakte wurden zwischen 1848 und 1920 in den USA ausgebuddelt.

Offen bleibt die Frage, ob manche der Artefakte nicht doch eine historische Relevanz haben könnten. Bereits Anfang des 20. Jahrhunderts hatten Nachgrabungen nämlich weitere ähnliche Funde ans Tageslicht gebracht. Misstrauisch macht auch die Tatsache, dass Henriette Mertz seinerzeit noch von 2700 Objekten (!) schrieb, viele der Stücke mittlerweile aber verschollen sind.

Ein Besuch im Museum von Lansing lohnt sich für neugierige Zeitgenossen allemal. Schließlich werden wohl auch diese umstrittenen »Zeugnisse der Anderswelt« irgendwann wieder in den Keller verfrachtet – dorthin, wo sich die zugenagelten Holzkisten ohne Aufschrift mittlerweile nur so stapeln. ■

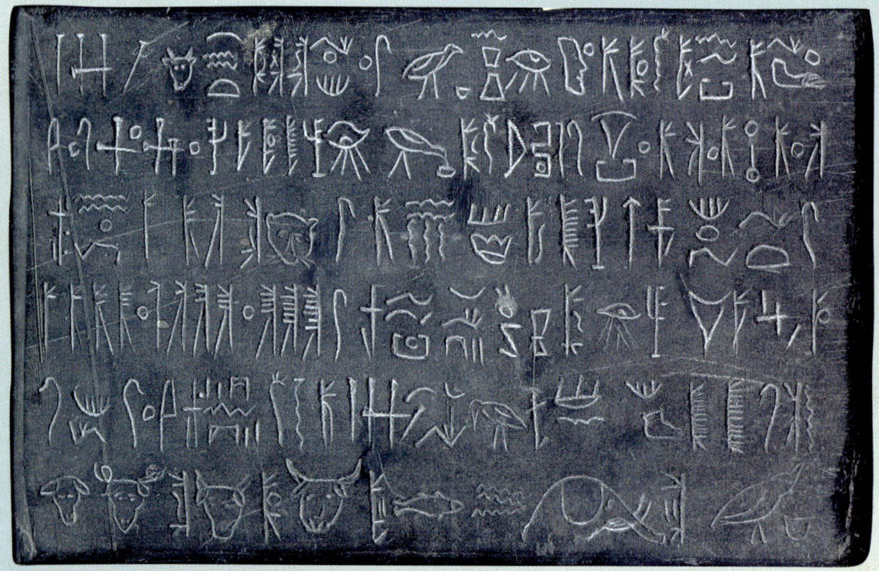

Geheime Botschaft? Weitere Schriftzeichen, die niemand zu deuten vermag.

MUMIE DER EXTRAKLASSE:

Das Lebenselixier von Mawangdui

»Wenn es an die Grenzen des Erklärbaren geht, ist die Beweisführung besonders schwierig.« (Reinhard Habeck, Schriftsteller)

2000 Jahre alte Tote, die unter dem Seziermesser aussehen, als seien sie erst gestern gestorben – das gibt es nur in China. Was im Westen jahrzehntelang als kommunistisches Propagandamärchen belächelt wurde, ist mittlerweile brillant dokumentiert. Dennoch zuckten bis vor Kurzem selbst Hochschulprofessoren verlegen mit den Schultern, wenn es um Xin Zhui, die um 160 vor Christus verstorbene »Marquise von Dai«, geht. Geborgen wurde ihre Mumie aus einem zwölf Meter tiefen chinesischen Grab bei Mawangdui, in einem östlichen Randbezirk von Changsha (Provinz Hunan). Heute ist ihr Körper im *Hunan Provincial Museum* aufgebahrt.

Über 2000 Jahre hat die Lady aus der Han-Dynastie mittlerweile auf dem Buckel. Doch scheint sie ihre Last mit einer Leichtigkeit zu tragen, die selbst den besten Konservatoren der Neuzeit die Schamröte ins Gesicht schießen lässt: 1972, als man ihren Körper aus vier ineinander verschachteln Sarkophagen barg, befand sich Xin Zhui in einem Zustand, den sonst nur kürzlich Verstorbene haben. Viele ihrer Gelenke inklusive der Arme waren beweglich, Haut und Muskeln elastisch, die Zellstrukturen intakt und in ihren Adern befand sich sogar noch Blut!

Selbst die inneren Organe waren beinahe völlig erhalten, wie eine Obduktion ergab – als habe die »Marquise« soeben das Zeitliche gesegnet. Ihre Gehirnmasse war zwar geschrumpft, aber ebenfalls in tadellosem Zustand. Ein Wunder ohne historischen Vergleich. Ähnlich perfekt konservieren könnte man Leichen heute nur mithilfe des 1855 entdeckten und 1867 erstmals künstlich fabrizierten Gifts Formaldehyd, anderen modernen Substanzen oder in einer Kältekammer. Die Chinesen taten es bereits vor Jahrtausenden. Und niemand weiß, wie.

Gibt es nachprüfbare Beweise für derlei ungeheuerliche Behauptungen? Selbstverständlich: Alle Details über den unglaublichen Fund wurden 2007 von Zhang Dongxia in der chinesischen Publikation *The Legend of Mawangdui* fein säuberlich dokumentiert. Außerdem liegen Filmaufnahmen der Autopsie vor, die bereits in den frühen 1970er-Jahren von Gerd Kaminski, Generalsekretär des Österreichischen China-Forschungsinstituts, in Wien gezeigt wurden. Und seit 2004 dokumentiert die Sachlage in Wort und Bild auch ein beeindruckender 50-minütiger Doku-Streifen des Neuseeländers Steven R. Talley *(Diva Mummy)*.

Ein Blick in die Unterlagen und damaligen Vorgänge zeigt: Hier waren keine Quacksalber am Werk. Im Gegenteil: In Anbetracht der historisch-politischen Relevanz des Fundes hatte der damalige Premierminister Zhou Enlai die besten Fachleute Hunans zusammengetrommelt, um eine möglichst optimale Autopsie zu gewährleisten. Doch selbst die namhaftesten Pathologen wanden sich – aus Furcht, etwas falsch zu machen.

Den Schwarzen Peter zog schließlich der junge Mediziner Peng Longxiang: Obwohl leicht nervös, sezierte er seine jahrtausendealte Vorfahrin mit derselben Leichtigkeit, wie er es von soeben Verstorbenen gewohnt war. »So ziemlich alle ärztlichen Spezialisten unserer Klinik standen mir bei«, erinnert sich der heutige Professor. »Nur die Kinderärzte fehlten, scherzten wir damals,

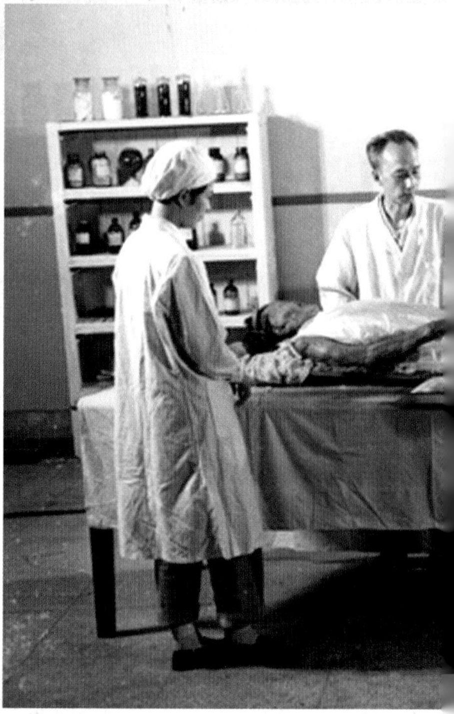

»Lady Dai« auf dem Seziertisch: Schwarzweißaufnahme der Autopsie von 1972.

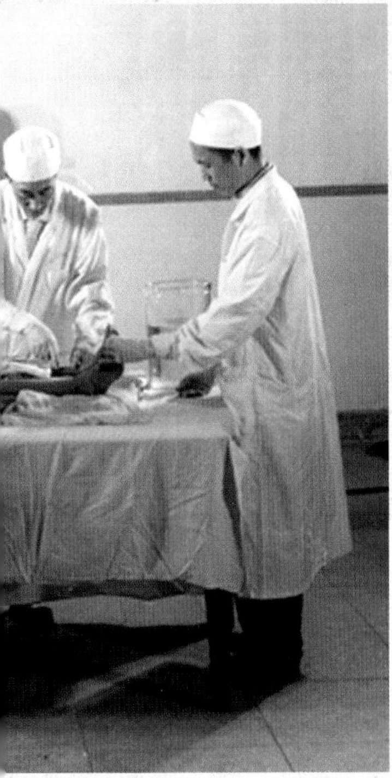

weil wir es ja mit einer erwachsenen Person zu tun hatten.«

Bald zog die Entdeckung auch in ausländischen Medien ihre Kreise – wenn auch nur zögerlich und oft mit reichlich kruden Halbwahrheiten gewürzt. Zu fern war China damals, als dass jedes berichtete Detail akkurat hätte überprüft werden können. So sei der Leichnam bei seiner Auffindung – je nach Quelle – in einer »gelblichen«, »braunen« oder »rötlichen« Flüssigkeit geschwommen, hieß es. Andere behaupteten gar vollmundig, dass »die chemische Zusammensetzung des seltsamen Safts nach wie vor ein Rätsel« bleibe.

Heute wissen wir es besser: Am Boden des innersten Sarkophages fanden sich zumindest Reste einer rötlich schimmernden Flüssigkeit aus Alkohol und Essigsäure, die Teile der Mumie tränkten. Chemische Analysen ergaben leicht saure pH-Werte (5,18) und wiesen Spuren von Zinnober nach – quecksilberhaltigem Erz. Von einem speziellen »Wunderelixier« kann also keine Rede sein. Umso mehr, als dieser chemische Mix trotz seines leichten, antibakteriell wirkenden Säuregehalts nie und nimmer ausreicht, um den verblüffenden Zustand der Mumie einleuchtend zu erklären, wie Liu Lihou, Professor am *Xiangya Medical College* der *Mid-South University,* zu bedenken gibt.

Das Anatomenteam habe mit dem farbigen Saft einige Experimente durchgeführt, wenngleich auch nur mit einem möglichst originalgetreu gemixten Imitat, erinnert er sich. Resultat: »Unseren Ergebnissen zufolge hatte die Flüssigkeit keinerlei konservierenden Effekt.« Drang also erst später Wasser in den Sarg ein, um sich dort mit bereits vorhandenen Balsamierungssubstanzen zu vermischen? Auch das scheint unwahrscheinlich. »Wäre Flüssigkeit in den Sarg getropft, dann wären auch Bakterien eingedrungen und hätten den Körper zersetzt«, gibt Zhou Shengbing von der Universität Wuhan zu bedenken. »Ich meine, die Flüssigkeit war bereits zur Beisetzung im Sarg.« Doch: Wozu diente sie in diesem Fall?

Hoffnung auf nähere Aufschlüsse weckte kurzfristig ein zweiter, ähnlicher Fund in Lianyungang (Jiangsu): Am 8. Juli 2002 hatten Straßenarbeiter dort vier Sarkophage ans Tageslicht gehievt – ebenfalls aus der Han-Dynastie. Zur Überraschung aller schwamm in einem davon erneut eine außerordentlich gut konservierte Mumie in einer braunen Flüssigkeit. Auch diese 2000 Jahre alte Dame – mit dem drolligen Namen »Ling Huiping« – begeisterte auf dem Seziertisch mit elastischen Gelenken und nahezu intaktem Innenleben. War also doch die Flüssigkeit dafür verantwortlich? Laboruntersuchungen durch den Pathologen Bai Ling vom *People's Hospital* in Lianyungang City ergaben das Gegenteil: Die Messgeräte zeigten neben Hämoglobin leicht alkalische pH-Werte um 7,55 – von antibakterieller Säure keine Spur.

Bis heute versucht man dem Geheimnis der perfekten Konservierung in China auf den Grund zu gehen, wie Publizist Zhang Dongxia bilanziert. Die Temperatur in der damaligen Grabkammer sei zwar relativ stabil, aber nicht besonders tief gewesen, und scheide daher als Erklärung für die perfekte Konservierung aus. Absolut luftdicht abgeschlossen sei die Stätte wohl ebenfalls nicht gewesen. Zhang: »Nach wie vor gibt es keine einzige Erklärung, die jedermann überzeugen könnte.« ■

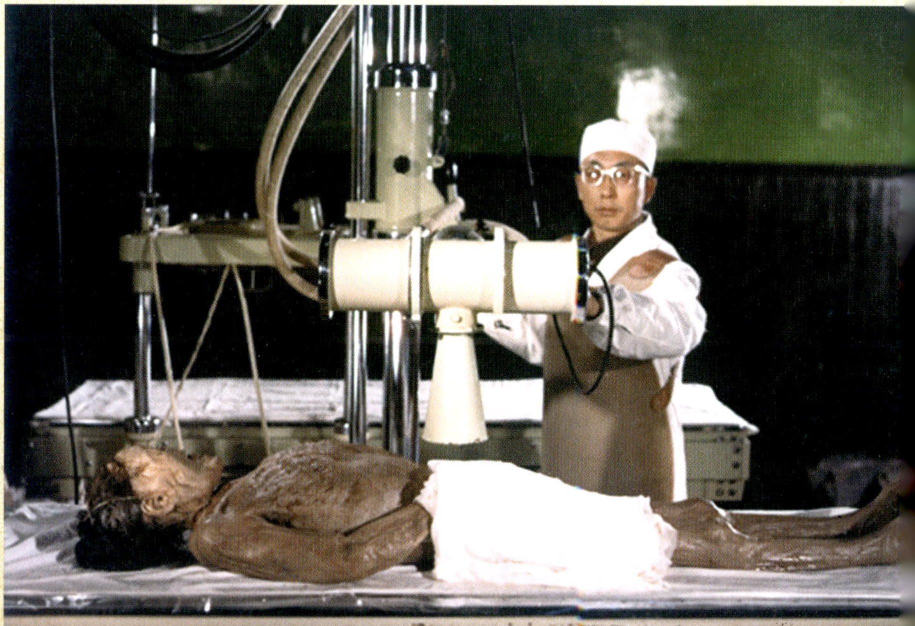

Farbaufnahme aus älterer Zeit: Die Mumie stellt Experten bis heute vor Rätsel.

NAZCA-KONTROVERSE:

Wer zauberte das Mandala auf den Berg?

»Es ist unmöglich, Staub wegzublasen, ohne dass jemand zu husten anfängt.«
(Philip Mountbatten, Herzog von Edinburgh)

»›Banausen!‹, brummte der Vorzeitmensch, als ihm die Anthropologen erzählten, wie viel sie über ihn wussten. Dann band er sich seine Krawatte um und ging zur Arbeit.« Mit derlei Sätzen werden sich die Schriftsteller der Zukunft über unsere Blindheit amüsieren. Ähnliche Kümmernisse dürften die einstigen Bewohner der peruanischen Hochebene von Nazca plagen, wenn wir uns heute mit ihnen über ihre spektakulären, kilometerlangen Scharrbilder unterhalten könnten. Zu offensichtlich, dass wir trotz tausend originellen Theorien immer noch im Dunkeln stochern, was den wahren Sinn und die Entstehung der Hunderten von pistenähnlichen Linien und Tierfiguren angeht.

»In Nazca stimmt etwas nicht«, konstatiert auch der Schweizer Götterforscher Erich von Däniken. In einem prächtigen Bildband präsentierte er der Öffentlichkeit 1997 jede Menge neue Luftaufnahmen der teilweise bis zu 2800 Jahre alten Bodenzeichnungen, die er zwei Jahre zuvor geschossen hatte. Darunter Farbfotos riesiger geometrischer Darstellungen, die selbst Fachleute noch nie zu Gesicht bekommen hatten.

Das »Mandala«, wie es Erich von Däniken aus der Luft fotografieren konnte.

Ein paar Archäologen lasen das Buch heimlich unter der Bettdecke. Der Rest verschlief es. Leider entgingen den Experten damit auch erstaunliche Bilder einer bis dahin völlig unbekannten Mandala-Darstellung in der benachbarten Palpa-Region. Sie unterschied sich derart von allen anderen, dass Däniken bereits beim Fotografieren aus dem Flugzeug klar war, dass die Struktur nicht von den Nazca-Indios stammen konnte: »Hier ging es um etwas völlig anderes.« Eine neuzeitliche Fälschung? Doch wozu der ganze Aufwand? Der Schweizer kam ins Grübeln. Vergeblich wühlte er sich durch entsprechendes Kartenmaterial: Die seltsamen Formationen waren nirgendwo verzeichnet. Nicht einmal in der Fachliteratur!

Der deutsche Nazca-Experte Markus Reindel vom Deutschen Archäologischen Institut will das Rätsel mittlerweile gelöst haben. Just zu der Zeit, als Däniken sein Buch veröffentlichte, begann er seine erste Feldkampagne vor

Ort. »Die Geoglyphen von Palpa fanden bisher kaum Beachtung«, hielt der Archäologe 1997/1998 in einem wissenschaftlichen Bericht fest. Dänikens Buch erwähnte er darin bezeichnenderweise mit keinem Wort. Ebenso wenig die Mandala-Struktur.

Lediglich im Katalog zu einer Nazca-Ausstellung in Zürich glaubte Reindel die Sachlage zwei Jahre später mit einem süffisanten Lächeln beiläufig klarstellen zu können: Ein Blick auf Luftfotos des Staatlichen Luftbildinstituts von Peru aus dem Jahre 1944 habe ihm gezeigt, dass die Mandalas aus dem Palpatal dort fehlen – also neueren Datums sein müssten. »Auch die kleinen beschrifteten Papierchen, die unter vielen Steinhaufen liegen, stammen wohl nicht aus vorspanischer Zeit.« Irgendwelche ominösen »Esoterikergruppen« würden dahinter stecken, merkte er kritisch an.

Alles klar? Rätsel gelöst? Mitnichten. Genaueres schien Reindel nämlich auch 2005 – sechs Jahre später – immer noch nicht zu wissen, wie er auf Anfrage einräumen musste: »Ich nehme aber an, dass die Strukturen etwa zwischen 1960 und 1980 entstanden sind, manche vielleicht gar noch später.« Einige der Steinsetzungen von Palpa sollen von einem »verwirrten Lehrer« stammen, schrieb er zudem im Ausstellungskatalog. Wissenschaftlich dokumentiert ist das nirgends. Was also hat es mit diesem Lehrer auf sich? Für welche Steinsetzungen zeichnet er verantwortlich? Reindel: »Mir wurde von einem Lehrer aus dem Ingeniotal berichtet. Neben den schönen geometrischen Mandalas gibt es noch viele lineare Steinsetzungen, Kreise und vieles mehr. Welche davon von dem Lehrer sind, kann ich nicht sagen.«

Im Gegensatz zu Reindel habe er diesen Lehrer seinerzeit persönlich interviewt, protestiert Erich von Däniken: »Er versicherte mir, dass er die alten, längst verblassten Strukturen im Gelände von Palpa mit seinen Schülern seinerzeit lediglich ›nachgezeichnet‹ habe, um sie so der Nachwelt zu bewahren!«

Erich von Däniken (2009).

Im Rahmen seiner Forschungsstiftung lässt der Schweizer die Rätsel der Hochebene mittlerweile auf eigene Faust unter die Lupe nehmen – von versierten Fachleuten der Hochschule für Technik und Wirtschaft Dresden wie etwa Professor Gunther Reppchen und anderen Doktoren. Ziel: Fragen auf den Grund zu gehen, die von der Wissenschaft bisher nicht gestellt oder beantwortet wurden.

Die bisher publik gemachten Resultate lassen aufhorchen: »Wir maßen extrem hohe Dosen von Arsen, ein hochgiftiges Zeug, und auch die dortige Bodenelektrizität warf Fragen auf«, erzählt Erich von Däniken. »Ebenso wie man glasartige, kristalline Strukturen entdeckte, die nur durch hohe Hitze entstanden sein konnten. Auf den Linien wiederum lassen sich Magnetfelder messen, deren Ursache zweieinhalb Meter tief im Boden liegt. Irgendetwas verändert dort das Magnetfeld …«

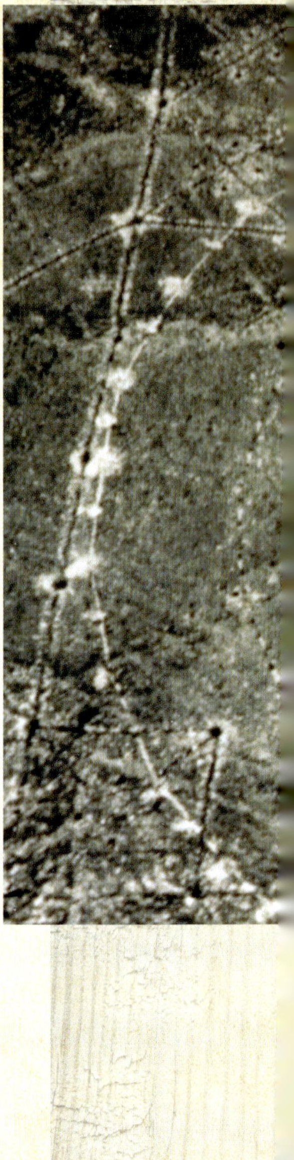

Ein Affront für die deutschen Archäologen! Also bemühte sich Reindel, seinen unorthodox agierenden Kontrahenten kraft seines Amtes mit allen Mitteln zu bändigen, wie sich der Schweizer missmutig erinnert: »Wir hatten ein interdisziplinäres Team versammelt, Professoren und Doktoren, die in meinem Auftrag zusammen mit Gelehrten der *Pontificia Universidad Catolica del Peru* auf der Hochebene eine spezielle, äußerst breite Linie vermessen sollten. Die Vermessungsgeräte hätten den Boden kaum berührt. Herr Reindel war damals vor Ort und hat uns dieses Unterfangen ausdrücklich untersagt. Er war stocksauer, dass dort vermessen werden sollte!«

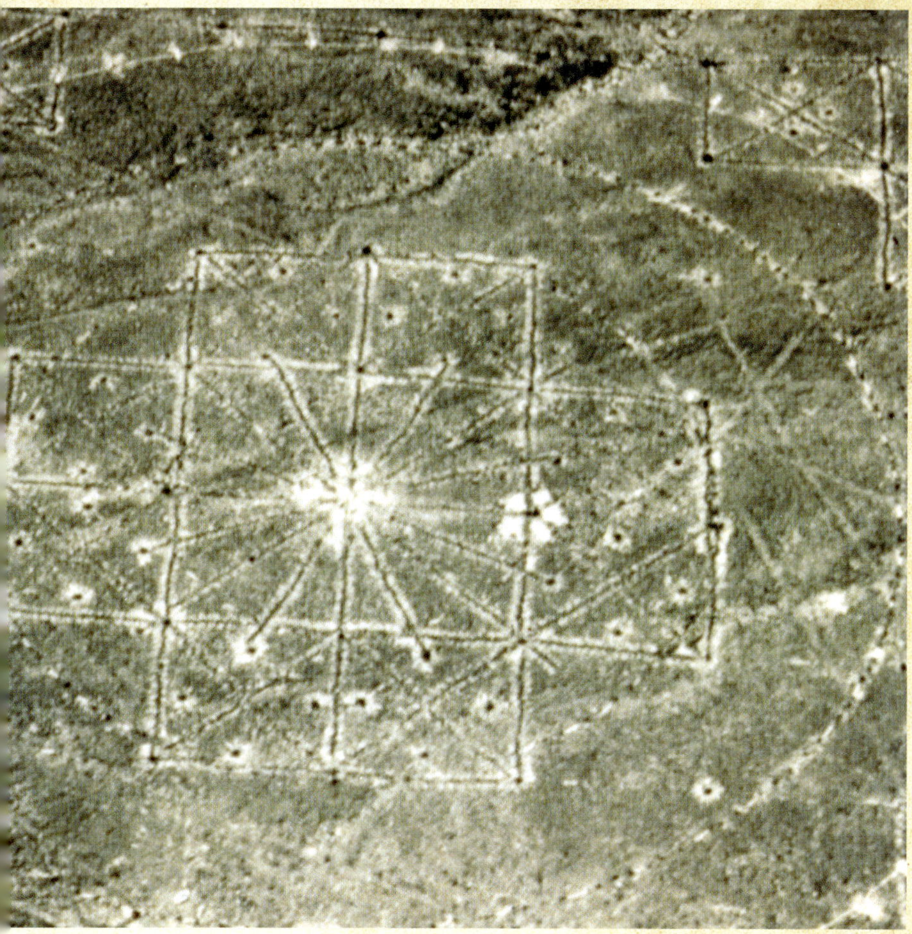

Weiteres Foto der riesigen Struktur: Archäologen strafen sie mit Ignoranz.

Der deutsche Archäologe hat seine Forschungsaktivitäten in der Hochebene von Peru mittlerweile glücklicherweise beendet. Stolz posaunt er seine neuesten Erkenntnisse seither in alle Welt: Die dortigen Linien und Tierfiguren, so ist Reindel mittlerweile felsenfest überzeugt, seien vor Jahrtausenden nicht für »himmlische Betrachter« angelegt worden, sondern erfüllten vielmehr eine Funktion von »Freilichttempeln«, um die Götter in kargen Zeiten um Regen und Fruchtbarkeit anzuflehen.

Na klar doch: Wenn es Regenten an Feuchtigkeit und Potenz mangelt, lassen sie ihre Untertanen garantiert jahrhundertelang kunstvoll im Wüstensand scharren, im Glauben, die Götter damit bestechen zu können. So verzweifelt würden selbst die Stammesfürsten der Moderne nicht handeln. Oder etwa doch? ■

NOFRETETE-BÜSTE:

Ließ Hitler Duplikate anfertigen?

*»Die Menschen glauben viel leichter eine Lüge,
die sie schon hundert Mal gehört haben,
als eine Wahrheit, die ihnen völlig neu ist.«
(Alfred Polgar, Schriftsteller)*

Wer hat die Büste von Nofretete entdeckt? Der deutsche Ägyptologe Ludwig Borchardt mit Sicherheit nicht – auch wenn uns sein Name in Hunderten von Büchern und Zeitschriften entgegenprangt. Borchardt war zum Zeitpunkt der Freilegung nicht einmal bei der Grabungsstelle von Tell el-Amarna anwesend. Die Aufsicht führte vielmehr sein stellvertretender Grabungsleiter Hermann Ranke, unter dessen Händen die lebensgroße, bunte Büste am 6. Dezember 1912 ans Tageslicht kam.

Erst 1924, als Nofretete erstmals in Berlin zur Schau gestellt wurde, erfuhr die Welt von ihrer Existenz. Der Skandal war perfekt. Hatte Borchardt die angeblich um 1338 vor Christus gefertigte Figur illegal aus Ägypten ausgeführt? Die Umstände sind bis heute nicht vollends geklärt. Laut Ägyptens Altertumschef Zahi Hawass wurde das Stück einst mit Lehm verschmiert, um dessen Schönheit bei der Ausfuhr zu vertuschen. Das behauptete der Mann mit dem Schlapphut jedenfalls 2007 in einer leidenschaftlichen Rede vor dem ägyptischen Parlament.

Hintergrund von Hawass' Auftritt bildete Ägyptens seit Jahren vorgetragenes Ansinnen, die Nofretete-Plastik für begrenzte Zeit als Leihgabe zu erhalten. Ein deutscher Experte aber sperrt sich mit Händen und Füßen dagegen: Dietrich Wildung, langjähriger Berliner Museumsdirektor. Ägypten könnte die Büste nach Erhalt annektieren, fürchtet der Professor, der 2009 in den Ruhestand ging. Offiziell begründete er sein Veto mit der Zerbrechlichkeit der Büste, die

Original oder Fälschung? Die Nofretete-Büste im Museum von Berlin.

Zweite Büste »aus Hitlers Privatmuseum« – im Besitz des *Shangri-La*-Konzerns.

einen Transport nach Kairo verunmögliche. Darüber lässt sich streiten. Und so wäre auch eine weitaus ungeheuerlichere Erklärung für Wildungs zauderliche Haltung denkbar – die aber bedingt einen Blick in die deutsche Vergangenheit.

Szenenwechsel – 1873. Es war der letzte reguläre Grabungstag. Gemäß Vorplanung wollte der deutsche Hobbyarchäologe Heinrich Schliemann am 15. Juni seine Untersuchungen im Palast des Königs Priamos in Troja beenden. Am 14. Juni warf er sämtliche Pläne über Bord. »Hol deinen roten Schal«, rief Schliemann seiner Frau zu. Als sie mit dem Tuch bei ihm in der Grube erschien, stammelte er nur ein Wort: »Gold!«

Was Heinrich Schliemann aufgespürt hatte, war nicht der Schatz des Priamos, sondern der Besitz eines 1000 Jahre älteren Königs. Generös vermachte der umjubelte Entdecker die antiken Pretiosen dem Berliner Museum für Vor- und Frühgeschichte. Hier verschwand die komplette Sammlung 1945 spurlos. Ursache war die Eroberung Berlins am Ende des Zweiten Weltkriegs durch die Rote Armee. Aus Furcht vor der Zerstörung der 800 Stücke umfassenden Sammlung hatte man den Schatz im Flakturm am Bahnhof Zoo in Kisten verpackt eingelagert. Der fromme Wunsch, die Objekte mögen dort unbeschadet die letzten Tage des Dritten Reiches überstehen, ging in Erfüllung – aber anders als erwartet. Tatsächlich hielt der Betonkoloss dem Artilleriefeuer stand, der Schliemann-Schatz entging der Vernichtung. Doch bereits wenige Tage nach Ende der Berliner Kampfhandlungen war der gesamte Hort unauffindbar.

Bald kursierten wilde Spekulationen und Gerüchte über den Verbleib des Raubguts – bis 1991. Damals stellte sich heraus, dass die Russen den »Schatz des Priamos« im Flakturm gefunden und in die ehemalige UdSSR verbracht hatten. Heute ist der Hort in Moskau der Öffentlichkeit zugänglich. Doch der

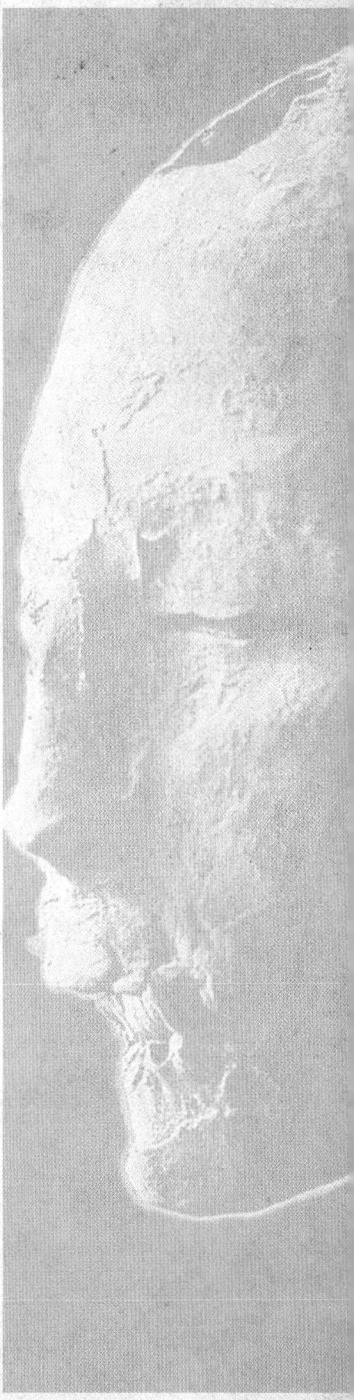

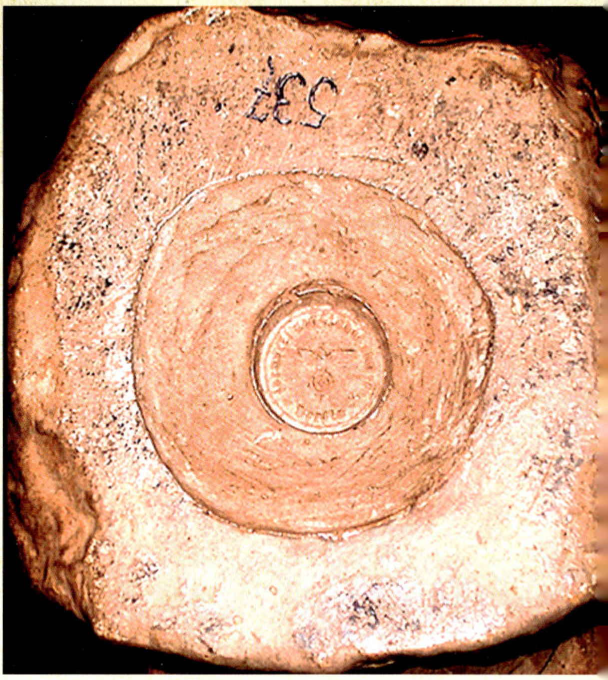

Auf seiner Unterseite trägt das seltsame Stück den Reichsstempel.

Schliemann-Schatz war nicht die einzige Kostbarkeit, die kurz vor Kriegsende das Domizil wechselte. Prominentestes Relikt – und hier schließt sich der Kreis – war ausgerechnet die ägyptische Nofretete-Büste. Spätestens am 4. oder 5. April 1945 soll auch sie im Flakturm Zoo verstaut worden sein. Doch nach Ende der Schlacht um die Reichshauptstadt war die Überraschung perfekt: Nofretete war verschwunden. Bald stellte sich heraus: Der Russe war es diesmal nicht. Vielmehr tauchte die Plastik unversehens in einem Saline-Stollen im thüringischen Merkers auf.

Wie aber war sie dorthin gelangt? Nun, auf persönliche Anweisung von Adolf Hitler! Dies geht aus einem Schreiben vom 6. März 1945 hervor, in dem der Diktator höchstpersönlich den Befehl zur Evakuierung gab. »Der Führer«, ist in dem aufschlussreichen Dokument nachzulesen, »hat angeordnet, dass diese Sicherung (der Kunstschätze) nunmehr schleunigst vorgenommen werden soll.« Hitler war regelrecht vernarrt in das altägyptische Stück. Bereits 1933 hatte er erklärt: »Ich werde den Kopf der Königin niemals aufgeben. Es ist ein Meisterwerk, ein Juwel, ein wahrer Schatz. Ich werde ihr ein Museum in Berlin bauen, und ich träume davon, dieses Wunder mitten in einem Saal, gekrönt von einer Kuppel, zu platzieren.«

Unmittelbar vor Kriegsende, quasi in letzter Minute, wurden Nofretete, Rembrandt und Co. deshalb auf die Reise geschickt. Zielorte waren die Salz- und Kalibergwerke in Grasleben, Merkers und Schönebeck. Und tatsächlich erreichten die deutschen Transporte unbeschadet ihr Ziel. Seltsamerweise wurde nicht ein einziger der Konvois von alliierten Luftverbänden angegriffen. Doch: Kaum waren die Museumsstücke eingelagert, wurden die betreffenden Örtlichkeiten von Verbänden der 3. und 9. US-Armee eingenommen. Hatte hier eine zeitlich perfekt arrangierte Aktion stattgefunden? Gab es gar Absprachen zwischen Deutschen und Alliierten?

Fakt ist: Beträchtliche Teile der Bestände gingen nach der »West-Verbringung« verloren. So etwa die sagenumwobene »Kiste 35« der Berliner Ägyptensammlung, die bei Kriegsende spurlos verschwand. Der Holzbehälter enthielt sämtliche Goldobjekte der altertümlichen Kollektion. Er tauchte bis heute nicht mehr auf. Hatten sich Soldaten der Krieg führenden Parteien die Bestände illegal angeeignet? Oder lagern die Kostbarkeiten bis heute in einem geheimen Museumsdepot?

Nofretetes Büste blieb dieses Schicksal augenscheinlich erspart. Bereits am 10. Februar 1946 bildete sie die Attraktion einer von den Amerikanern in Wiesbaden durchgeführten Ausstellung, die regen Besucherandrang fand. Doch war das Exponat überhaupt die echte Nofretete? Zweifel an der Authentizität der Büste kursierten schon damals. Hintergrund bildeten die wiederholten Bemühungen der ägyptischen Regierung auf Rückgabe des Portraits.

Hitler soll zur Täuschung der ägyptischen Führung denn auch bereits in den frühen 1930er-Jahren eine oder mehrere detaillierte Kopien des Kopfes anfertigen haben lassen. So betonte es kurz vor seinem Tod jedenfalls Otto Kümmel, einstiger Generaldirektor der Berliner Museen. Auch das öffentlich-rechtliche ZDF meldete in seiner Reportage *Die Odyssee der Nofretete* Zweifel an. Die deutschen Fernsehjournalisten am 29. Juli 2007: »Bis heute gibt es Verwirrung über die Nummern der Kisten, in denen die Büste transportiert worden ist. Nofretete hat das Museum in Kiste 28 verlassen. Ende März 1945 aber kommt sie in Kiste 34 in der Mine Merkers an.«

Ist die Berliner Nofretete also lediglich eine meisterlich gelungene Kopie aus Hitlers Beständen? Und wenn ja: Wo befindet sich dann der echte Königinnenkopf? Gibt es ihn überhaupt? Gedanken, die auch Richard Beiderbeck wälzt, Chemotechniker am Lehrstuhl für Mineralogie der Technischen Universität München. »Den Zweiflern an der Echtheit der Nofretete kann ich nur beipflichten«, erklärt er. »Ich habe den Verdacht, dass die Büste der Nofretete ein Jugendstil-Kunstwerk ist, das von der ägyptischen Kunst inspiriert ist.« Beiderbeck scheint es »einfach unwahrscheinlich«, dass ein ägyptischer Bildhauer etwa 1300 vor Christus vollbracht haben soll, was den Künstlern in den folgenden 3200 Jahren nicht mehr gelang: »Das faszinierende Abbild einer schönen Frau zu kreieren. Das schaffte erst der Jugendstil!«

Auch Professor Dietrich Wildung, langjähriger Leiter des Ägyptischen Museums der wiedervereinten Hauptstadt, trägt nicht eben zur Aufhellung bei. Zwar wollen er und sein Team der Nofretete-Büste mit aufwendigen Computertomographie-Untersuchungen erst jüngst ihre letzten Geheimnisse entrissen haben. Dabei verschweigt der Mann aber gern, dass ausgerechnet er es war, der in seiner früheren Zeit als Leiter des Münchner Museums vor Jahrzehnten die Echtheit der Büste infrage gestellt hatte. Seine Zweifel verflogen erst, als er mit der Führung des Berliner Museums betraut wurde. Das weiß auch der bekannte Schweizer Kunst- und Architekturhistoriker Henri Stierlin – ein langjähriger Weggefährte des Professors – und reihte sich 2008 mit einer eigenen Buchpublikation in die Phalanx der Kritiker ein. »Die Büste ist falsch!«, betont auch er.

Besonders pikant: Vor 20 Jahren wollte Wildung just mit dem Schweizer ein Buch über die Fälschung der Nofretete schreiben. »Eine Jux-Idee«, winkt der Professor mittlerweile leicht beschämt ab. Wirklich? Offenbar hat er bereits vergessen, dass er noch vor wenigen Jahren in einer deutschen Dokumentarsendung zum Thema einer möglichen Fälschung der Büste diplomatisch einräumte: »Ich gebe gerne zu, dass ich diese Dinge vor 20, 25 Jahren nicht uninteressant fand …«

Jedenfalls ist da – um die Verwirrung perfekt zu machen – noch eine zweite reichlich seltsame Nofretete-Skulptur, über die von Fachwelt und Weltpresse bislang kein einziges Wort verloren wurde. Sie befindet sich heute im Besitz des US-Konzerns *Shangri-La Publications,* soll aus dem Privatbesitz eines Berliners stammen und ihm zufolge einst aus »Hitlers Privatmuseum gerettet worden sein«. »Die Nofretete-Gipsskulptur aus Hitlers persönlicher Sammlung«, so enthüllten die *Shangri-La*-Verantwortlichen Mitte 2006 überraschend, sei »bislang völlig ignoriert worden, weil sie privat verwahrt wurde.«

Die Frage liegt auf der Hand: Handelt es sich bei diesem zweiten Stück ebenfalls um eine mustergültige Kopie aus dem 20. Jahrhundert, oder stammt es doch aus der altägyptischen Amarna-Zeit? Tatsächlich soll der Führer laut Informationen von *Shangri-La Publications* über eine ganze Kollektion an Nofretete-Darstellungen verfügt haben, die allesamt von Borchardts Team ans Tageslicht gebracht wurden und aus derselben Fundstelle des damaligen Bildhauers stammen – darunter auch mehrere Gipsabdrücke.

Die neuen Inhaber scheinen ihrer Sache ziemlich sicher. Ausdrücklich weisen sie daraufhin, dass das Stück auf seiner Unterseite den offiziellen Reichsstempel trägt, dass der dortige Gips sich vom restlichen deutlich unterscheidet und außerdem bereits zu bröseln beginnt. Zudem ziert der Initialen-Hinweis »AH 537« das Objekt. »Und es besteht aus weichem Kalkstein, bedeckt mit einer Gipsschicht und mehreren Farbschichten, hergestellt in einer Weise, die der altägyptischen Technologie vergleichbar ist.« Also genau der gleiche Kalk-Gips-Aufbau, wie ihn Wildung auch bei der »Original-Nofretete« detailliert nachweisen konnte. Gepriesen, wer dieses heillose Durcheinander irgendwann entwirren mag! ■

Wer fertigte diese zweite Büste an? Und vor allem: in welchem Jahrhundert?

OLMEKEN-SPIELZEUG:

Wohin verschwand der Elefant?

»Die wirkliche Entdeckungsreise besteht nicht darin, neue Landschaften zu suchen, sondern sich die Welt mit neuen Augen anzuschauen.«
(Marcel Proust, Schriftsteller)

Jahrelang stand sie im berühmten Olmeken-Museum von Jalapa in Mexiko. Zumindest bis zum Dezember 1999. Dann war sie plötzlich verschwunden, wie Globetrotter und Buchautor Zecharia Sitchin verdutzt feststellen musste. Extra wegen der tönernen Skulptur war er mit einigen seiner Leser von Veracruz in die 1440 Meter über dem Meeresspiegel liegende Stadt gedüst. Doch die zweistündige Fahrt endete in einer Sackgasse: »Das gute Stück war weg! Weder die lokalen Behörden noch die Museumswärter wussten Genaueres.« Später hieß es, das Relikt sei wohl als Leihgabe an ein ausländisches Museum gegangen.

Sitchin mag derlei Aussagen nur bedingt trauen. Denn das Objekt seines Interesses zierte ein Elefantenkopf. Klar und deutlich war das Rüsselwesen in der Schauvitrine als »Spielzeug« aus uralten Zeiten beschriftet. »Es gab und gibt in Amerika keine

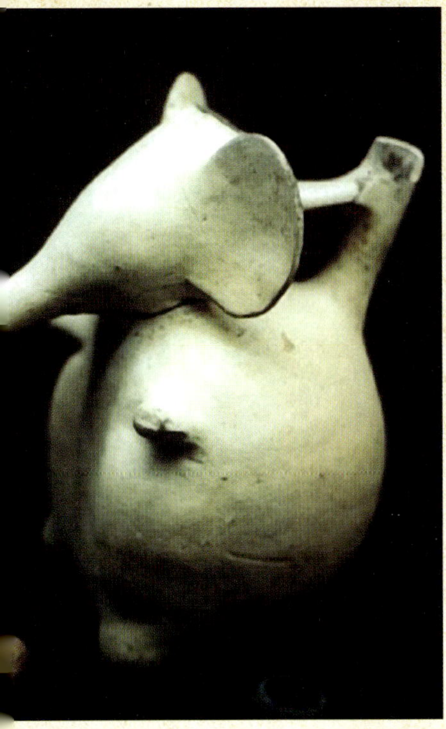

Spurlos verschwunden: Der »Elefant« im Olmeken-Museum von Jalapa.

Klassische Olmeken-Skulptur: Ihre Gesichtszüge erinnern deutlich an Afrikaner.

Elefanten«, betont Sitchin. »Also muss jemand – in diesem Fall ein Olmeke – irgendwann einmal einen Elefanten gesehen haben. In Frage kommen eigentlich nur Afrika oder Asien.«

Ewige Nörgler wissen es natürlich besser. In Ermangelung intelligenter Ideen tippen sie auf ein stilisiertes nordamerikanisches Mastodon – eine Mammutart, die den ersten Menschen zünftig auf den Geist ging, ehe sie vor 9000 bis 12 000 Jahren ausstarb. Wenn Dummheit wehtäte, müsste man sich ob solcher »Erklärungen« vor Schmerzen winden. Schließlich reichen die Anfänge der Olmeken-Kultur selbst bei optimistischster Schätzung maximal bis 1500 vor Christus zurück. Dazwischen klaffen Welten! Gegen die Mastodon-These sprechen auch die unübersehbaren »Dumbo-Ohren« der Skulptur: Das amerikanische Mammut hatte kleine, enganliegende Ohrlappen, keine Flatterlauscher. Noch dazu ließen die Olmeken selbst ihre berühmten »Steinköpfe« mit negroiden Attributen wie breiten Nasen oder wulstigen Lippen ausstatten. Afrika lässt auch in diesem Fall grüßen. Wann winken wir endlich zurück? ■

PYRAMIDEN-CODE:
Deutscher Philosoph will ihn geknackt haben

»Zuerst ignorieren sie dich, dann lachen sie über dich, dann bekämpfen sie dich und dann gewinnst du.«
(Mahatma Gandhi, Friedensaktivist)

Philosophen sind Meister darin, sich auf höchstem intellektuellem Niveau zu vergegenwärtigen, dass sie nichts wissen. Anders Friedrich Wilhelm Korff. Als erstem Vertreter der Neuzeit scheint es dem Geisteswissenschaftler gelungen zu sein, eindeutig nachweisbare mathematische Gesetzmäßigkeiten in Ägyptens architektonischem Erbe zu entschlüsseln und damit das Bauprinzip der Pyramiden offenzulegen.

»Nicht schon wieder!«, mögen Insider entnervt aufstöhnen. Schließlich werden alle paar Jahre neue »Erklärungen« aus dem Hut gezaubert, wie die imposanten Bauwerke einst errichtet worden sein sollen. Jede von ihnen weist Schwachstellen auf – und jede widerspricht der anderen. Ist Korff also nur ein weiterer Wirrkopf, dessen Theorien bald niemanden mehr interessieren? Einiges spricht dagegen: Der Mann hat sich erstens sowohl als Philosophie-

Professor an der Leibniz Universität Hannover als auch als Technikgenie und Literaturpreisträger in Forscherkreisen durchaus einen Namen gemacht.

Und zweitens – ein Novum in der Geschichte – halten gleich mehrere renommierte deutsche Ägyptologie-Kapazitäten den Daumen hoch, was seine kontroverse Theorie betrifft. Obwohl sie manchem nicht in den Kram passen dürfte. Gemäß Korff bauten die Ägypter die Pyramiden nämlich exakt »nach den Proportionen musikalischer Intervalle«. Die Bauwerke, so der findige Professor, können damit als »Stein gewordene Musik« bezeichnet werden.

Seine spektakulär klingenden Erkenntnisse präsentierte der hannoversche Forscher 2008/2009 unter anderem im Museum August Kestner in Hannover, im Pelizaeus-Museum in Hildesheim und im Museum für Kunst und Gewerbe Hamburg. Dort erläuterte er, wie ihm der Nachweis gelang, dass die Neigungswinkel aller Pyramiden aus musikalischen Intervallen antiker Tonarten gebildet sind. Vier Jahre brauchte der Forscher, um »das Konstruktionsprinzip der Pyramiden« zu enträtseln.

Professor Korff während seiner Recherchen auf dem Gizeh-Plateau.

Seine Forschungsergebnisse hat Korff in einem ebenso teuren wie dicken Wälzer dokumentiert. Ein Monumentalwerk, das vor komplizierten Aussagen nur so strotzt: So wird darin etwa gezeigt, dass die Cheops-Pyramide einen Neigungswinkel aufweist, »der dem Intervall einer großen Terz in der antiken Tonart Diatonon malakon entspricht«, wie ein findiger *taz*-Journalist schreibt, der sich als einer der wenigen durch Korffs Zahlenorgien ackern mochte. »Oder dass die Pyramide Niuserres einen Neigungswinkel hat, der einer großen Terz in der Tonart Diatonon ditonaion entspricht.«

Weiter betont der Professor, dass die ägyptische Elle als Längenmaß zu korrigieren sei: Nicht 0,525 Meter messe sie, sondern 0,52236 Meter. Die Cheops-Pyramide sei somit nicht 440 Ellen lang, wie

Messungen im Wüstensand: Korffs Erkenntnisse verblüffen selbst Ägyptologen.

angenommen, sondern 441 Ellen. »Ferner entspricht das Volumen eines Pyramidions einem doppelten musikalischen Tritonus.« Nicht zuletzt glaubt Korff auch das Geheimnis der Zahl 5040 geknackt zu haben, »die Platon zur Basis seines Idealstaates erklärt hat. In Wirklichkeit ist das eine Pyramidenzahl. Sie enthält den kompletten Satz der Abmessungen der Cheops-Pyramide in überprüfbaren Ellenlängen.«

Für Laien kaum nachvollziehbare Aussagen. Wer von der Vergangenheit träumt, mag den Taschenrechner nicht zücken. Umso stärker aufhorchen lässt deshalb die positive Reaktion renommierter deutscher Ägyptologen. Statt wie üblich wie die Rohrspatzen über »Amateurtheorien« zu schimpfen, flöten sie diesmal lieblich wie Nachtigallen. »Herrn Korffs Berechnungen und seine These erscheinen mir zwingend«, jubelt etwa Professor Rainer Stadelmann, früherer Leiter des Deutschen Archäologischen Instituts in Kairo. »Dieses Berechnungssystem ist eine ganz großartige (Wieder-)Entdeckung der antiken Berechnungen aufgrund altägyptischer Rechenmethoden und der bei Platon überlieferten Harmonielehre.«

»Hier wird ein Augiasstall ausgemistet«, posaunt auch Professor Hans Poser von der Technischen Universität Berlin in alle Welt. »Alle Pyramidenproportionen fügen sich den uns seit Pythagoras und Platon geläufigen Proportionen von der Oktav an (entsprechend der Obertonreihe) und den damit verknüpften Zahlenverhältnissen bis hin zu den Pyramidenzahlen. Ausgehend von solchen idealen Proportionen erzwingt dies eine umwälzende Einsicht: Die Pyramidenbauer waren nicht nur Meister der Planungs-, Mess- und Bautechnik, sondern sie müssen Jahrhunderte vor den Griechen über ein tiefes Wissen in Geometrie, Zahlentheorie und Harmonielehre verfügt haben!«

Selbst Professor Jan Assmann von der Universität Heidelberg setzt Korff ein Denkmal: »Ihre Ergebnisse sind schlagend und werfen ein völlig neues Licht auf den Pyramidenbau wie auf die Baukunst überhaupt. Freilich: So recht Sie ohne Zweifel haben, so schwer werden wir Ägyptologen es haben, Ihre Entdeckungen mit dem in Beziehung zu setzen, was wir sonst von Ägypten, den Pyramiden, der ägyptischen Musik und Mathematik wissen.«

Doch es gibt auch Gegenstimmen – zumindest eine. So glaubt der seit 2008 promovierte deutsche Ägyptologe Frank Müller-Römer den Professor widerlegen zu können, wie er im Fachblatt *Kemet* auf sechs Seiten zu erläutern versuchte. Für ihn »drängt sich der Verdacht auf«, dass die von Korff »an den Abmessungen der Pyramiden vorgenommenen Korrekturen« nur erfolgten, um sie mit seiner Musiktheorie in Einklang zu bringen. Gewisse archäologische Befunde seien gar komplett ignoriert worden. Weil sie Korffs Überlegungen widersprechen? ■

QIN-MAUSOLEUM:

Verchromte Waffen und ein See voller Quecksilber

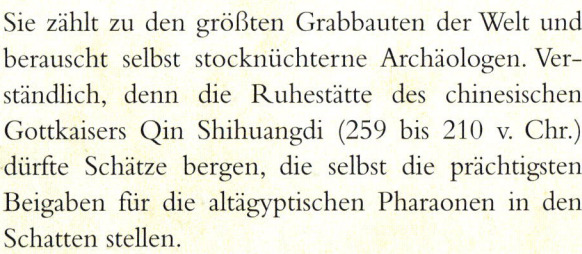

»Die Wirklichkeit hat eine ganz eigene Art, uns zu überraschen, die Annahmen, von denen wir am meisten überzeugt sind, ins Wanken zu bringen und uns die Unzulänglichkeit unserer Lieblingstheorien vor Augen zu führen.«

(Alexander Stille, Journalist)

Sie zählt zu den größten Grabbauten der Welt und berauscht selbst stocknüchterne Archäologen. Verständlich, denn die Ruhestätte des chinesischen Gottkaisers Qin Shihuangdi (259 bis 210 v. Chr.) dürfte Schätze bergen, die selbst die prächtigsten Beigaben für die altägyptischen Pharaonen in den Schatten stellen.

Wer sich jedoch Hoffnungen macht, besagte Wunderwerke irgendwann persönlich zu Gesicht zu bekommen, sollte diese besser wieder begraben. »Die Anlage soll nach wie vor nicht geöffnet werden«, bestätigt Professor Lothar Ledderose von der Uni Heidelberg. Als Spezialist für ostasiatische Kunstgeschichte arbeitet er seit vielen Jahren eng mit den Chinesen zusammen. Den Grund für die Zurückhaltung der Forscher liefert der Professor gleich mit: »Man fürchtet zu Recht, dass man der Konservierungsprobleme nicht Herr werden würde.«

Die Grabanlage liegt 35 Kilometer östlich von Xi'an in der Provinz Shaanxi und umfasst ein Gebiet von insgesamt über 2,5 Quadratkilometern. Als letzte Ruhestätte ließ sie der selbsternannte Gottkaiser noch zu Lebzeiten errichten. Jahrzehntelang mussten ganze Heere von Arbeitern dafür schuften. Man gönnt sich ja sonst nichts. Über der eigentlichen Grabkammer erhebt sich ein Tumulus von 350 mal 345 Metern Breite – geformt wie eine vierseitige Stufenpyramide.

Tief in seinem Innern schlummern Geheimnisse, die das Herz jedes Schatzsuchers höher schlagen lassen. Überliefert hat sie uns der chinesische Historiker Sima Qian. In seinen *Shiji – Qin Shihuang benji (Aufzeichnungen der Historiker)* schrieb er um 100 vor Christus: »Gleich nach der Thronbesteigung ließ er seine Grabanlage am Berg Li errichten. Nachdem er die Welt erobert hatte, wurden mehr als 700 000 Zwangsarbeiter dazu aus dem ganzen Reich zusammengezogen. Um die Grabkammer errichten zu können, mussten drei unterirdische Ströme durchstoßen werden. Sie verschlossen den äußeren Sarg mit geschmolzenem Kupfer. Die Grabkammer füllten sie mit Modellen von Palästen, Türmen und den Hundert Ämtern, ferner mit kostbaren Gefäßen und Steinen sowie wunderbaren Kostbarkeiten.

Blick auf den Grabhügel von Qin. Welche Geheimnisse sind hier noch versteckt?

Tonkrieger, so weit das Auge reicht: Blick auf die bisherigen Ausgrabungsstücke.

Schutz vor Eindringlingen boten Armbrüste mit mechanischen Selbstauslösern. Die verschiedenen Ströme des Landes, der Yangzi und der Gelbe Fluss und selbst das Meer wurden mit Quecksilber nachgeahmt, und eine mechanische Vorrichtung erzeugte fließende Wellenbewegungen. Zuoberst waren die Gestirne und das Firmament dargestellt, unten das geografisch realistische Relief der Erde. Leuchter, gefüllt mit Walfischöl, brannten immerfort.«

Qians Schilderungen erinnern an Fernsehserien wie *Stargate* – sind aber dennoch ernst zu nehmen, wie selbst Fachleute einräumen. Dass sie sich durchaus bewahrheiten könnten, meint auch Adele Schlombs, Direktorin des Museums für Ostasiatische Kunst in Köln: »Immerhin konnte bei Testbohrungen, die das Institut für Geophysik der Chinesischen Akademie der Wissenschaften 1981 durchführte, eine ungewöhnlich hohe Konzentration von Quecksilber im Zentrum des Tumulus festgestellt werden.« Stimmt, bestätigt auch Duan Qing Bo vom Archäologischen Institut in Xi'an: »Unsere Untersuchungen zeigen, dass in der Mitte des Grabhügels tatsächlich ein höherer Gehalt an Quecksilber vorhanden ist. Selbst heute noch ist er hundertfach höher als in der Umgebung. Sima Qians Bericht scheint also wahr zu sein.«

Möglicherweise birgt die monumentale Anlage sogar noch mehr Geheimnisse. Das zeigte sich bereits in den Jahren 1974 bis 1976, als man östlich des Grabtumulus auf eine ganze Armada von lebensgroßen Tonkriegern, Pferden und Streitwagen stieß, aufgereiht in riesigen unterirdischen Anlagen. Über 7000 Objekte, wie Experten beeindruckt vorrechnen. Darunter befinden sich auch etliche Bronzeschwerter und Pfeilspitzen, die ein verblüffendes Geheimnis hüten, über das bislang seltsamerweise kaum etwas publiziert wurde. Trotz ihres hohen Alters glänzten und funkelten die Waffen bei ihrer Entdeckung nämlich wie neu und waren noch dazu messerscharf!

Grund dafür bildet eine feine, 0,6- bis 2-prozentige Chromschicht auf ihrer Oberfläche, die sie bis in 15 Mikrometer Tiefe vor Rost schützt. Zu diesem Schluss kamen die chinesischen Wissenschaftler Peng Wen und Zhang Tao vom örtlichen Terrakottakrieger-Museum nach umfassenden Analysen. Zur Erinnerung: In unseren Breitengraden gelang die Darstellung reinen Chroms erstmals Robert Wilhelm Bunsen – im Jahr 1854, durch die Elektrolyse von wässrigen Chromchloridlösungen.

Dass die Chinesen bereits vor über 2000 Jahren über derlei Fähigkeiten verfügt haben sollen, scheint aus heutiger Sicht derart abstrus, dass es vielen westlichen Experten darob die Sprache verschlägt. Entsprechend kurz der Kommentar dazu im 350 Seiten dicken Katalog zur Dortmunder Ausstellung »Jenseits der Großen Mauer« (1990): »Derartige mit Chrom und Salz durchgeführte Oxydationsverfahren, eine Art Verchromung, wurden in Europa und Amerika erst in der Moderne entwickelt – im Staate Qin wurden sie bereits im 3. Jahrhundert vor Christus praktiziert.« Punkt.

Nicht minder spannend: Manche der entdeckten Waffen zeigen selbst heute noch kein Körnchen Rost, wie Archäologe Zhang Wenli vom Terrakotta-Museum in Xi'an im Juni 2006 gegenüber Journalisten der deutschen TV-Reihe *Terra X* versicherte. Auf eines der besagten Schwerter angesprochen, meinte er: »Sensationell ist, dass es über 2000 Jahre unter der Erde lag und trotzdem keinerlei Verfallsspuren aufweist. Unsere Analyse ergab, dass die Oberfläche mit einem Oxyd aus Chrom und Salz versiegelt wurde. Man kann es daher heute noch benutzen, es ist immer noch glatt und scharf!«

Einer der wenigen, die zumindest versuchten, das Rätsel zu lösen, ist Professor Frank Walsh von der *University of Bath* in England. Seine abenteuerliche Theorie: Vermutlich habe die ursprüngliche Metalllegierung auch minimale Spuren von Chrom enthalten. Da ein Teil der Grabanlage laut historischen Quellen um 206 vor Christus in Flammen stand, seien einige dieser Chromatome aufgrund der chemischen Prozesse womöglich zufällig auf die Oberfläche der Waffen gelangt. Dort seien sie dann oxydiert, um aus purem Zufall einen perfekten Schutzfilm zu bilden. Also in etwa so, als ob sich sämtliche Ingredienzien einer Buchstabensuppe beim Rühren mit dem Löffel zufällig zu einem fehlerfreien Gedicht von Altmeister Goethe formieren würden.

Entgangen ist Walsh zudem, dass im Grab auch ein prächtiger verchromter Spiegel gefunden wurde. *National Geographic – Deutschland* bildete ihn 2001 in seiner Oktober-Ausgabe auf Seite 121 ganzseitig ab. Auch dieses Prachtstück scheint von den Chinesen einst ganz bewusst verchromt worden zu sein. 2000 Jahre früher als »offiziell erlaubt«.

An vielen anderen freigelegten Objekten aus der Grabanlage nagt mittlerweile der Zahn der Zeit. Trotz intensiver Gegenmaßnahmen sind Teile davon in erbärmlichem Zustand. Verständlich, dass die Chinesen mit der Öffnung des Hauptgrabes weiterhin warten wollen. Dazu Professor Ledderose: »Zweifellos wird es für künftige Ausgräber schwierig sein, Flüsse aus Quecksilber und ein Himmelszelt mit Sternbildern zu konservieren.« Möglich aber auch, dass bereits Grabräuber im »Heiligtum« gewütet haben, wie er spekuliert. Forschungen am Grabhügel haben jedenfalls die Existenz zweier Raubgräbertunnel bestätigt. Allerdings endeten diese glücklicherweise blind. Ein gutes Omen? ■

Terrakottastatuen im Seitenprofil: Alle Figuren wurden lebensgroß gefertigt.

RAD:

Ältester Fund der Welt stammt aus der Schweiz

»Die Realität ist fantastischer als die Fantasie.«
(Erich von Däniken, Forschungsreisender)

Wo kam das älteste vollständig erhaltene Holzrad der Welt zum Vorschein? Bei den alten Sumerern, im Nahen Osten – oder gar sonst wo, bei irgendeiner anderen, entfernten Hochkultur? Weit gefehlt: Vieles deutet nach neusten Datierungen auf die Schweiz! Dabei waren sich die Sachverständigen noch vor wenigen Jahrzehnten einig, dass sich die Erfindung des Rades von Mesopotamien aus via Europa und Mittelasien verbreitet habe. Wer anderes behauptete, wurde höflich ignoriert.

Heute scheint plötzlich einiges anders – und noch mehr möglich. Konservative Geister müssen umdenken. Und das nicht zum ersten Mal. Bereits 1976 kamen auf dem Baugrund zum Ringier-Pressehaus in Zürich nämlich drei Radfragmente aus Ahornholz samt Achse zum Vorschein. C14-Datierungen ergaben beachtliche Alterswerte von 3100 bis 2690 Jahren vor Christus. Eine Zeit, in der nach offizieller Lehrmeinung noch nicht einmal die Cheops-Pyramide in Ägypten stand.

Drei Jahre später war die eigentliche Sensation perfekt: Als man 1979 bei Bauarbeiten zur Akad-Schule auf die Überreste einer prähistorischen Siedlung stieß, entschloss sich der damalige Zürcher Stadtarchäologe Ulrich Ruoff zur Rettungsgrabung. In Windeseile machte sich sein Team ans Werk, um notfallmäßig zu sichern, was noch zu bergen war – damit die Bauarbeiten nicht in Verzug gerieten. Dann schlug der Zufall zu: Just am allerletzten Grabungstag stießen die Arbeiter in letzter Minute auf ein weiteres, komplett erhaltenes Holzrad: 54 Zentimeter im Durchmesser, ebenfalls aus Ahornholz gefertigt, mit rechteckigem Achsloch in der Mitte. Wie alt mochte es wohl sein?

»Die nächstgelegenen, dendrochronologisch – also über Jahresringe im Holz – datierten Siedlungsreste wurden in rund 60 Metern Entfernung in einem Kanalisationsgraben untersucht«, schrieb Ruoff 2002 in einer wissenschaftlichen Publikation. »Die Pfähle datieren von 3175 vor Christus.« Noch näher beim Fundort des Rades, in 20 Metern Entfernung, kam ein Pfahl mit Splintholz zutage, »der dendrochronologisch um 3430 vor Christus datiert«.

Rekordverdächtig hohe Alterswerte! Definitive Gewissheit hätte nur eine C14-Datierung bringen können. Die aber wurde leider nie vorgenommen. Wissenschaftlich gesehen ein fatales Versäumnis. Die Schweizer Professorin Stefanie Jacomet – damals als junge Mitarbeiterin bei der Bergung anwesend – erinnert sich: »Am letzten Grabungstag eilte alles: Wir standen massiv unter Zeitdruck. Immerhin konnte ich als Einzige die Lage des Rades noch halbwegs korrekt dokumentieren. Warum keine C14-Datierung vorgenommen wurde? Es gab dafür anfänglich kein Geld, man hatte keine Zeit, und vielleicht hat man die historische Bedeutung des Fundes anfänglich auch etwas unterschätzt. Fragen Sie doch den damaligen Ausgrabungsleiter persönlich …«

Heute thront das unterschätzte Stück im Schweizerischen Landesmuseum in Zürich.

Doch dieser begann seine Ausführungen auf Nachfrage ebenfalls mit einem Stoßseufzer. »Leider ist heute keine C14-Datierung mehr möglich«, bilanziert Ulrich Ruoff. »Wegen der Konservierungsarbeit ist da rückblickend nicht viel zu erwarten, weil sie die Werte verfälschen könnte. Das Rad war ja leider in einem sehr schlechten Zustand, deshalb haben wir es auch gleich ins Schweizerische Landesmuseum gebracht.« Dort habe man sich unverzüglich daran gemacht, den Verfall zu stoppen. »Wir hatten damals auch gedacht, dass wir den Fund von der Bodenschicht ohnehin genauer datieren könnten und haben auf den C14-Aspekt womöglich zu wenig Acht gegeben.«

Konkret formuliert: Der Fund wurde tatsächlich unterschätzt! Zu abwegig schien der Gedanke, dass man just in Zürich ein derart bedeutsames Objekt ans Tageslicht gebracht haben sollte. Heute aber weiß man: Das Rad im Schweizerischen Landesmuseum dürfte mit Sicherheit zwischen sagenhaften 5183 und 5438 Jahren alt sein. Wobei die Wahrscheinlichkeit eher auf das höhere Alter hinzudeuten scheint. Kurz: Allem Anschein nach handelt es sich tatsächlich um das älteste komplett erhaltene Wagenrad der Welt.

Zwar konnte in einem Moor unweit von Ljubljana in Slowenien im April 2002 ein ähnlich altes Stück aus Eichen- und Eschenholz mit 70 Zentimetern Durchmesser samt Achse geborgen werden. Aber auch dieses Prachtexemplar lässt sich nur annähernd beziffern. Oder wie es der zuständige Archäologe Anton Veluscek 2006 in einer wissenschaftlichen Veröffentlichung vorsichtig umschrieb: »Aufgrund unserer Untersuchungen schreiben wir unseren Fund in etwa der Zeitperiode zwischen 3000 bis 3500 vor Christus zu.«

Das hinderte voreilige Journalisten freilich nicht daran, 2002/2003 um die Welt zu kabeln, dass das »älteste Rad der Welt in Slowenien entdeckt wurde« – ohne auf den Fund von Zürich einzugehen. Oder wie es der TV-Sender *3Sat* am 27. Februar 2003 etwas vorsichtiger, aber ebenso falsch auf seiner Homepage nachkaute: »Das Holzrad werde von internationalen Experten auf ein Alter von 5110 bis 5300 Jahren geschätzt, berichtete die Nachrichtenagentur STA. Das Rad sei damit etwa ein Jahrhundert älter als die bisherigen Rekordhalter aus Österreich und Süddeutschland.« Vom Rad der Eidgenossen ebenfalls kein Ton! Wie schulmeisterte doch der Schweizer Schauspieler Erich Vock in den bekannten TV-Werbespots für *Ricola*-Kräuterbonbons mit erhobenem Zeigefinger: »Wer hats erfunden?«

Kommt hinzu, dass der slowenische Archäologe Anton Veluscek dem Autor 2008 exklusiv die neusten Datierungen »seines« Funds zukommen ließ. Werte, die erst später wissenschaftlich publiziert werden sollten. Velusceks Trumpf: Er kann dank Messungen des Instituts für Radiumforschung und Kernphysik der Universität Wien mittlerweile mit kalibrierten C14-Datierungen aufwarten.

Der slowenische Fund ist demnach »mit großer Wahrscheinlichkeit« auf 3080 bis 3400 vor Christus zu datieren und »mit kleiner Wahrscheinlichkeit« auf 3030 bis 3070 vor Christus. Eine weitere, speziell zuverlässige Messung deutet laut Veluscek zudem auf den Wert 3200 vor Christus oder gar noch ein bisschen davor. »Insofern ist es sehr schwierig zu sagen, ob das nun tatsächlich der älteste Fund dieser Art auf der Welt ist.«

Mit einem geschätzten Maximalwert von etwas über 5438 Jahren liegt das Rad aus der Schweiz gegenüber dem möglichen Maximalwert von 5408 Jahren aus Ljubljana also immer noch hauchdünn im Vorsprung. Allerdings scheinen die Werte aus Slowenien dank C14-Datierung grundsätzlich zuverlässiger. Streng genommen müsste man derzeit somit beide Fundstücke auf Platz 1 der Rekordhalter führen. Erstaunlich ist das allemal. Wer würde derlei alte Objekte schon mitten in Europa vermuten? ■

RIESEN:

Tanzten sie einst in der Südsee?

»Die Erde ist ein Paradies, zu dem wir den Schlüssel verloren haben.«
(Fjodor Dostojewski, Schriftsteller)

Der Teufel lauert im Paradies. Mitten in den idyllischen Gefilden der Südsee am anderen Ende der Welt. Genauer gesagt: auf dem Tarawa-Atoll der Gilbert-Inseln im Pazifischen Ozean. Spitzbübisch weist uns sein Dreizack dort auf versteinerte Fußabdrücke von über einem Meter Länge hin. Noch dazu solche mit sechs bis zwölf Zehen. Als hätten dort Riesen vor Urzeiten ausgelassene Freudentänze aufgeführt oder mit ihren Plattfüßen munter im Takt der Insulanergesänge gestampft.

Dokumentiert und auf Karten verzeichnet wurden die kuriosen Abdrücke im Inselstaat Kiribati 1949 von I. G. Turbott, dem damaligen Vertreter des britischen *Colonial Administrative Service.* Seinen Ausführungen zufolge gruppieren sich die Fußspuren auf der Insel Tarawa vornehmlich um die Orte Banreaba und Bikenibeu, wo sie teilweise bis zu 2,5 Zentimeter tief in den lokalen Kalkstein reichen. Manche, wie der riesige Plattfuß des mythologischen Recken »Tabuariki« in Te Aba n Anti (»Ort der Geister«), messen knapp 1,4 Meter, andere sind immerhin noch stolze 45 Zentimeter lang.

Von den Einheimischen ehrfürchtig bewahrt, überdauerten sie die Zeiten, bis katholische Missionare das Naturparadies entdeckten. In christlichem Eifer versuchten sie die »Teufelsspuren« wegzukratzen, um den Sündenfall der Insulaner zu kaschieren. Nicht zuletzt Gottesmänner aus Hawaii hätten in der früheren Kolonialzeit mehrmals versucht, dem »Geschwätz« über Riesen auf Tarawa ein Ende zu bereiten und den Einheimischen ihren Geisterkult auszutreiben, berichtet Turbott. »Einer von ihnen mit dem Namen Rutera versuchte um 1889 gar selber einen solchen Abdruck im Gestein zu fabrizieren, um den Aberglauben auszurotten – scheiterte aber kläglich.«

Andere gingen nachhaltiger vor, um die Spuren zu tilgen. Darunter ein örtlicher Landbesitzer. Verärgert pflanzte er in den 1930er-Jahren ein Kokosnuss-Bäumchen im Mittelpunkt der Tabuariki-Struktur – in der Hoffnung, dass es die Vertiefung bald überwuchern würde. Zumindest bis in die 1980er-Jahre schlug der Baum im Untergrund des Steines denn auch munter Wurzeln, fügte dem Abdruck glücklicherweise aber keinen größeren Schaden zu.

Noch betrüblicher ist die Situation bei Bikenibeu. Turbott: »Leider ratterte das US-Militär bei der Besetzung von Tarawa im Zweiten Weltkrieg mit einem Traktor oder einem anderen schweren Vehikel über die dortigen Fußabdrücke und zerstörte viele von ihnen. Zumindest einige blieben glücklicherweise erhalten.«

Auch auf weiteren Inseln der Umgebung sollen noch ähnlich plastische Erinnerungen an Riesen zu finden sein, so etwa auf Maiana und Beru, erklärt Turbott abschließend. »Es scheint mehr als wahrscheinlich, dass uns eine intensive Suche auf den dortigen Inseln zahlreiche weitere Fußabdrücke samt entsprechenden Erzählungen offenbaren dürfte.«

Seither sind volle 60 Jahre vergangen, ohne dass die »Akte Tarawa« nennenswerte Ergänzungen erfahren hätte. Die Neugier wurde geweckt. Die Altertumsforscher dösen weiter. Gute Nacht! ■

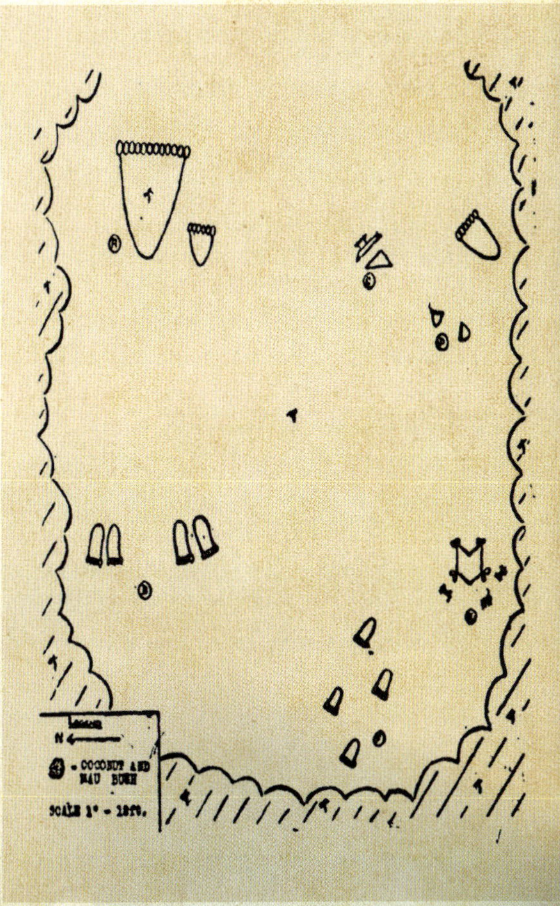

»Schatzkarte«: Originalskizze der kuriosen Fußabdrücke, erstellt von I. G. Turbott.

RIESENAFFE:

Professor gesteht dreisten Schwindel

»Es ist seltsam, dass die menschliche Natur sich in dem Moment, wenn sie von dem richtigen Weg abweicht, ihres Vergehens bewusst wird und trotzdem das Gefühl hat, ihren Gelübden treu geblieben zu sein.«
(Frederick S. Oliver, Schriftsteller)

Bücher können die Welt verändern. Die Publikationen des 1997 emeritierten Bochumer Anatomie-Professors Holger Preuschoft gehören leider nicht dazu – auch wenn der Mann 2006 mit der Ehrendoktorwürde der *Université Louis Pasteur* in Strasbourg ausgezeichnet wurde. 13 Jahre lang hielt der heutige Auslandsbeauftragte der Medizinischen Fakultät an der renommierten Ruhr-Universität Bochum die Öffentlichkeit zum Narren. Erst 2004 räumte der Professor auf Drängen des Autors erstmals offiziell ein, dass alles nur ein plumper Schwindel war: »Irgendwie hat mich halt der Teufel geritten …«

Ihren Anfang nahm die unrühmliche Geschichte 1991: Preuschoft machte seine Kollegen damals beim Kongress der Gesellschaft für Anthropologie und Humangenetik auf eine vermeintlich spektakuläre Entdeckung aufmerksam. 1986 habe er auf der japanischen Affeninsel Koshima die versteinerte Fußspur eines fossilen Verwandten des Menschen entdeckt, berichtete der Mann mit geschwellter Brust – und ohne den Mund zu verziehen.

»In dem verfestigten und gefalteten, miozänen Sediment der Küste fand sich im Südwesten der Insel die riesige Fußspur eines fossilen Primaten«, führte Preuschoft in einem schriftlichen Bericht samt Fotos weiter aus. »Der Neufund wird vorerst unter dem Namen Pedimpressopithecus japonicus geführt. Die japanische Regierung erwägt die Anlage eines Nationalparks an der Fundstätte.«

Alles Humbug, wie der Bochumer Anthropologe mittlerweile einräumt. »Tatsächlich haben wir auf Koshima Einsenkungen gefunden und fotografiert, die so aussahen wie Primatenabdrücke. Der Rest ist allerdings pure Fantasie.« Warum der ganze Aufwand? »Es gibt Wissenschaftskollegen, die aus jedem neu entdeckten Fingerknochen gleich eine neue Gattung machen und behaupten, die Stammesgeschichte des Menschen müsse deshalb umgeschrieben werden«, versucht sich Preuschoft zu rechtfertigen. Diesen habe man mit dem Schwindel eins auswischen wollen.

Seltsam nur, dass der Professor die Story auch Journalisten jahrelang für echt verkaufte. Weshalb? Nach dem Kongress seien ziemlich viele Anfragen gekommen, windet er sich. Und so habe er halt »ein paar Jahre lang« daran festgehalten. Ein paar Jahre lang? 13, um korrekt zu sein, geehrter Herr Professor! ■

Mit diesem Foto führte Holger Preuschoft Kollegen und Journalisten hinters Licht.

RING VON PAUSSNITZ:
»Vernichte mich, Christus!«

»Die Wahrheit kommt
mit wenigen Worten aus.«
(Lao-Tse, Philosoph)

Seine kantige Oberfläche zieren runenartige Zeichen, aber auch christliche Symbole wie ein Palmzweig. Als ob sich Sonne und Mond miteinander verschworen oder Gott und Teufel einen Pakt geschlossen hätten, um ihre Kräfte zu bündeln. Welche okkulte Macht wohnt dem Ring von Paußnitz inne? Fesselt er seinen Träger, um ihn jeden Tag aufs Neue seinem magischen Bann zu unterwerfen? Oder beschwört seine verschlüsselte Inschrift eher das individuelle Glück, wie manche glauben? Ein Zauberspruch, der seine Wirkung nur dann entfaltet, wenn er die Fantasie seines Besitzers beflügelt?

Ewigkeiten ist es her, seit ein geheimnisvoller Fremder das zwölfeckige Kleinod samt einem Silberschatz vergrub – um 1150 nach Christus. 1898 wurde es im heutigen Landkreis Riesa wiederentdeckt. Ein Geschenk des Himmels? Oder doch eher der Hölle? Unverstanden landete es im Tresor des Landesmuseums für Vorgeschichte in Halle, wo es erneut der Vergessenheit anheimfiel. Doch der magische Ring von Paußnitz begann zu murmeln. Immer lauter, bis man 2001 erneut auf ihn aufmerksam wurde. Monatelang konnte man ihn in der Folge drehen und wenden, wie man wollte: Seine Worte blieben unverständlich.

Zauberhaft: Auf viele übt das Kleinod bis heute eine magische Anziehungskraft aus.

Jetzt glauben Schriftexperten, die Botschaft der verschlüsselten Inschrift doch noch verstanden zu haben. Dazu der Archäologe Arnold Muhl vom Landesmuseum in Halle: »Der Text ist in frühgotischen Majuskeln und Buchstaben der damals schon nicht mehr gebräuchlichen irisch-angelsächsischen Zierkapitalis abgefasst. Dechiffriert handelt es sich um ein seltenes Schriftzeugnis der mittelhochdeutschen Sprache, das wie folgt zu lesen ist: NAINE MI XPS.« Die wörtliche Übersetzung »Verneine mich, Christus« sei aufgrund vergleichbarer Bittformeln im Sinne von »Vernichte mich, Christus« zu verstehen. »Diese magische Anrufung ist als Ausdruck innigster religiöser Hingabe zur Erlangung des Seelenheils zu werten«, erklärt der Archäologe. »Mithilfe des Heilands soll das eigene Ich ausgelöscht werden, um daraufhin vollständig vom Geiste Christi durchdrungen zu werden.«

Wer aber war der geheimnisvolle Ringträger? »Vermutlich ein Chorherr oder Ordensritter«, vermutet Muhl nach Auswertung der Zeichen und glaubt, dem Ring sein Geheimnis damit bis in alle Ewigkeit entrissen zu haben. Der Zauber scheint seinen Reiz zu verlieren. Die Wissenschaft spricht – und der Ring mit ihr. Ob er uns nur erzählt, was wir hören wollen? ■

STATUETTEN VOM TAENNCHEL:

Verstaubt, verschmäht und vergessen

»Je tiefer man in die Vorzeit einzudringen sucht, desto hartnäckiger bewahrt sie ihre Geheimnisse.«
(Emil Bächler, Naturwissenschaftler)

Die Suche kostete jede Menge Zeit – und noch mehr Nerven. Sie endete im Oktober 2002 im muffigen Keller des Museums Unterlinden in Colmar. Hinter einer alten Türe, die für Schaulustige sonst geschlossen bleibt. Dahinter liegen – neben allerlei keltischen und römischen Relikten – zehn steinerne Fundstücke. Lieblos auf alten Regalen verstaut. Verstaubt, verschmäht und vergessen. Denn die schweren Brocken zeigen seltsame Fratzen. Pyramidenförmige Berge. Und Flugobjekte, die an moderne UFOs erinnern. So etwas zeigt kein anständiges Museum. Also gehört es hinter Schloss und Riegel.

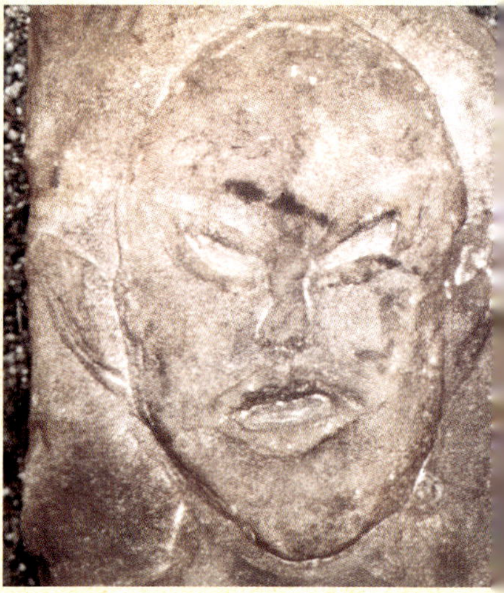

Fratzenhaftes Gesicht: Welchen Göttern wurde auf dem Berg gehuldigt?

Die zehn Statuetten stammen vom Taennchel, einem idyllischen Bergmassiv in der Vogesenkette des Elsass in Frankreich. Förster Marc Schultz hatte sie dort ab 1995 privaten Schatzsuchern entrissen, die illegal in seinen Gefilden »wilderten«. Von der Gendarmerie beschlagnahmt, landeten die umstrittenen Stücke schließlich im Kellerverließ des Colmarer Museums, wo sie heute noch schmoren.

»Zeugen gewisser Glaubensmuster des 20. Jahrhunderts« seien sie, höhnte 2001 Jean-Luc Bredel vom Ministerium für Kultur und Kommunikation der *Préfecture de la Région d'Alsace* in Strasbourg. Und auch Frédérik Letterlé, Konservator bei der *Direction Régional des Affaires Culturelles* (DRAC) in Strasbourg, hält gar nichts von diesen »neuzeitlichen Objekten«, die in mehreren Expertisen als Fälschungen entlarvt worden seien. Diplomatischer formuliert es Suzanne Plouin, die zuständige Museumsarchäologin: »Die historische Relevanz der Fundstücke ist im Moment noch umstritten.« Deshalb liegen sie auch in ihrem Keller. Und nicht mehr bei Marc Schultz, wo sie wohl besser aufgehoben wären.

Merkwürdig: Keine der besagten wissenschaftlichen Untersuchungen wurde je publiziert. Schriftliche Kopien davon werden auf Anfrage ebenfalls nicht ausgehändigt. Und: Bis heute existiert keine zuverlässige Untersuchungsmethode, mit der das Alter der Gravierungen auf den Statuetten verlässlich beziffert werden könnte. Wie also will man wissen, dass die Objekte »gefälscht« und nicht doch altgermanischen oder römischen Ursprungs sind, wie vergleichbare Relikte im Elsass?

Große Skulptur: Auch sie kam auf dem Taennchel zum Vorschein.

Besonders umstritten: Gesichtsdarstellung mit seltsamen Flugobjekten.

Lapidare Antwort von Frédérik Letterlé: UFO-Darstellungen seien erst in den modernen 1930er-Jahren aufgekommen. »Soviel ich weiß, gibt es keine früheren künstlerischen Darstellungen derartiger Erscheinungen. Dies deutet darauf hin, dass die Stücke vermutlich zwischen 1930 und 1950 hergestellt wurden.« Heiliger Strohsack – kurzsichtiger geht es nun wirklich nicht! Schließlich könnte es sich bei den halbmondförmigen Objekten ja auch um stilisierte Wolken oder »konventionelle« Himmelserscheinungen handeln. Was dann?

Jedes Trauerspiel hat einen Lichtblick. Diesen zauberte vor einigen Jahren die bekannte französische Archäologin Anne-Marie Juaneda-Calvier ins Elsass. »Ich kann Ihnen garantieren, dass Ihre Skulpturen sehr wohl authentisch und von außergewöhnlichem Interesse sind!«, schrieb sie am 13. Juli 2006 völlig überraschend an Förster Marc Schultz. »Die Datierung dürfte leider heikel und komplex werden. Es fehlt an entsprechenden Studien, da die Spezialisten von heute blockieren, wo sie nur können, und so zu regelrechten Totengräbern unserer Kultur geworden sind.«

Schultz war entzückt: Endlich nahm sich eine Gelehrte »seiner« Statuetten ohne Vorurteile an – noch dazu eine ausgewiesene Fachexpertin für derlei Fundstücke. Immerhin hatte Juaneda-Calvier ihr wissenschaftliches Rüstzeug Ende der 1950er-Jahre als Studentin der *Ecole du Louvre im Musée* des *Antiquités Nationales* (St. Gérmain en Laye) erworben – als letzte Schülerin des berühmten Abbé Breuil.

Immer wieder musste jedoch auch sie während ihrer späteren beruflichen Laufbahn erleben, wie engstirnig ihre Kollegen mitunter reagieren. Speziell, wenn das Thema auf sträflich unterschätzte menschliche Fähigkeiten in grauester Vergangenheit kam: »Der Widerstand namhafter Vorgeschichtler ist speziell in Frankreich sehr groß. Man schweigt, hält sich bedeckt oder verweigert sich kategorisch.«

Eindringlich riet Anne-Marie Juaneda-Calvier dem Förster, ein Dossier über seine Entdeckungen auf dem Taennchel anzulegen und Argumente zusammenzu-

Noch mehr »UFOs«. Oder handelt es sich nur um stilisierte Wolken?

tragen, die für eine gründlichere Untersuchung der Fundorte sprechen. »Es ist nämlich wahrscheinlich, dass dort noch ergänzende Stücke gefunden werden, da es sich um einen Kultplatz handeln könnte. Die Gegend gilt seit Langem als Kraftort, und es ist möglich, dass dort einst auch Heilungsriten und andere Rituale zelebriert wurden.«

Beeindruckt bot die Archäologin gar an, Schultz zu besuchen, um das weitere Vorgehen in dieser delikaten Angelegenheit zu besprechen. Und so mündete der gemeinsame Enthusiasmus im Vorhaben, die Statuetten 2008 im Museum mittels eines Spezialmikroskops auf eventuelle Spuren moderner Metallwerkzeuge zu untersuchen. Leider sollte es dazu nicht mehr kommen: Kurz vor dem geplanten Termin verstarb die französische Archäologin unerwartet – an Herzversagen. ■

Mittlerweile verstauben die Fundstücke im Keller des Museums von Colmar.

STEIN VON BESTENSEE:

Gravierter Brocken verwirrt die Experten

»Steine sind stumme Lehrer.«
(Johann Wolfgang von Goethe, Dichter)

Auf dem Grund unserer Seen und Meere schlummert die Zukunft der Archäologie: Je kleiner das Gewässer, desto größer die Aussicht auf Erfolg. Das weiß auch Steffen Wahl aus Bestensee. Als passionierter Taucher gönnt er sich in der idyllischen Brandenburger Seenlandschaft öfter einen Sprung ins kalte Nass. Ein Tauchgang ist dem Mann besonders in Erinnerung geblieben: An einem Sommertag im August 2003 entdeckte Wahl im Großen Tonsee in rund fünf Metern Tiefe einen merkwürdigen, hellen Stein von etwa zehn Zentimetern Größe. »Er lag auf dem Grund und fiel mir wegen seiner seltsamen Schriftzeichen sofort auf«, so der Taucher. »Klar, dass ich den Stein mitgenommen habe.«

Welche Geschichte hatte das seltsame Stück zu erzählen? Eine Umfrage bei verschiedenen Ortschronisten in der Umgebung brachte kein Licht ins Dunkel. Schließlich half das Brandenburgische Archäologische Landesmuseum in Wünsdorf weiter. Dortige Archäologen konnten zumindest bestätigen, dass es sich um die Zeichen einer 2000 Jahre alten, südarabischen Schrift handelte – genauer um »minäo-sabäisch«. Möglicherweise war der Stein einst sogar Teil einer antiken Grabplatte.

Sowohl Ortschronist Wolfgang Purann als auch das lokale Fernsehen berichteten über den seltsamen Fund. Auf die Frage, wie das historisch wertvolle Relikt in den Tonsee gelangt war, hatte aber niemand eine Antwort. Wahl: »Ich durfte den Brocken noch einen Monat behalten. Dann kamen die Leute vom Museum und holten ihn ab.« Seither herrsche von offizieller Seite Funkstille.

Steffen Wahls Fundstück: War es einst Teil einer antiken Grabplatte?

Aufbewahrt wird der Stein arabischer Herkunft seither in den Archiven des Brandenburger Landesmuseums – als sogenannter »Bodenfund«, wie Museumsmitarbeitern Regina Smolnik bestätigt. Ausgestellt würde er in naher Zukunft wohl kaum, »da er sich nicht auf die eigene Geschichte« beziehe. Sollte aber ein anderes Museum Interesse daran zeigen, Wahls Fund wissenschaftlich zu untersuchen, »steht er natürlich jederzeit zur Verfügung«, versichert die Archäologin.

Bislang nicht erhärtet hat sich der anfängliche Verdacht, dass der verzierte Brocken ursprünglich einem Nahostexperten gehörte. Wahl: »In der Gegend wohnte mal jemand, der eine Zeit lang in der Botschaft in Kairo gearbeitet hat. Aber wieso sollte ausgerechnet er einen derart speziellen Stein ins Wasser geworfen haben?« ■

STEINKOPF VON GUATEMALA:

Verschandelt bis in alle Ewigkeit

»Die Geschichte lehrt die Menschen, dass die Geschichte die Menschen nichts lehrt.« (Mahatma Gandhi, Friedensaktivist)

Ein riesiger Kopf aus Sandstein. Fünf bis sechs Meter hoch. Mit den anatomischen Merkmalen eines Weißen. Die geschlossenen Augen nach oben gerichtet, zu den Sternen. Und das mitten im Dschungel von Guatemala. Dort, wo vor Jahrtausenden die geheimnisumwitterten Olmeken ihre Spuren hinterließen – Vorläufer der Maya und eigentliche »Mutterkultur« Mesoamerikas. Hatten ihre Künstler die Skulptur – wie so viele andere im Umkreis – einst geschaffen? Doch woher wussten sie zu ihrer Zeit bereits von weißen Menschen?

Noch vor wenigen Jahrzehnten hätten Archäologen definitive Antworten auf diese Fragen finden können. Doch sie verschanzten sich lieber hinter dem widersprüchlichen Fachurteil eines Kollegen, der weitere Untersuchungen als Zeitverschwendung abtat. Nun ist es zu spät. Denn das Monument ist mittlerweile zerstört. Und noch immer scheint niemand Genaueres darüber wissen zu wollen.

Übrig bleibt lediglich ein unscharfes Foto aus den 1950er-Jahren. 1986 war es dem Notar Oscar Rafael Padilla Lara in die Hände geraten. Fasziniert machte er sich daran, dem Findling auf eigene Faust nachzuspüren. Padillas Eifer weckte wiederum das Interesse des US-Abenteurers David Hatcher Childress. Als zweiter »Andersdenker« nahm der Amerikaner die Spur ebenfalls auf mit dem Ziel, dem Monument sein Geheimnis ein für alle Mal zu entreißen. In Guatemala angekommen, traf sich Hatcher Childress mit Padilla, um ihn persönlich über seine Suche auszufragen und der Nachwelt zu erhalten, was dieser darüber zu berichten wusste.

Der riesige Steinkopf habe sich »auf einem Landstück der Familie Biener« befunden, eröffnete ihm der Notar beim Abendessen und erzählte, wie er 1990 über Umwege dorthin gefunden hatte: »Von Guatemala-City aus reiste ich etwa 180 Kilometer in Richtung Las Victorias, Los Encuentros, San Felipe und Retalhuleu im Hinterland der Pazifikküste. Dort fuhr ich ungefähr fünf Kilometer auf einer Hauptstraße, weitere drei Kilometer auf einem Feldweg und ging schließlich fünf Kilometer zu Fuß durch den Dschungel – in der Gegend von La Democracia.«

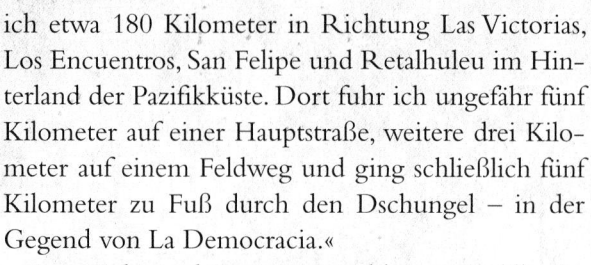

Am Ziel angekommen, verschlug es Padilla die Sprache: Die Statue war zerstört! »Sie war offensichtlich um 1981 während revolutionären Wirren im Lande verwüstet worden. Wir haben sie zu spät gefunden. Die Rebellen hatten sie als Zielscheibe benutzt. Das Gesicht war komplett ruiniert. Die Türken hatten der ägyptischen Sphinx einst die Nase weggeschossen. Hier war die Zerstörung noch schlimmer ...«

Nachdenklich packte David Hatcher Childress seinen Rucksack und zog mit seinem Reisebegleiter weiter. Später erfuhr er, dass der Kopf angeblich erst 1936 aus dem Stein gehauen wurde. Behauptet hatte das zumindest der mittlerweile verstorbene Lee A. Parsons, der sich 1970 als bisher einziger (!) Archäologe überhaupt intensiver mit der Skulptur beschäftigte. Um 1941/1942, so berichtete Parsons 1974 auf dem Internationalen Amerikanisten-Kongress in Mexiko, seien seine Kollegen A. Ledyard Smith und Francis B. Richardson im Auftrag der *Carnegie Institution of Washington* an der pazifischen Küste unterwegs gewesen. Dort stießen sie per Zufall auch auf den Steinkopf, den damals noch eine Plakette zierte mit der Inschrift »E. G. M. 16 Abril 1936«. Einheimische erzählten den beiden, dass das Monument vom Leiter der dortigen Farm in Auftrag gegeben worden sei – zu Ehren seiner verstorbenen Frau. 1970, als Parsons persönlich dort weilte, soll die Plakette dann verschwunden gewesen sein.

Möglich wärs. Doch David Hatcher Childress bleibt skeptisch: Warum hatte Parsons weder die Identität des Farmers noch den Namen von dessen

Von der seltsamen Skulptur blieb nur eine einzige unscharfe Aufnahme übrig.

Frau in Erfahrung bringen können? Warum war dies nicht einmal seinen beiden Kollegen gelungen, die nur gerade fünf Jahre nach dem angeblichen Tod der Dame vor Ort waren? Warum ziert das Steinmonument ganz klar ein männlicher Kopf und nicht ein weiblicher? Sollte die Platte vielleicht gar nicht an die Verstorbene erinnern – sondern vielmehr an die Entdeckung des Monuments? Stand das Kürzel »E. G. M.« in diesem Fall stellvertretend für den Entdecker?

»Irgendetwas ergibt hier einfach keinen Sinn!«, bilanziert Hatcher Childress. »Der vermeintlich neuzeitliche Künstler dürfte am eindrucksvollen Monument im Minimum monatelang herumgemeißelt haben. Wie ist es möglich, dass der Mann innerhalb weniger Jahre in der Anonymität verschwinden kann, ohne dass sich irgendein Einheimischer an ihn oder seinen Namen erinnern mag?« ■

STELE VON WEILHEIM: Plumper Etikettenschwindel

»Die Fälschung unterscheidet sich vom Original dadurch, dass sie echter aussieht.« (Ernst Bloch, Philosoph)

»Die Stele von Weilheim?« Die junge Frau im Tourismusbüro von Tübingen zuckt ratlos die Achseln. Ihre Kollegin blättert derweil eifrig in ihren Prospekten – doch sie findet ebenfalls nichts. Kaum ein Reisender scheint sich in den vergangenen Jahren nach dem frühbronzezeitlichen Riesenmenhir erkundigt zu haben, wie ihr Unwissen verrät. Erst als die beiden schließlich eine ältere Mitarbeiterin zurate ziehen, kommt doch noch Licht ins Dunkel. »Klar, die Stele steht hier quasi um die Ecke direkt bei einem Feldweg«, strahlt die nette Dame, die offensichtlich zum Inventar gehört. »Mit dem Auto sind es nur ein paar Minuten bis dorthin.« Engel erscheinen immer dann, wenn man sie nicht mehr erwartet.

Am Rand des kleinen Tübinger Vororts lichten sich die Häuser und eröffnen dem Betrachter die Sicht auf den lokalen Höhenzug Rammert. Unübersehbar thront der 4,5 Meter hohe Steinpfeiler dort an einer ländlichen Wegkreuzung, etwas unglücklich platziert, unmittelbar vor einem knallroten Wasserhydranten. Wer hat das eindrückliche Monument einst wohl geschaffen?

Replik der Stele bei Tübingen: Noch immer wird sie Touristen als echt verkauft.

Zum Vorschein kam der rund 4000 Jahre alte zerbrochene Sandsteinkoloss im April 1985 beim Bau eines Herrenhauses, rund 50 Meter östlich seines jetzigen Standortes. Seine Vorderseite zieren fünf stilisierte »Dolchklingen« mit kurzem Schaft – sogenannte Stabdolche. Daneben ist eine ovale Scheibe zu sehen beziehungsweise eine nach unten weisende Mondsichel. Offenbar ein astronomischer Bezug. Seine Rückseite ist mit künstlichen Vertiefungen und Rillen übersät.

»Der Menhir von Weilheim ist bislang ohne Gegenstück im Raum nördlich der Alpen«, verrät eine unmittelbar davor angebrachte Schautafel des Landesdenkmalamtes Baden-Württemberg, Außenstelle Tübingen. Verwandte Stücke, Statuen- oder Figurenmenhire seien in Südtirol und Oberitalien gefunden worden. Insofern beweise der Menhir von Weilheim »Kontakte des Neckarraumes um Tübingen mit dem Alpenraum und Oberitalien während der früheren Bronzezeit«. Markierte der Steinpfeiler

Die beiden Fragmente des Originals im Landesmuseum von Konstanz.

einst einen uralten Kraft- oder Kultplatz? Die zuständigen Archäologen wissen es nicht, denn entsprechende Sondierungen in der näheren Umgebung blieben 1986 ohne Ergebnis.

So weit, so mysteriös. Doch da ist noch ein anderes, nicht minder verwunderliches Rätsel. Wer das außerordentliche Relikt nämlich gründlich abtastet und abklopft, merkt, dass es sich dabei nicht im Entferntesten um ein Stück aus Sandstein handeln kann. Vielmehr scheint an besagtem Platz eine mustergültige Kopie des Originals aufgestellt worden zu sein. Auf besagter Schautafel wird dies eigenartigerweise mit keinem Wort erwähnt. Weshalb nicht? Warum der Etikettenschwindel? Und: Wo befindet sich das Original heute?

Das Internet liefert dazu einen einzigen Hinweis – auf der offiziellen Homepage von Tübingen. Wörtlich steht dort zu lesen: »Das Original steht im Landesmuseum in Stuttgart.« Leider ebenfalls eine Falschinformation, wie Landesmuseum-Archäologe Thomas Hoppe am Telefon klarstellt. »Bei uns in Stuttgart steht lediglich eine weitere Kopie«, präzisiert er. »Die beiden Originalfragmente der Stele sind vielmehr im Eingangsbereich des Archäologischen Landesmuseums in Konstanz ausgestellt.« Natürlich würde man diese den Besuchern eigentlich gerne im eigenen Museum präsentieren, fügt er an – »doch dazu sind sie mit ihrem Gesamtgewicht von über fünf Tonnen für uns einfach zu groß und zu schwer.« Dass die Kopie in Weilheim nicht als solche gekennzeichnet ist, mag Hoppe ebenfalls nicht verstehen. »Das ist höchst bedauerlich! So etwas dürfte nicht passieren. Normalerweise sollte eine Kopie immer als solche gekennzeichnet sein.« Zumindest bei ihm im Museum sei für die Besucher deshalb ein entsprechender Hinweis angebracht worden – »auf dem Fußboden«.

Bleibt zu hoffen, dass die Stadtverantwortlichen in Tübingen dem mysteriösen Relikt aus der Vergangenheit in Zukunft endlich die Aufmerksamkeit schenken, die ihm gebührt, die fehlerhafte Schautafel auswechseln und ihren falschen Homepage-Hinweis schleunigst korrigieren. Denn wie auch Thomas Hoppe ausdrücklich bestätigt. »Für Süddeutschland oder vielmehr für das nördliche Mitteleuropa ist der verzierte megalithische Steinkoloss archäologisch absolut einzigartig!« ■

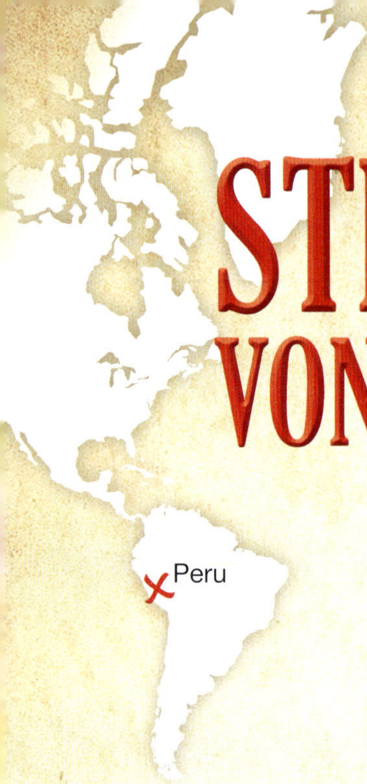

STERNENTOR VON PERU:

Ein Observatorium der Inka?

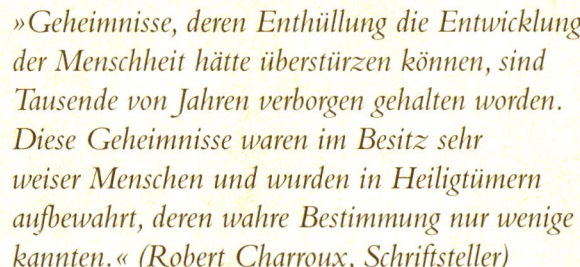

»Geheimnisse, deren Enthüllung die Entwicklung der Menschheit hätte überstürzen können, sind Tausende von Jahren verborgen gehalten worden. Diese Geheimnisse waren im Besitz sehr weiser Menschen und wurden in Heiligtümern aufbewahrt, deren wahre Bestimmung nur wenige kannten.« (Robert Charroux, Schriftsteller)

»Ich hatte da oben echt Gänsehaut. Zudem war es totenstill. Mein Traum war Wirklichkeit geworden!« Rainer Rauer mag sein Glück noch immer nicht so recht fassen. Fast eine Stunde verbrachte der Deutsche hoch oben auf der *Puerta de Hayu Marca,* wie Einheimische das mysteriöse »Felsentor« nennen. Extra zu diesem Zweck war Rauer Ende 2004 nach Südamerika gereist. Auf der Suche nach einem der geheimnisvollsten Monumente Perus, um das sich zahlreiche kuriose Erzählungen ranken.

Die prachtvolle Struktur erhebt sich etwa 70 Kilometer südlich von Puno an der Grenze zwischen den Distrikten Ilave und Juli, in einer Flur namens Santiago Chambilla. Die Sandsteinformation ist 16 Meter lang und 6,5 Meter hoch. Ein »Kraftplatz«, behaupten die einen. Ein vergessenes »Sternentor«, munkeln andere. Ein »Kultort«, mutmaßen Dritte.

Noch immer wird der imposante Felsen unter der Hand als Geheimtipp gehandelt. Obwohl für jeden unübersehbar, ist die »Puerta« nämlich in keinem offiziellen Reiseführer verzeichnet. Kaum ein Archäologe weiß dazu etwas zu erzählen. »Leider muss ich Ihnen mitteilen, dass mir dieser archäologische Komplex nicht bekannt ist«, räumt etwa Gregor Wolff vom Ibero-Amerikanischen Institut in Berlin auf Anfrage ein. »Ebenso konnte ich bei einer Recherche in unseren Katalogen keine Literatur dazu ausfindig machen.« Auch der bekannte Südamerika-Spezialist Markus Reindel von der Universität Bonn muss passen. Selbst für Professor Peter Kaulicke von der *Universidad Catolica Peru* war es »ziemlich schwierig, etwas über die Fundstelle in Erfahrung zu bringen«, wie er nach längerer Recherche zu berichten wusste. »Sie ist Einheimischen als Bebedero bekannt. Was den Eingang angeht, kann er inka- oder tiwanakuzeitlich sein. Scherben beider Stile finden sich am Ort.«

Und Rita Lentner vom renommierten *Smithsonian Institute* in Washington ergänzt: »Das Bauwerk ist tatsächlich wenig erforscht. Es gibt keine wissenschaftlichen oder archäologischen Untersuchungen. Ramiro Matos, der bekannte peruanische Archäologe, meint, dass das Gebilde eine architektonische Transition darstellt zwischen Tiwanaku und Inka.« Wahrscheinlich handle es sich um einen sakralen Ort, »denn als er den Platz besichtigte, stellte er fest, dass sich dort weder Siedlungsruinen, Keramikreste noch Müll oder dergleichen befinden«.

Puerta de Hayu Marca: Bis heute weiß kaum ein Archäologe von ihrer Existenz.

Nahaufnahme der Nische im Fels:
Kam ihr einst religiöse Bedeutung zu?

Ähnliches vermutet auch Peter Masson vom Ibero-Amerikanischen Institut in Berlin, da es sich um einen skulptierten Felsen und kein eigentliches Bauwerk handle: »Skulptierte Felsen sind im mittleren Andenraum gar nicht selten.« Die Bezüge seien fast immer religiös oder auf eine religiös erhöhte politische Macht bezogen. »Nach den Abbildungen könnte das Objekt inkaisch sein, aber durchaus auch älter. Einige der Riefen und diagonalen Schnitte sind möglicherweise natürlichen Ursprungs, andere dagegen höchstwahrscheinlich von Menschenhand gemacht. Auch das wäre typisch für die Inka: das Vorhandene, sozusagen versteinert Naturwüchsige, als göttliche Manifestation aufnehmen und weiter ausgestalten.«

Der seltsame Steinhügel in unmittelbarer Nähe des Monumentes.

Die beiden tiefen vertikalen Rinnen ebenso wie die diagonalen Riefen und die im selben Winkel ansteigende Felsformation lassen es nach Meinung von Masson möglich erscheinen, dass diese einst »zur Peilung« benutzt worden sein könnten: »Damit scheint in den Bereich der Möglichkeit zu rücken, dass man dieses Objekt unter archäoastronomischen

Gesichtspunkten betrachten könnte. Aber wohlgemerkt: Nicht nach den Gesichtspunkten unserer westlichen modernen Astronomie und ebenso nicht nach denen der babylonischen und antik-okzidentalen Astronomie und Astrologie, sondern nach denen der alt-andinen!« Was die Nische unten in der Mitte betrifft, muss der Spezialist indes ebenfalls passen: »Aufstellungsort für ein sakrales Objekt?«, spekuliert er. »Vielleicht auch ein Ritualsitz für einen politisch-religiös Mächtigen?«

Auch im Umkreis des »Sternentors« finden sich Spuren menschlicher Bearbeitung.

Woher wissen wir überhaupt von diesem »Tor«? Hauptsächlich durch den Journalisten Paul Damon, dem das merkwürdige Monument bereits Mitte der 1990er-Jahre aufgefallen war. 1996 verfasste er für die britische *Truth Seekers International Review* einen kleinen Bericht, der im Internet bald Leser fand. Speziell die zitierten Schilderungen des lokalen Touristenführers und angeblichen Entdeckers der »Puerta«, Jose Luis Delgado Mamani, verführten zu geradezu fantastisch anmutenden Spekulationen.

»Als ich die Struktur zum ersten Mal sah, konnte ich es nicht fassen«, erzählte Mamani. »Ich träumte im Laufe der Jahre immer wieder von einem derartigen Monument. Doch in meinen Träumen war der Weg zum Tor mit rosarotem Marmor gepflastert. Statuen säumten beide Seiten des Pfads. In meiner Traumvision war die kleine Einlassung in der Mitte geöffnet. Ein helles blaues Licht ergoss sich daraus und gab den Blick auf eine Art Tunnel frei. Ich habe mich mit meiner Familie immer und immer wieder über diesen Traum unterhalten, und als ich das Tor schließlich fand, empfand ich es wie eine göttliche Offenbarung ...«

Auch Paul Damon weiß von seltsamen Legenden rund um die *Puerta de Hayu Marca* und ihre Umgebung zu berichten – aus der Zeit, als die spanischen Conquistadores Peru eroberten und den Indios ihr Gold abjagten. Der Inkapriester Aramu Maru oder Muru »vom Tempel der sieben Strahlen« des sagenumwobenen Kontinents Mu sei damals zum Monument geflüchtet, heißt es. Dort habe er mit seiner goldenen Sonnenscheibe das Tor »geöffnet« und sich durch den so entstandenen »Durchgang« auf Nimmerwiedersehen aus dem Staub gemacht.

Derlei Erzählungen scheinen auf dem Buch *Secrets of the Andes* des Amerikaners George Hunt Williamson zu gründen, das dieser 1958 unter dem Pseudonym »Bruder Philip« erstmals veröffentlicht hatte. »Lord Maru«, so berichtet er darin, sei nach dem Untergang von Mu in grauer Vorzeit in die Anden an den Titicacasee geflüchtet, wo er später das geheime Kloster der »Bruderschaft der Sieben Strahlen« begründete. Alle Geheimnisse seiner Abkunft sollen dort bis auf den heutigen Tag verborgen liegen – ebenso die »Goldene Sonnenscheibe von Mu«.

Williamson will diese Informationen aus erster Hand erhalten haben. Kritiker dagegen warfen ihm später vor, für seinen Bericht vor allem aus anderen Quellen und seiner Fantasie geschöpft zu haben. Ihre Skepsis scheint berechtigt – doch faszinierend sind derlei Erzählungen allemal. Auch Rainer Rauer ließen sie keine Ruhe, als er das »Felsentor« Ende 2004 persönlich in Augenschein nahm. Trotz der dünnen Luft mochte er es sich nicht nehmen lassen, bis auf dessen Spitze zu klettern. Selbst die Umgebung suchte der Mann mit Adleraugen ab. Dabei machte er mehrere Entdeckungen, die bislang noch nirgends dokumentiert scheinen. So befinden sich gegenüber der Struktur die Reste einer Mauer, ebenso wie eine künstlich bearbeitete »Wand«.

Wenige Minuten von der »Puerta« entfernt stieß Rauer zudem auf eine weitere kuriose Erhebung, die er instinktiv mit dem Felsentor in Verbindung brachte: einen steinernen »Hügel« mit eingehauenen Stufen. Außerdem existiert dort auch ein Felsen in Form einer Schlange, den er beim Wegfahren für einige Sekunden wahrnehmen konnte. »Heute ärgert es mich, dass ich mir nicht die Zeit genommen habe, ihn näher in Augenschein zu nehmen und zu fotografieren«, meint er leicht zerknirscht. »Aber ich war noch derart benommen von meinen Eindrücken, dass es mir einfach zu viel war.«

Und dann ist da schließlich noch die seltsame Geschichte mit dem »grünen« Stein, die der Deutsche fast schon verlegen erzählt: »Als Erinnerung hob ich bei der Struktur einen grün schimmernden Stein vom Boden auf, der mir wegen seiner Farbe sofort ins Auge gestochen war. Doch als ich ihn später meinen Kollegen im Bus zeigte, schauten die mich nur schief an. Kein Wunder, denn der Stein war plötzlich schwarz …« Sagt es und legt das merkwürdige Stück wie zum Beweis vor sich auf den Tisch neben das Diktiergerät. ■

Szenerie wie in einem Fantasy-Film: Foto von der Oberseite der Struktur.

TATRA-GEBIRGE:
Außerirdisches Relikt in slowakischer Höhle?

»Dies also ist die Rolle, die wir zu übernehmen gedenken: Wir wollen Zeugen einer Untergrundbewegung sein, die neue Formen des Handelns und Denkens herausbildet. Wir wollen in der Geschichte die Verknüpfungen mit der Welt von morgen suchen.«

(Jacques Bergier, Schriftsteller)

Welches Geheimnis hüten die slowakischen Tatra-Berge? Diese Frage beschäftigt den bekannten amerikanischen Amateurforscher Ted Phillips seit dem Jahr 1970. Damals rief ihn ein Freund an und erzählte ihm die Geschichte seines Nachbarn: Antonin Horak. Horak gehörte 1944 den tschechoslowakischen Rebellen an, als sein Trupp von den Deutschen überrascht wurde.

Der angeschossene Soldat blieb verletzt in einem Graben liegen, bis er gemeinsam mit zwei ebenfalls verletzten Mitstreitern von einem Hirten gerettet und in eine Höhle geschleppt wurde. Eine Woche lang versteckten sich die drei dort und wurden von der Hirtenfamilie mit Essen und Medikamenten versorgt – unter der Bedingung, dass sie nicht weiter in die Gruft hineingingen.

Auf der Jagd nach Fledermäusen machte Horak in der Höhle eine Entdeckung, die ihn sein Versprechen schlagartig vergessen ließ: Nach einem weit über eine Stunde dauernden Marsch in der Felsenwelt erhob sich hinter einem Loch plötzlich ein augenscheinlich künstliches »Riesending« aus schwarz glänzendem Material, eingebettet im hellen Felsen. Dahinter befand sich ein äußerst geräumiger, sichelförmiger und ganz offensichtlich von Menschenhand geschaffener Schacht. Acht Meter breit und über 25 Meter hoch. Dessen Wände waren teils glatt, teils regelmäßig gerillt. Fein säuberlich notierte sich der frühere Soldat jede Einzelheit pflichtbewusst in seinem Tagebuch und fertigte auch Skizzen an.

Nachdem einer seiner beiden Gefährten an seiner Verletzung gestorben war, zogen Horak und sein Kollege weiter, um sich wieder ihrer Truppe anzuschließen. Der Tscheche behielt seine Entdeckung vorerst für sich. Er wollte nicht, dass sie einen Touristenboom auslöste – welcher der Umwelt oder auch der Hirtenfamilie womöglich Schaden gebracht hätte. Erst Jahre später, nachdem er aus politischen Gründen in die USA emigriert war, begann er die Geschichte des »Mondschachts« auszuplaudern.

Seine ursprüngliche Absicht, die Höhle, begleitet von einem Expertenteam, nochmals aufzusuchen, konnte Antonin Horak leider nicht mehr in die Tat umsetzen: Der Tod ereilte ihn 1976. Ebenso wie den an seiner Story ebenfalls interessierten US-Forscher Professor J. Allen Hynek, mit dem Ted Phillips eng zusammenarbeitete. Phillips selbst ist heute gewillter denn je, dem Rätsel endlich auf den Grund zu gehen: »Vorrangiges Ziel ist es, die finanziellen Mittel zusammenzukriegen, damit wir zurückkehren und das Projekt beenden können.« Der Forscher benötigt dafür ungefähr 25 000 Dollar. »Vor allem für den Transport, die Automiete und etwas Verpflegung.« Habe er das »Ding« erst einmal gefunden, sei Sponsoring kein Problem mehr, glaubt er.

Bereits 1970 hatte der Amerikaner als Leiter des *Center for Physical Trace Research* Kontakt zu Horak aufgenommen und diesen auch besucht – gemeinsam mit Allen Hynek. Der Tscheche händigte ihm bei dieser Gelegenheit eine Übersetzung seines Tagebuchs aus und ließ ihn seine Skizzen auch fotografieren. Ein geplanter Trip im selben Jahr wurde von den Sowjets vereitelt. So musste sich Phillips bis 1999 gedulden, ehe ihm endlich eine Reise in die Slowakei gelang. Zwei Jahre später besuchte er die Karpaten ein zweites Mal. Allerdings erneut ohne entsprechende Sprachkenntnisse. »Dennoch erhielt ich neue Informationen über Horaks Familie. Ich fand seine alte Heimat und traf einige seiner damaligen Streitgenossen.« Außerdem habe er den Enkel des Hirten ausfindig machen können, der die drei Soldaten seinerzeit gerettet hatte.

Bei einem seiner vielen Streifzüge durch die Berge konnte der Amerikaner offenbar auch die richtige Höhle aufspüren: »Im Eingangsbereich war ein verblasster Kalender zu sehen, der in den Stein geritzt worden war, und Initialen, die zu zweien der drei versteckten Soldaten passten.« Doch es war wie verhext: Weil Teile der Höhle einzustürzen drohten, war es Ted Phillips nicht möglich, das Innere weiter zu erkunden. »Es wäre einfach zu gefährlich gewesen, alleine weiterzugehen«, bedauert er. Schließlich

Noch immer liegt im Tatra-Gebirge in den Karpaten ein Geheimnis verborgen.

befindet sich das »Artefakt« nach Horaks Skizzen etwa drei Kilometer innerhalb des Berges …

Der Tscheche war damals der Einzige, der im Winter 1944 fit genug war, um in der Höhle auf Erkundungstour zu gehen. Nachdem seine Gruppe von den feindlichen Truppen überfallen worden war, litt einer von Horaks Mitstreitern an einer Beinverletzung, der andere an einer Bauchwunde, an der er schließlich auch starb. Horak selbst hatte glücklicherweise nur ein paar Schrammen abbekommen. Auf das Innere der Höhle neugierig wurde er, als der Hirte vor Betreten des Verstecks eine seltsame Zeremonie vollzog: »Er bekreuzigte erst sich selber, dann jeden von uns, die Grotte und dann mit einer tiefen Verbeugung die hintere Wand«, schrieb der Soldat in sein Notizbuch. Die Zeremonie überraschte ihn vor allem deshalb, weil der Hirte ansonsten einen eher grobschlächtigen Eindruck machte. Aberglaube macht zahm, dachte sich der Tscheche und verfolgte das Ritual mit wachsender Spannung …

Bis heute ist sein Tagebuch der einzige Beleg für die Existenz des außergewöhnlichen Objektes – doch die zerfledderten Seiten lesen sich wie das Drehbuch eines Abenteuerfilms. So entdeckte Horak das »Artefakt« in der Zufluchtshöhle erst, als er nach ellenlangem Marsch unter einer Wölbung durchgekrochen war. »Immer noch kniend, erstarrte ich vor Staunen – da stand etwas wie ein riesiges, schwarzes ›Silo‹, umrahmt von etwas Weißlichem«, notierte er.

Erst dachte er, es handle sich um eine natürlich entstandene dunkle Wand aus Salz, Eis oder Lava. »Völlig perplex erkannte ich dann aber, dass es sich um eine extrem geschmeidige Fläche handelte, eine vermutlich künstliche, also von Menschenhand gefertigte Struktur, die auf allen Seiten in die Felsen hereinragte und zylinderartig geschwungen war.« Die Außenhülle schien bläulich-schwarz und hart wie Stahl oder Gummi. Selbst mit seiner Spitzhacke gelang es ihm nicht, auch nur einen einzigen Kratzer

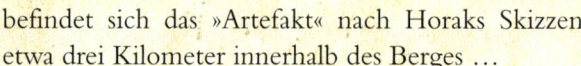

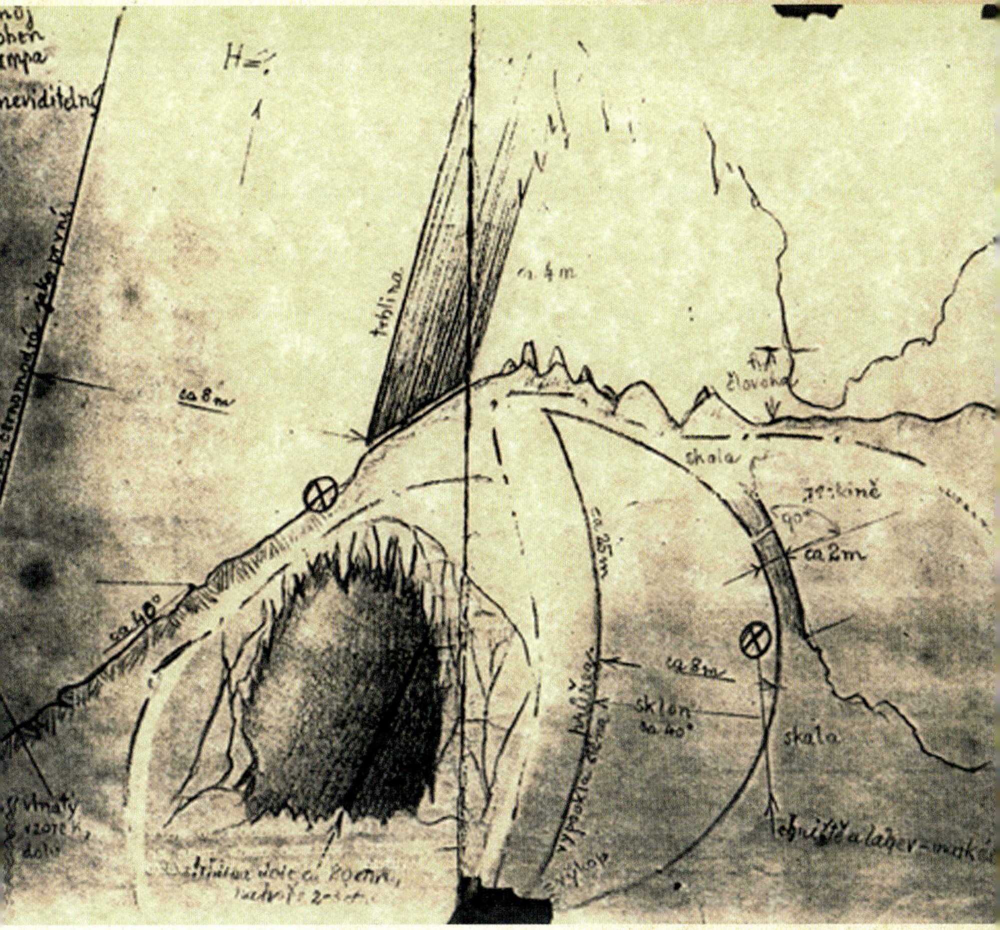

Ausschnitt der Originalskizze aus dem Tagebuch von Antonin Horak.

zu verursachen. Im Gegenteil: Horaks Werkzeug schleuderte nach dem Aufprall regelrecht zurück. Als ob da ein modernes, künstliches Objekt von rund 25 Metern Durchmesser mitten im Felsen steckte. Umrahmt von uralten, hellweißen Stalaktiten und Stalagmiten …

Bei genauerem Hinschauen entdeckte Horak schließlich eine Spalte in der schwarzen »Wand«, etwa 25 Zentimeter breit. Beim ersten Versuch, kopfvoran in das kuriose »Artefakt« hineinzugelangen, blieben seine Kleider an den Ritzen hängen und erdrosselten ihn fast. So schnell mochte er nicht aufgeben. Also beschloss er, die Erkundungen fortan besser ausgerüstet weiterzuführen.

Im Wechsel mit seinem verletzten Kollegen schob Horak Wache. In den Zeiten dazwischen packte er Seile, Fackeln und das Gewehr zusammen und suchte das »Ding« immer und immer wieder auf. Bei seinen weiteren Einstiegen durch die dortige Ritze gelang es ihm, Teile des offensichtlich von oben nach unten reichenden »Schachtes« zu erkunden: »Es war ein geräumiger, schwarzer Schacht, der durch felsenähnliche Wände geformt wurde. Sie bildeten einen mondsichelförmigen, fast senkrechten, äußerst geräumigen Tunnel. Der Boden war aus festem Kalk.«

Obwohl er sich wie wild verrenkte, gelang es Horak nicht, die Decke auszumachen. »Alle meine Lichter reichten nicht aus, um zu sehen, wo diese Wände aufhörten oder wo sie sich trafen.« Auch Schüsse, die Horak aus seinem Gewehr im Innern des »Mondschachts« abfeuerte, verhallten im Nirgendwo. »Aber sie verursachten einen Lärm, als würde ein Expresszug vorbeirauschen«, notierte der Tscheche erstaunt in sein Tagebuch.

Mit einem Pickel versuchte er schließlich, den Kalkboden unter seinen Füßen zu bearbeiten. Dabei stieß er auf Zähne eines großen Tieres, die sich später als die eines Bären herausstellten. Horak: »Wahrscheinlich fiel er in die Spalte und kam nicht mehr

Blick ins Höhleninnere: »Geheimfoto« von Ted Phillips' Expedition.

heraus.« Als er weitergrub, stellte er anderthalb Meter unter dem Boden Erstaunliches fest: »Die schwarze Wand hatte auf dieser Höhe senkrechte, gewellte Rillen. Die Oberfläche schien hier wärmer. Das bestätigte sich, als ich es mit meinen Lippen und Ohren testete.« Außerdem nahm Horak einen mysteriösen, weit entfernten Lärm wahr, »als würde irgendwo eine Turbine brummen«.

Weitere Erkundungen erbrachten keine neuen Ergebnisse. Vor dem Abschied aber warf der Mann noch eine Flasche in den »Mondschacht« – mit der goldenen Rückseite seiner Uhr als Inhalt und einem Lederriemen, auf den er seinen Namen einritzte. »Das teure Stück wird wohl für eine lange Zeit dort bleiben, vielleicht bis die Struktur vollständig hinter dem Vorhang von Stalaktiten und Stalagmiten verschwindet«, notierte er. Der erwähnte Hirte, der die Höhle von seinem Vater kannte, hatte keinen Sohn. Und den Töchtern mochte er das Geheimnis nicht offenbaren. »In einigen Jahrzehnten wird niemand mehr davon wissen«, fürchtete der Tscheche und nahm sich deshalb vor, irgendwann zurückzukehren, um die Struktur näher zu erforschen.

Ted Phillips will Horaks Plan nun wie bereits erwähnt zu Ende führen. 1970 hatte er zu diesem Zweck einen ganzen Tag und einen Abend mit dem Tschechen und dessen Frau verbracht. In allen Einzelheiten beschrieb ihm Horak dabei das Gebirge, in dem sich die Höhle befindet. Er unterstützte den Forscher, wo immer er konnte, stellte auch den Kontakt in die Slowakei her – zu seinem damaligen Mitstreiter. Der hatte aus der Not in der Zwischenzeit eine Tugend gemacht und sich mit der hübschen Tochter des Hirten vermählt.

Der Schwiegervater war ziemlich erbost, als er erfuhr, dass Horak die Höhle seinerzeit erkundet hatte – trotz des Versprechens, das er ihm abgenommen hatte. Dennoch konnte Horaks Freund vier lokale Helfer für die geplante amerikanische Expedition vermitteln. Doch bereits im November 1970, noch während der Planungsphase, wurden diese von den Russen gefangen und exekutiert. »Das war mitten während der russischen Invasion, die 1968 begann«, seufzt Ted Phillips. »Danach hieß es für mich die Tage zu zählen, bis ich 29 Jahre später doch noch in die Slowakei reisen konnte.«

Der US-Forscher ist überzeugt, dass das künstliche Artefakt Tausende von Jahren alt ist. »Vielleicht noch viel älter, denn es befindet sich tief im Berginnern und die Höhle bildete sich vermutlich erst danach.« Und so hofft der Amerikaner, bereits in Kürze wieder aufbrechen zu können, um das Objekt seiner Begierde endlich doch noch zu erkunden: Ist es ein außerirdisches »Ding«, das vor Jahrtausenden auf die Erde niederrauschte? Handelt es sich um die Reste einer längst vergessenen, hochtechnologischen Zivilisation? Oder bildet es gar den Eingang in eine unterirdische Welt, von der wir bis heute nichts wissen? Die Antwort liegt irgendwo dort drinnen. ■

TLAXCALA-CODEX:

Kannten Indianer bereits die Bibel?

»Die religiösen Dogmen des Mittelalters wurden durch die wissenschaftlichen Dogmen unseres Zeitalters abgelöst. Aus den Hohepriestern der mittelalterlichen Kirche sind die Hohepriester der Wissenschaft geworden.«

(Rolf Schaffranke, Ingenieur)

Vier vergilbte Pergamentblätter. Bedeckt mit schmucken, farbigen Glyphen. Und einer Botschaft, die manchen nicht gefallen dürfte. Rund 30 mal 120 Zentimeter misst die Bilderschrift. Bis auf eine fehlende Stelle am oberen linken Eck der ersten Seite und einige kleine Löcher scheint sie nahezu komplett. Das gesamte »Layout« der Bildersymbole basiert auf der Zahl 5 – der Nummer des Planeten Venus, der wiederum den Gott Quetzalcoatl symbolisiert.

Der altindianische Codex stammt aus dem nördlichen Mesoamerika – genauer: aus dem Staat Tlaxcala in Mexiko. Wiederentdeckt und untersucht hat ihn der US-Archäologe Neil Steede zusammen mit

Fachkollegen. Noch lässt der Amerikaner nur spärliche Informationen dazu an die Öffentlichkeit dringen. Mit gutem Grund, wie er meint. »Zum ersten Mal damit konfrontiert wurde ich während meiner Zeit an der *University of the Americas*«, erzählt er. »Zwar konnte ich den Codex damals nicht persönlich in Augenschein nehmen, erhielt aber immerhin eine Beschreibung davon.« Aufbewahrt worden sei das Pergament über Jahrhunderte von den Stammesweisen der Einheimischen. Mittlerweile lagere es in einer amerikanischen Privatsammlung. »Seit der Wiederentdeckung des Codex habe ich alle involvierten Personen interviewt, was mich von seiner historischen Relevanz überzeugt hat.«

Das kostbare Stück wurde laut Steede aus gekämmten Sisalfasern gefertigt, die von einer Art Kleisterschicht (»shell plaster«) bedeckt worden seien: »Die ›Scharniere‹ oder ›Falten‹ bestehen aus Streifen gekreuzter Sisalfasern, gemischt mit Seidenfasern, eingebettet in die Kleisterschicht.« Abgefasst seien die Glyphen in »Cholula Pueblan«, auch bekannt als »Cholulan Mixtec«. Der US-Archäologe ordnet ihre Verwendung der Region von Cholula zu, um 600

Die erste Bilderszene des Codex.
Noch ahnt die Fachwelt
nichts von seiner Existenz.

Weitere Bilderszenen auf dem Pergament:
Auch sie dürften für Diskussionen sorgen.

bis 900 nach Christus. »Allerdings gibt es eine wachsende Anzahl an Archäologen und Epigrafen, die dieses Datum auf 200 bis 500 nach Christus zurückgesetzt sehen wollen.«

Handelt es sich um eine Fälschung? Nein, winkt Steede ab. Erste Untersuchungen der verwendeten Textilien würden klar darauf hindeuten, dass dieser sogenannte *Covenant Codex* Jahrhunderte vor der spanischen Invasion gefertigt worden sein dürfte. Das ist insofern brisant, als er laut Steede als einziger bekannter präkolumbianischer Codex seiner Art überhaupt eine Erzählung beinhaltet – eine Art Plädoyer für die Quetzalcoatl- und gegen die Jaguar-Religion. Wobei sich darin klare Anleihen zu Jesus Christus, zum Auferstehungsgedanken und zum Jüngsten Gericht fänden, wie eine erste Übersetzung zeigen würde.

Besonders pikant: Der letzte Abschnitt des Codex soll gar eine Art Duplikat des 21. Kapitels des neutestamentarischen Offenbarungsbuches beinhalten. »Dieses Kapitel wird von der Katholischen Kirche seit der Zeit von Eusebius um 315 nach Christus nicht mehr unterrichtet«, wie Steede betont. »Das wiederum bedeutet, dass die ersten Christen den amerikanischen Kontinent bereits vorher erreicht haben müssen.«

Ein altmexikanischer Codex mit christlichen Anleihen lange vor der spanischen Invasion um 1500? Das ist Wasser auf die Mühlen schamloser Querdenker. Manche von ihnen vermuten, dass man die Einheimischen bereits vereinzelt zu missionieren begann, noch ehe die Spanier – und damit Europa – von der Existenz der »Neuen Welt« Wind bekamen. Immerhin, so führen sie ins Feld, waren die spanischen Eroberer nach ihrer Ankunft nachweislich als »Götter« empfangen worden, denen sich die Azteken anfänglich willenlos unterwarfen. Die Ankömmlinge sollen deshalb ziemlich verdutzt aus der Wäsche geguckt haben. Ebenso die Azteken, als sie

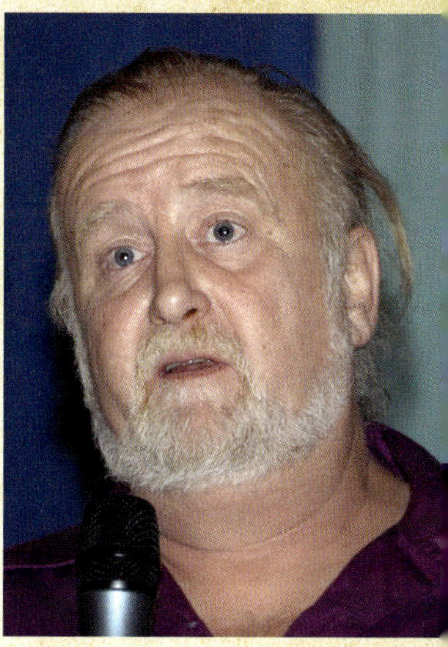

Neil Steede: Der US-Archäologe ist von der Echtheit des Codex überzeugt.

misstrauischer wurden: Hatten ihnen ihre Legenden und Erzählungen nicht die Rückkehr »bärtiger weißer Männer« prophezeit – »vom Meer her, wo die Sonne aufgeht«? Eine fatale Verwechslung, wie den Einheimischen erst später klar werden sollte.

Ist der *Covenant Codex* das fehlende Bindeglied, das endlich beweist, dass alles ganz anders war? Die Studienräte im Hintergrund schwingen bereits drohend ihre Rohrstöcke und mahnen zur gedanklichen Disziplin. Das weiß natürlich auch Neil Steede. Doch der Mann hat breite Schultern. Ob Peru, Kanada, Thailand, Guatemala, Bolivien oder Honduras: Seit Jahrzehnten reist der eigenwillige Forscher von einer archäologischen Ausgrabungsstätte zur nächsten. Allein in den elf Jahren, in denen er für die mexikanische Regierung als Archäologe tätig war, zeichnete Steede für 200 Ausgrabungen verantwortlich. Immer auf der Suche nach dem Außergewöhnlichen. Kritisch. Aber ohne Scheu vor verkrusteten Lehrmeinungen.

Entsprechend genüsslich zitiert der Amerikaner aus seiner Codex-Übersetzung: »Die Verführung stirbt durch den Tod und das Blutopfer von Quetzalcoatl (Christus). Angehörige der Religion Quetzalcoatls (Christus), die gestorben sind, werden verwandelt. (…) Sie sind diejenigen, die für den Edelsten gestorben sind. Sie sind diejenigen, die sich von der Sünde abgewendet haben, ebenso wie von der Verführung. Sie sind diejenigen, die ihren Bund durch die Kommunion erneuert haben. Durch die Auferstehung des Edelsten (Quetzalcoatl/Christus) werden alle Toten wieder zum Leben erweckt.« ■

TOLONE-SAMMLUNG:

Italienischer Anwalt hortet verbotene Relikte

Auf manchen von Tolones Artefakten wimmelt es nur so von Schriftzeichen.

»Alles Wissen ist Erinnerung.«
(Thomas Hobbes, Philosoph)

Früher wurden Entdecker unbekannter Kulturen als Helden gefeiert. Heute müssen sie sich erzählen lassen, dass es keine unbekannten Kulturen mehr gibt. Die Altertumswissenschaft nennt das Fortschritt. Mario Tolone mag darüber nur lächeln.

Wer den Anwalt im italienischen Girifalco (Provinz Catanzaro) besucht, kommt aus dem Staunen nicht mehr heraus: Aberdutzende von Skulpturen und Tafeln aus Stein und Ton mit fremdartigen Schriftzeichen nennt der Mann sein Eigen. »Jedes dieser merkwürdigen Fundstücke habe ich in den letzten Jahrzehnten eigenhändig ausgegraben!«, versichert er stolz. Liebevoll hat er manche davon in seinem Haus in

Vitrinen platziert. Ein Paradies für Freunde antiker Verrücktheiten. Denn auch Tolones Artefakte scheinen niemandem so richtig in den Kram zu passen.

»Das erste Stück fand ich im Januar 1972 in der Gegend von Caria«, gab der Anwalt dem italienischen Journalisten Adriano Forgione zu Protokoll, als ihn dieser 2007 besuchte. »Schwere Hochwasser hatten damals Risse im Erdreich hinterlassen. Am Grunde eines solchen entdeckte ich einen Stein, der meine Aufmerksamkeit weckte: Ein Gesicht mit wulstigen Zügen war darin eingeritzt. Ich suchte weiter und fand eine Sonne mit drei gravierten, mir unbekannten Zeichen. Dies waren die ersten einer ganzen Reihe von außerordentlichen Entdeckungen, die im Laufe der Zeit zu meiner Sammlung führten.« Darunter

Fühlt sich in seiner Ehre verletzt: Anwalt Mario Tolone und sein Saurierfigürchen.

Diese Figur förderte Tolone ebenfalls aus dem italienischen Erdreich zutage.

auch ein behelmter Tonkopf, eine rund 18 Zentimeter lange Saurierskulptur – samt Rückenkamm! – sowie Schrifttafelfragmente. Letztere will Tolone im November 1990 in örtlichen Erdmassen aufgestöbert haben.

Und was taten die italienischen Behörden? Wie so oft in solchen Fällen bezichtigten sie den Mann vorschnell der Fälschung. Das erzürnt den Anwalt bis heute: »Ich habe nie Ruhm oder Geld gesucht«, versichert er aufgebracht. »Was sollte ich auch damit in meinem Alter?« Außerdem sei er kein Archäologe und auch kein Grabungsfachmann, betont Mario Tolone. »Ich weiß nur, dass die Stücke tatsächlich dort waren, wo ich sie gefunden habe. Einige befinden sich in meiner Sammlung, andere sonst wo und die meisten wohl noch immer in der Erde. Leider wurden sie bis heute nie korrekt untersucht, so wie sie es eigentlich verdient hätten.« ■

Büste mit Helm: Auch sie scheint sich keiner bekannten Kultur zuordnen zu lassen.

Sind alle diese Objekte gefälscht, wie Archäologen vorschnell behaupten?

TORTUGUERO-INSCHRIFT:

»Im Jahr 2012 steigt ein Gott vom Himmel!«

»Die letzte Stimme, die man hört, bevor die Welt explodiert, wird die Stimme eines Experten sein, der sagt: Das ist technisch unmöglich!«
(Peter Ustinov, Schauspieler)

Die Apokalypse hat Hochkonjunktur. Ihre Kritiker ebenfalls. Entsprechend schroff winkt Andreas Verdun vom Astronomischen Institut der Universität Bern ab, wenn man ihn derzeit über spezielle Planetenkonstellationen am 21. Dezember 2012 befragt. »Hören Sie mir bloß damit auf!«, seufzt er hörbar genervt. »Ich hatte bereits unzählige Anfragen von Journalisten, aber es gibt dazu nichts zu sagen. Es wird an diesem Tag astronomisch gesehen nichts Besonderes passieren. Die Welt geht nicht unter!«

Verdun gilt als ausgewiesener Spezialist für Himmelsmechanik. Als Astronom mag der Schweizer seine Zeit allen möglichen verworrenen Sternenknäueln widmen. Nur nicht kuriosen Planetenkonstellationen im Jahr 2012 – weil sie ihn schlicht nicht interessieren. Andere dafür schon. Und so werden bei Verdun in den kommenden Monaten wohl auch weiterhin Journalisten an die Tür klopfen, um ihn zu außergewöhnlichen Sternbildern und Sonnenständen zu befragen. Ob ihm das passt oder nicht.

»Schuld« daran ist in erster Linie der amerikanische Querdenker und Privatforscher John Major Jenkins. Er behauptet, dass am 21. Dezember 2012 eine außergewöhnliche Planetenanordnung unser Firmament zieren wird. Andere »Propheten« gehen wesentlich weiter und sagen für das Jahr 2012 gar den Weltuntergang voraus oder zumindest »das Ende unserer gewohnten Existenz«. Selbst der deutsche Erfolgsregisseur Roland Emmerich schlug kürzlich in dieselbe

Kerbe – brachial wie immer – und ließ rund 200 Millionen Dollar in sein cineastisches Katastrophen-Spektakel *2012* pumpen. Nur wegen einer möglicherweise kuriosen Sternenkonstellation? Nein!

Ausgangspunkt der weltweit wachsenden Verunsicherung ist die Tatsache, dass die gegenwärtige Periode des historisch überlieferten Maya-Kalenders am 21. Dezember 2012 unserer Zeitrechnung endet. Ein Kalender, der Mathematiker ob seines komplexen Aufbaus und seiner äußerst präzisen Genauigkeit seit jeher fasziniert. Ebenso wie das astronomische Wissen der präkolumbianischen Kultur. So haben die Maya bereits in grauer Vorzeit Sonnen- und Mondfinsternisse exakt vorausgesagt – selbst jene, die in Mittelamerika gar nicht sichtbar sind. Sie kannten die Bahndaten der Venus. Die Länge eines Jahres bezifferten sie auf beeindruckende 365,2421 Tage genau. Und sie verwendeten in der Mathematik wohl als Erste überhaupt die Zahl Null.

Was wusste das mittelamerikanische Volk (um 2000 vor Christus bis 900 nach Christus), was wir heute nicht mehr wissen? Droht uns an besagtem Datum wirklich eine kosmische Katastrophe, wie einige befürchten? Kaum, denn der Maya-Kalender lässt sich mit etwas gutem Willen durchaus positiv interpretieren. Oder optimistisch formuliert: Am 21. Dezember 2012 beginnt nach der Maya-Rechnung eine neue Epoche. Ein neues Zeitalter, das vermutlich weitere 5128 Jahre dauern wird.

Zudem gebe es reichlich konkrete Inschriften, die sich auf die Zeit nach 2012 beziehen, wie Nikolai Grube, Professor für Altamerikanistik an der Universität Bonn, zu bedenken gibt. Darunter die berühmte Grabtafel des Maya-Königs Pacal in der früheren Maya-Stadt Palenque. Freudig versichern uns die dortigen Glyphen, dass man sich auch im Jahre 4772 nach Christus noch an den berühmten Herrscher erinnern werde. Ein klassischer »Weltuntergang« ergibt nach Konsultation derartiger Inschriften wenig Sinn.

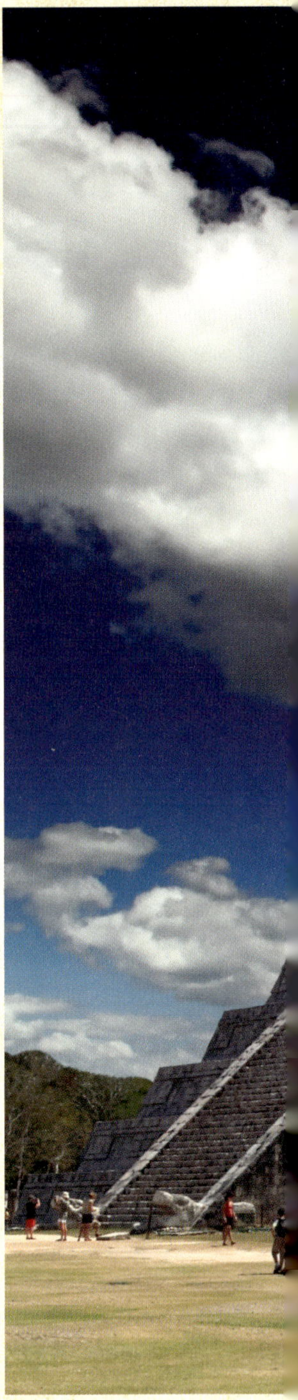

Die Pyramide des Kukulcán in der Maya-Ruinenstadt Chichén Itzá (Mexiko).

Zwar seien durchaus auch apokalyptische Prophezeiungen der Maya schriftlich überliefert, wie Professor Grube einräumt. »Aber darin wird kein Datum genannt.« Dennoch ist ihm bewusst, dass selbst die Maya-Nachkommen von heute im Hinblick auf das Jahr 2012 auf etwas Besonderes hoffen. Der Endzeitglaube habe teilweise zu einer »lokalen Neo-Religion« geführt, wundert sich der Experte. Es bestehe in manchen Orten gar die Erwartung, dass die Maya-Nachkommen zu Beginn des neuen Zyklus aus der Kolonisation herausgeführt würden.

Ganz so abwegig scheint der Indianerglaube an eine epochale Veränderung nicht. Schließlich können sich die Indios neben ihrem Kalender auf mindestens eine in Stein gemeißelte Prophezeiung stützen. Diese Inschrift erwähnt den 21. Dezember 2012 ausdrücklich. Abgebildet sind die Glyphen aus dem 7. Jahrhundert auf dem sogenannten »Tortuguero Monument 6« – nördlich von Palenque, Mexiko. Wörtlich übersetzt besagen sie in etwa, dass »der 13. Baktun beendet sein wird am vierten Ajaw und dritten Uniiw. Es wird stattfinden der Abstieg des Bolon Yokte K'u.« Lange Zeit nur Insidern bekannt, verbreitete sich die Kunde dieser Prophezeiung wie ein Lauffeuer um die Welt, als der US-Maya-Forscher Professor David Stuart im *UT Mesoamerica Center Discussion Board* des Internets am 6. April 2006 eine aktualisierte Übersetzung davon vorlegte.

Bislang nur Insidern bekannt: die Tortuguero-Glyphen über Bolon Yoktes Rückkehr.

»Laut der Tortuguero-Inschrift soll am 21. Dezember 2012 ein Gott auf die Erde herabsteigen«, nickt auch Professor Nikolai Grube. Ein Gott? Woher? Vom Himmel? Steht uns womöglich doch eine »universale Erleuchtung« bevor? Vielleicht gar der Beweis, dass wir nicht allein sind in diesem Kosmos? Leider sind heute nicht mehr alle Teile des Relikts lesbar. Somit kann nicht definitiv entziffert werden, welche Bedeutung besagtes Ereignis nach Ansicht der alten Maya konkret haben könnte.

Interessanterweise wird Bolon Yokte K'u gerne mit der Unterwelt in Verbindung gebracht, aber auch mit Kriegswirren. Maya-Schriftexperte David Stuart übersetzt die entsprechenden Hieroglyphen in etwa mit »Neun-Füße-Gott«. John Major Jenkins wiederum spricht von einer »Jaguar-Füße-Baum«-Gottheit, die Teil des »Lebensbaumes« der Maya gewesen sei. Für ihn ein weiterer Hinweis auf »himmlische Zeiten«. Schließlich ist der Lebensbaum integraler Teil der Schöpfungsgeschichte der Maya. Die Indios sollen ihn als Abbild des Kosmos verstanden haben. »Der Baum wurde auch als ›aufgerichteter Himmel‹ bezeichnet«, bestätigt der Schweizer Altamerikanist Peter Hassler. »Damit war die Milchstraße gemeint, wenn sie im Spätsommer einmal pro Jahr senkrecht – von Norden nach Süden – am Himmel steht.«

Und dann ist da noch eine weitere konkrete Datumsangabe, die sogar Maya-Experten zum Taschenrechner greifen lässt: drei mal elf »Baktun« – oder rund 13 000 Jahre. Das könnte die Zeitspanne sein, welche die Maya für die menschliche Existenz auf Erden vorsahen. Dafür spricht eine Glyphe, die oft als Titel von Herrschern vorkommt. »Als Schlüssel zum Verständnis stellt sich eine in Knochen geritzte Inschrift heraus, die in einem Königsgrab in der Mayastadt Tikal gefunden wurde«, erläutert Professor Grube. Drei Daten seien darin eingeritzt: der 17. Juni 1224 nach Christus, der 22. April 5565 und der 24. Februar 9898 nach Christus.

Findet der endgültige »Weltuntergang« der Maya somit weitaus später statt, als gewisse Propheten der Neuzeit befürchten? Vielleicht gar erst um 9898 nach Christus? Grube: »Zumindest konnte bis jetzt in den Inschriften keine Zeitangabe gefunden werden, die über 9898 hinausgeht.« Verglichen mit derlei astronomisch hohen Zahlen erscheint der 21. Dezember 2012 geradezu jungfräulich. Glücklicherweise. ■

TOTENKOPF DER ANDEREN ART:

Stammt er aus dem Weltall?

»Dass es zwischen Verrückten und Genies manchmal eine gewisse Ähnlichkeit gibt, ist ein recht banaler Gemeinplatz, den der italienische Psychiater und Anthropologe Cesare Lombroso seit 1864 in den Rang einer wissenschaftlichen Theorie zu erheben versuchte.«
(Federico Di Trocchio, Wissenschaftshistoriker)

Aus der Sicht des Fantasten leben wir in der Zukunft der Vergangenheit. Für den Realisten ist es nur die Gegenwart. Zwischen den beiden Fronten vermittelt Lloyd Pye, ehemaliger Geheimagent der US-Armee. Seit 1999 lässt der private Hominidenforscher einen deformierten menschlichen Totenkopf untersuchen. Die Resultate der bisherigen Analysen sind ebenso verblüffend wie verwirrend.

Zum Vorschein kam der »Sternenkind-Schädel« um 1930 in einem Minentunnel im Nordwesten von Mexiko – zusammen mit einem »normalen« weiblichen Schädel, der seither mehrmals für Vergleiche herangezogen wurde. Beide Stücke sind rund 900 Jahre alt, wie eine Radiokarbon-Analyse der *University of California* im Jahr 1999 ergab. Bestätigt wurde diese Messung 2004 vom renommierten *Beta-Analytic*-Labor in Miami.

Fragen warfen 2003 nicht zuletzt Erbgutuntersuchungen am *Trace Genetics Center* in Kalifornien auf. Zwar konnte die menschliche Herkunft des »Sternenkinds« dank der Extraktion mitochondrialer DNA mütterlicherseits problemlos geklärt werden, ein Nachweis des väterlichen Erbguts aber schlug wegen mangelnder intakter DNA bislang fehl. Platz für Spekulationen, der Lloyd Pye bis zum Vorliegen konkreterer Resultate zu gewagten Spekulationen animiert. Mit gutem Grund, wie er glaubt. Schließlich wurde ihm von Expertenseite gleich mehrmals schwarz auf weiß bescheinigt, dass der Totenkopf »auffällig anders als normale menschliche Schädelrelikte« sei.

In seinem Buch *The Starchild Skull* beschreibt der Amerikaner ausführlich, welche Hürden er zu überwinden hatte, bis »sein« Schädel endlich genetisch analysiert werden konnte. Und das waren nicht wenige. 1999, als er das Relikt zu Untersuchungszwecken an sich nahm, hatte er den Besitzern noch in Aussicht gestellt, dass die Analyse »maximal drei bis vier Monate« in Anspruch nehmen würde. Er sollte sich mächtig täuschen. Vor allem die skeptische Einstellung von Ärzten und Wissenschaftlern machte Pye in jener Zeit schwer zu schaffen.

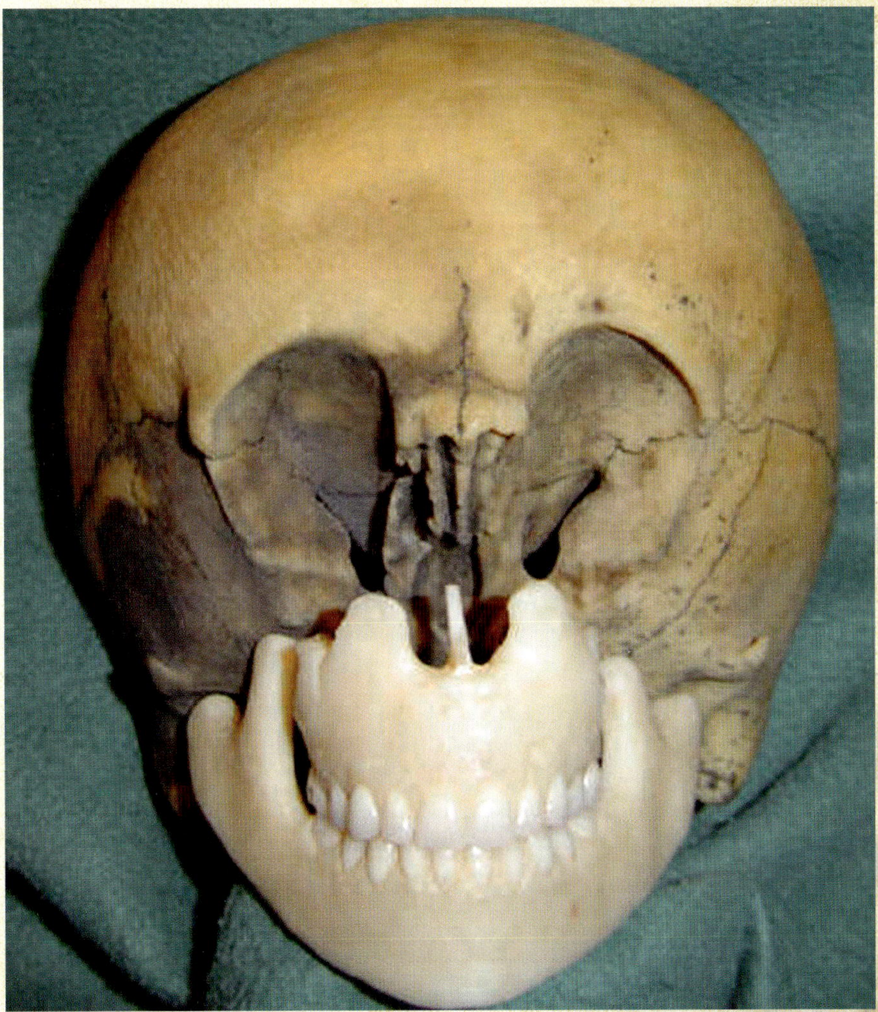

»Sternenkind«-Schädel: Bringt ein weiterer DNA-Test seine wahre Natur ans Licht?

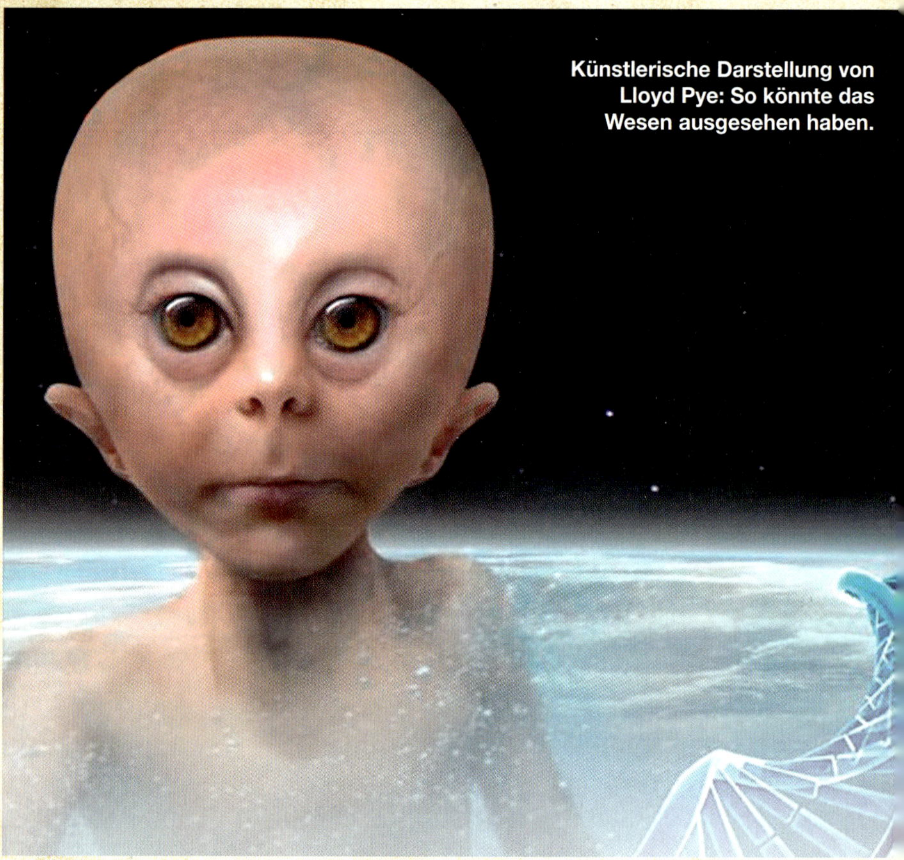

Künstlerische Darstellung von Lloyd Pye: So könnte das Wesen ausgesehen haben.

Immer wieder schockierte ihn das Desinteresse, mit dem so mancher Forscher »seinem« Schädel begegnete: »Vielen mag durchaus klar geworden sein, wie wertvoll und wichtig dieses Ding sein könnte. Aber sie haben ihre beruflichen Stellungen zu erhalten, Hypotheken abzuzahlen, Kinder ins College zu bringen, und sie arbeiten alle in Bereichen, wo der Gruppenzwang offensichtlich derart groß geworden ist, dass der Druck in Jugendbanden im Vergleich dazu wie heiße Luft anmutet.«

Erst neun Monate nach seiner ersten »Begegnung« mit dem außergewöhnlichen Totenkopf besserte sich Pyes Stimmung. Dies dank Ted J. Robinson, einem Spezialisten für plastische Medizin und die Behandlung von Schädel-Deformationen am *Medical Council of Canada (Royal College of Surgeons).* Robinson erklärte sich bereit, den Schädel zu untersuchen, und behielt ihn ein Jahr lang in seinem Labor im kanadischen Vancouver. Außerdem zog er noch weitere Experten hinzu.

Sein Analyse-Report macht stutzig. Der Totenkopf, so wird darin ausdrücklich bestätigt, weise etliche Anomalien auf, »die nicht zu den üblicherweise bekannten Schädeldeformationen passen«. Bis ins Detail hatte der Mediziner das gute Stück durchleuchtet, um es gleichzeitig mit allen möglichen Kopfdeformationen zu vergleichen, die ihm in seiner 40-jährigen Praxiszeit unter die Augen gekommen waren. Ergänzend dazu ließ er spezielle Röntgen-Scans vornehmen. Handelte es sich um einen klassischen »Wasserkopf«? Nein, betont Robinson: »Dieser Schädel scheint nicht nur aus meiner persönlichen Erfahrung einzigartig. Auch in der weltweiten wissenschaftlichen Literatur ist ein derartiger Deformationsfall nirgendwo dokumentiert. Das ist ziemlicht außergewöhnlich!«

Den Totenkopf lässt vor allem seine abnormale Kopfform einzigartig erscheinen, die erstaunlicherweise völlig gleichmäßig ist. »Es gibt keine asymmetrische Wölbung oder unregelmäßige Verdünnung, die das Kennzeichen wäre für eine typische menschliche Deformation«, so der Fachmann. Die Abweichungen zu einem normalen Schädel seien dennoch enorm. Die Augenhöhlen etwa – auch sie völlig symmetrisch – befinden sich nur halb so tief wie üblich und sind viel weiter unten angesiedelt. Dort, wo sich normalerweise die Wangen befinden.

Die Haltepunkte der Augapfel-Muskeln sind im Innern der Höhlen noch erkennbar. Robinson geht deshalb davon aus, dass der Kinderkopf trotz der auffällig flachen Höhlen einst Augäpfel besessen haben muss. Die entsprechenden Lider hätten aber für die bei Menschen notwendige Befeuchtung überdimensional groß sein müssen. War so etwas anatomisch überhaupt möglich?

Im Gegensatz zu den Augen hatte das Gehirn in diesem außergewöhnlichen Kinderschädel auffällig viel Platz: Mit 1600 Kubikzentimetern dürfte es um 200 Kubikzentimeter größer gewesen sein als das eines durchschnittlichen Erwachsenen. Vermutlich fand es deshalb so viel Platz, weil der Schädel überhaupt keine Nebenhöhlen aufweist – eine weitere Besonderheit. Auch die Augenbrauenwülste fehlen komplett.

Eine weitere Abnormität bildet der abgeflachte Hinterkopf. Da der Schädel dort keinerlei auffällige Spuren aufweist, kann ein künstlicher Einfluss von außen – etwa durch ständigen Druck – ausgeschlossen werden. »Der sonderbare Hinterkopf muss auf natürliche Weise gewachsen sein«, davon sind Robinson und seine Kollegen überzeugt. Weiter stellten die Experten fest, dass der Nacken wesentlich kleiner gewesen sein dürfte als bei einem normalen Menschen – nämlich nur etwa halb so groß.

Als wären das nicht schon der Anomalien genug, entsprach auch die Knochendichte nicht den Erwartungen. Sie weist nur etwa halb so hohe Werte auf, wie das eigentlich normal sein sollte, und auch die Knochensubstanz ist nur halb so schwer wie diejenige eines normalen menschlichen Schädels – und das durchgängig. Dennoch scheint sie überaus beständig. Das Ganze stellt sich in etwa so dar, als hätte einen die Natur von Geburt an mit einem federleichten Kunststoff-Fahrradhelm beglückt.

Neben der außergewöhnlichen Form und Anlage des Schädels sollte bald noch eine weitere Besonderheit für Diskussionen sorgen: Spezialisten des *Royal Holloway College der University of London* legten die Knochen 2003/2004 unter ein Rasterelektronenmikroskop und entdeckten dabei seltsame »Mikrofasern« in der Knochensubstanz. Zeichneten diese möglicherweise für die hohe Stabilität der besonders leichten Knochensubstanz verantwortlich? Professor Ken Pye vom Londoner Institut – nicht mit Lloyd Pye verwandt – bestätigt, dass er so etwas »noch nie zuvor« gesehen hat: »Wir fanden diese teils rötlichen Rückstände im schwammartigen Gewebe der Knochenbälkchen des Schädels. Normalerweise reinigen körpereigene Bakterien nach dem Tod die Knochen aber derart gründlich, dass sich eigentlich überhaupt keine Rückstände mehr in diesen winzigen Hohlräumen finden dürften.«

Trotzdem waren sie da. Späterer Pilzbefall oder bakterielle Kontamination aufgrund des hohen Alters des Relikts? Vermutlich nicht, wie Spezialisten nach Begutachtung der Bilder ratlos einräumten. Möglicherweise nichtorganische chemische Ablagerungen? Etwa durch spätere Wasserverunreinigungen? Vielleicht, aber ebenfalls wenig wahrscheinlich. Warum? Weil die ungewöhnlich zäh scheinenden Faserrückstände nur im »Starchild«-Schädel zu finden sind, nicht aber im »normalen«, ebenso alten Frauenschädel derselben Fundstelle.

Haben wir es also doch mit einer Art biologisch gewachsenem »Fahrradhelm aus kohlefaserverstärktem Kunststoff« zu tun? Könnten somit vor 900 Jahren gar fremde Intelligenzen im Erbgut des »Sternenkinds« herumgefummelt haben, wie sich mancher Fantast fragen mag? Pye will dies nicht ausschließen. Mehr noch: »Alle bisherigen wissenschaftlichen Analysen konnten diese These zumindest nicht widerlegen«, wagt er den kühnen Umkehrschluss.

Namensvetter Professor Ken Pye kann sich mit derlei Spekulationen nur bedingt anfreunden. Definitiv ins Reich der Märchen verbannen mag er sie aber nicht. »Wir sollten grundsätzlich in Betracht ziehen, dass auch Lloyd mit seiner außergewöhnlichen These Recht behalten könnte«, urteilt er erstaunlich bedacht.

Definitive Antworten sollen in absehbarer Zukunft neuerliche DNA-Untersuchungen liefern. Bereits 2003 nämlich hatte Lloyd Pye auf Anraten des kalifornischen *Trace Genetics Center* die damals extrahierten und bereits analysierten Erbgut-Teilstücke der Schädelknochen sicherheitshalber einfrieren lassen. Ein Schachzug, der sich nun auszahlen könnte. Denn im Herbst 2006 gelang es Wissenschaftlern des Max-Planck-Instituts für evolutionäre Anthropologie in Leipzig und der amerikanischen *454 Life Sciences Corporation,* Teile eines Neandertaler-Genoms zu entschlüsseln. Möglich machte dies eine neuartige Technik, mit der die wenigen, kurzen DNA-Stücke zwecks aussagekräftigerer Analyse vervielfältigt werden können.

Besagte Knochenreste waren 38 000 Jahre alt. Dagegen sei der Schädel seines »Sternenkinds« ein junges Küken, frohlockt Pye: »Bis der Neandertaler vollständig analysiert ist, wird diese Testvariante für uns nicht erhältlich sein, aber danach dürfen wir uns berechtigte Hoffnung auf eine ähnlich präzise Analyse machen.« Ein paar Jahre wird die neuerliche DNA-Untersuchung des »Sternenkind«-Schädels also mit Sicherheit noch auf sich warten lassen. Das weiß auch der Amerikaner. Aber nach einer Odyssee von mittlerweile neun Jahren sei das für ihn zumindest »ein Lichtblick am Ende des Tunnels«. ■

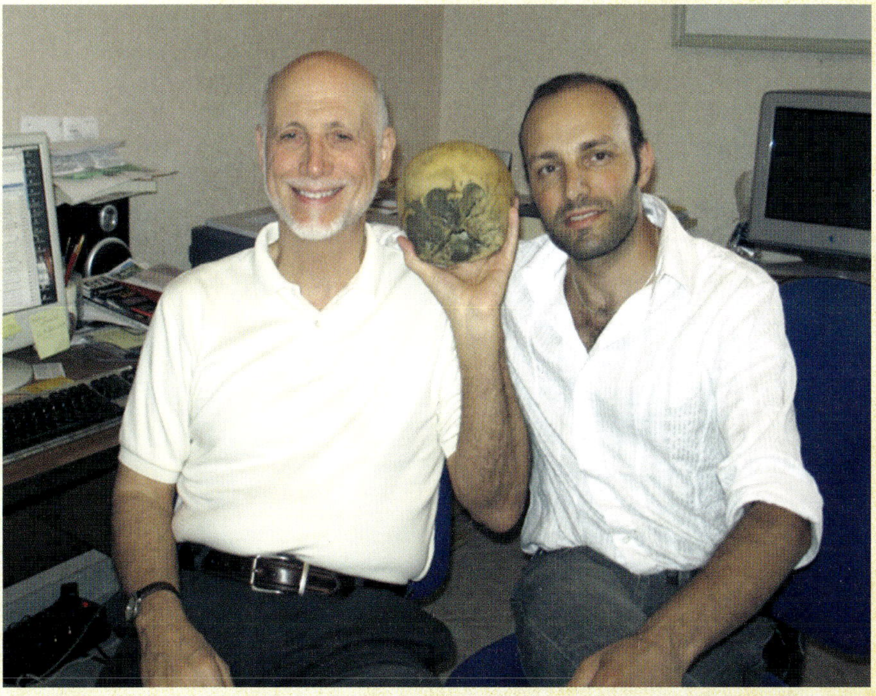

Lloyd Pye (links), zusammen mit dem italienischen Journalisten Adriano Forgione.

TUTENCHAMUN:

Das Geheimnis seiner Trompete

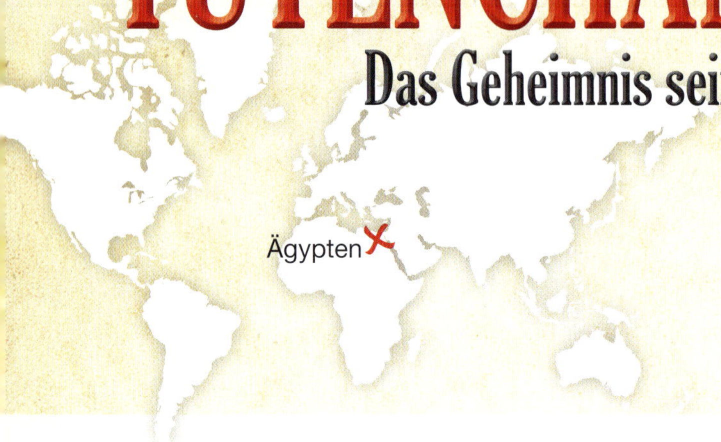

»Was ist ein wahres Geheimnis? Etwas, das für jeden offen daliegt. Der eine erkennt es, der andere jedoch nicht.« (Lao-Tse, Philosoph)

Marco Gisler weiß es noch, als ob es gestern gewesen wäre. 1992 verbrachte er einige Wochen in Ägypten. Begleitet wurde er vom Fremdenführer Adel Hammad – einem charmanten Ägyptologen, dessen Leben 1997 beim grausamen Terroranschlag in Luxor ein viel zu frühes Ende fand. »Im Museum von Kairo zeigte uns Adel auch die berühmten Kriegstrompeten, die einst in Tutenchamuns Grab gefunden worden waren«, erinnert sich Gisler.

Die beiden Objekte, eines aus Silber, eines aus Kupfer, wurden um 1260 vor Christus hergestellt. Sie gelten als älteste noch spielbare Trompeten der Welt. »Adel erzählte uns dazu ein paar sonderbare Dinge, die ich auf Video aufgenommen habe.« Als Beweis für seine Behauptung schiebt der Schweizer die Filmkassette in seinen Rekorder. Auf dem Bildschirm: der sympathische dunkelhäutige Ägypter und seine Begleiter.

Speziell mit dem silbernen Objekt habe es eine besondere Bewandtnis, berichtet Adel auf den Videoaufnahmen im Kairoer Museum in gutem Deutsch, während er das antike Stück im Schrein mit dem Strahl seiner Taschenlampe anleuchtet: »Diese militärische Fanfare wurde zweimal restauriert: Einmal 1954 und einmal 1974. Was ich euch nun erzähle, ist kein Märchen: Als man die Trompete damals testen wollte und ihr zum ersten Mal in der Neuzeit Töne entlockte, gingen in ganz Ägypten plötzlich die Lichter aus!«

Nicht nur bei Gisler weckten derlei Ausführungen Erinnerungen an den vermeintlichen Fluch des Pharaos, der vielen der in die Graböffnung Involvierten innerhalb weniger Jahre das Leben gekostet haben soll. Ebenso erinnert er an den überraschenden Tod von Lord Carnarvon: Just als der Mäzen von Tut-Entdecker Howard Carter am 5. April 1923 das Zeitliche segnete, ereignete sich in Kairo ein totaler Stromausfall. »Und dann war da viele Jahrzehnte später auch noch die offizielle Meldung, wie Tuts Mumie von den Ägyptern 2005 einer Computertomographie unterzogen wurde und das entsprechende Gerät prompt für mehrere Stunden streikte. Alles nur Zufall?«

Zurück zu Gislers Videoaufnahmen von Tuts Silbertrompete: Man habe damals – 1954 – noch keinen Staudamm gehabt, ergänzte Fremdenführer Adel seine Aussagen. Vielmehr seien die meisten Provinzen mit unabhängigen Dieselgeneratoren ausgestattet gewesen. »Deren Diagramme zeigten zum Zeitpunkt der Trompetentöne allesamt Nullwerte an!« Kurz danach sei der Strom wieder geflossen. »Eine Tatsache, über die seinerzeit niemand gern sprechen mochte, weil man sie nicht zu erklären vermochte.«

Ähnliches geschah 1974, als das kostbare Stück erneut gespielt worden sei: Diesmal hätte sich der Stromausfall beim Blasen der Fanfare allerdings nur auf die Stadt und die unmittelbare Umgebung von Kairo beschränkt. Und ob der ungläubigen Blicke seiner Zuhörer versicherte der Ägypter vor laufender Kamera selbstsicher: »Das hat man uns als angehenden Ägyptologen sogar kurz auf der Universität erzählt!«

Foto der BBC-Radiosendung (1939). Die Aufnahmen waren vom Pech verfolgt ...

Fantasievolle Anekdoten eines Fremdenführers, der es mit der Realität aus Rücksicht auf seinen Lebensunterhalt nicht mehr allzu genau nehmen mochte? Definitiv getäuscht hat sich Adel Hammad zumindest bei den Jahreszahlen. Zum ersten Mal akustisch erprobt wurden die beiden Trompeten von Pharao Tut im privaten Rahmen nämlich bereits im Februar 1933 von Percival Kirby, einem Musikprofessor an der *University of the Witwatersrand* von Johannesburg. Und zwar auf persönliche Einladung von Reginald Engelbach vom Ägyptischen Museum in Kairo. Kirby behielt sein Erlebnis lange für sich und gab es erst 1947 im Journal des *Royal Anthropological Institute of Great Britain and Ireland* preis. Ein Fachaufsatz, der noch in den 1990er-Jahren selbst dem weltbekannten Ägyptologen Nicholas Reeves völlig unbekannt war.

1939 – sechs Jahre später – ereignete sich dann in der Tat Seltsames, wie BBC-Pionier Rex Keating 1999 in seinen Memoiren vermerkte. Keating hatte die ägyptische Altertumsverwaltung kurz vor Ausbruch des Zweiten Weltkriegs nach monatelanger Verhandlung endlich dazu überreden können, die antiken Militärtrompeten öffentlich zu erproben – ebenfalls im Museum von Kairo. Sein Traum: Die BBC sollte diese musikalische »Premiere« via Radio in alle Welt posaunen, um die Zeremonie inmitten der schwelenden politischen Verstimmungen auf der Welt als Akt internationaler Völkerverständigung zu propagieren. »Dies nach rund 3000 Jahren Stille«, wie die *New York Times* ihren Lesern im April 1939 ehrfürchtig ankündigte.

Das Schicksal nahm seinen Lauf: Ein militärisches Bandmitglied des *11th British Hussar Regiment* wurde als Trompetenspieler auserkoren. Sehr zum Missfallen vieler Einheimischer, die voller Angst an den Tutenchamun-Fluch erinnerten. Manche von ihnen fürchteten gar, dass die Töne die Mumie wieder zum Leben erwecken könnten: »Das beschwört nur Unheil herauf!« Und wieder andere in den USA und in Europa verwiesen nachdenklich auf die Kriegstrompeten von Jericho, deren Klänge laut Bibel einst ganze Mauern zum Einsturz gebracht haben sollen.

Ungeachtet dessen begannen in Kairo die Proben. Eine lebende Mumie erschien nicht. Dafür tauchte quasi aus dem Nichts ein anderer Gast auf: Noch während der zuständige Musiker der Kupfertrom-

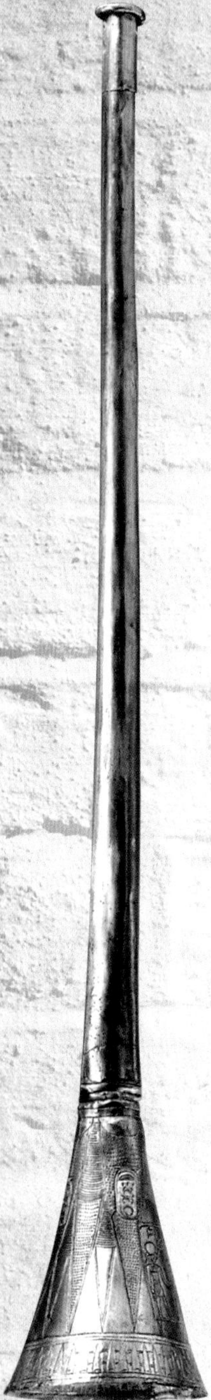

Die altägyptische Silbertrompete aus dem Grab von Pharao Tutenchamun.

pete mehr oder weniger erfolglos einige Töne zu entlocken versuchte, öffnete sich plötzlich die Türe. Herein stolzierte zu aller Überraschung der ägyptische König Farouk, der dem Ensemble einen Überraschungsbesuch abstattete. Der erstaunte britische Bläser – ein gewisser »Bandsman Scott« – legte das Instrument zaghaft beiseite, tastete nach der Silbertrompete, nahm sich ein Herz und blies voller Inbrunst hinein. Doch der zitternde Ton wandelte sich sogleich in ein hässliches Geräusch. Fassungslos hielt der Mann den Atem an: Das unbezahlbare Stück war in seinen Händen in etliche Teile zerschellt!

Nach ein paar Schrecksekunden fanden sich alle Beteiligten inklusive des Königs auf dem Boden wieder, wo sie hektisch die antiken Überreste bargen. »Die Trompete muss unbedingt wieder zusammengesetzt werden«, donnerte der ägyptische Regent. »Und dass mir ja niemand etwas davon an die Öffentlichkeit trägt! Kein Mensch darf von diesem Vorfall erfahren!« Die Briten taten, was sie konnten, verordneten Maulkörbe und schickten das unglückliche Ensemblemitglied in die Wüste. Offizielle Sprachregelung: »Bandmaster Scott musste wegen anderweitiger Verpflichtungen überraschend verreisen.«

Die antike Trompete wurde quasi über Nacht restauriert. Bandmitglied James Tappern war nun der »Glückliche«, der die beiden Instrumente – speziell das silberne – samt modernem Mundstück live blasen sollte. Doch das Glück war auch dem 1997 verstorbenen Musiker nur bedingt hold: Exakt am 14. April 1939, kurz bevor er zum Musizieren ansetzen wollte, fiel im Museum von Kairo – wie von Adel Hammad angedeutet – überraschend der Strom aus! Also installierte man batteriebetriebene Lampen, um die Übertragung doch noch möglich zu machen. Doch es war wie verhext: Just fünf Minuten vor dem Start gaben auch diese beiden Lichter wie auf Kommando unerwartet ihren Geist auf, wie sich Rex Keating erinnert.

So fand die BBC-Übertragung von Tuts Kriegsfanfare aus dem Museum schließlich im Licht einer einzigen flackernden Kerze statt. Angekündigt wurde das musikalische Experiment mit den martialischen Worten: »Die Trompeten von Pharao Tutenchamun, Herrscher der zwei Länder, König des Südens und des Nordens, geliebt von Re!«

Noch am 14. April 1939 wurde die Aufnahme in Ägypten ausgestrahlt und um den 16./17. April 1939 über London in alle Welt posaunt. Ein schlechtes Omen. Denn wer gedacht hatte, mit der »völkerverbindenden« Performance der antiken Kriegstrompete den Frieden auf der Welt beschwören zu können, wurde bitter enttäuscht. Genau das Gegenteil war der Fall, brach doch wenige Monate später, im September 1939, in Europa der Zweite Weltkrieg aus. BBC-Pionier Rex Keating zeigte sich von diesem »Zufall« auch im hohen Alter von 90 Jahren noch unbeeindruckt: »Ich bin nach wie vor der Überzeugung, dass ein kleiner Österreicher mit einem kleinen Schnauz für all das Unglück von damals verantwortlich war – und nicht der Fluch von Tutenchamun.« ■

Reiseführer und Ägyptologe Adel Hammad: 1997 wurde er brutal ermordet.

UNTERWASSER-GRÄBER: Besaßen die Maya Tauchgeräte?

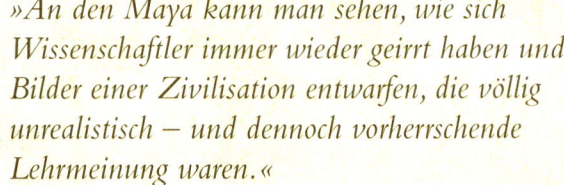

»An den Maya kann man sehen, wie sich Wissenschaftler immer wieder geirrt haben und Bilder einer Zivilisation entwarfen, die völlig unrealistisch – und dennoch vorherrschende Lehrmeinung waren.«

(Nikolai Grube, Maya-Forscher)

Im Manifest des Friedens sucht man die Unterschriften der mächtigsten Staatschefs vergeblich. Die Herren waren bei der Unterzeichnung leider verhindert. Sie führten gerade Krieg. Vorgemacht haben ihnen den Wahnsinn nicht zuletzt die alten Maya-Despoten: Indem sie ihre Staaten gegeneinander in die Schlacht führten, trieben sie die schillernde Hochkultur bereits um 800 bis 900 nach Christus in den Untergang. Dennoch tauchen über das mysteriöse Volk immer wieder neue Erkenntnisse auf, die selbst Vertreter staatlich kontrollierter Medienkonzerne gelegentlich aus dem Tiefschlaf wecken. In diesem Fall: aufgeschlossene ZDF-Journalisten, welche die Courage bewiesen, das vermeintlich »Unmögliche« vor einem Millionenpublikum auszusprechen.

Für ihre Reportage vom 26. Februar 2006 über die »Todeskammern der Maya« hatten die findigen Reporter unter anderem den südamerikanischen Unterwasserarchäologen Guillermo de Anda von der *Universidad Autonoma de Yucatan* in Merida begleitet – mitten in die Unterwelt. Mit seinem Team untersucht de Anda in den Mangrovenwäldern von Yucatan im Golf von Mexiko nahe der Küste sogenannte »Cenotes« – Wasserlöcher unter der Erde. Auf der ständigen Suche nach noch unberührten rituellen Unterwasserstätten der Maya, die ihren Göttern dort Opfer brachten.

Die TV-Bilder sind atemberaubend: Mit Schlauchbooten und in Taucheranzügen dringen de Anda und seine Mannen in die urzeitlich anmutenden Höhlenwelten vor – Meter für Meter, in ein regelrechtes Stollenlabyrinth. Begleitet von den Kameras des ZDF. Vor rund 1500 Jahren hatten die Maya dort einst Opfernischen in den Fels geschlagen und ihre Gaben tief unter dem Wasserspiegel säuberlich deponiert – also nicht etwa nur achtlos ins kalte Nass geworfen.

Nach einigen Tauchgängen zeichnen sich in den überfluteten Stollen Säulen, Steinköpfe, Glyphensteine, Schädel und Tongefäße ab – teilweise in einer Tiefe von 40 Metern, 150 Meter vom Eingang des Wasserlochs entfernt. »Vielleicht konnten die Maya-Priester ja trockenen Fußes zu den Opferstätten gelangen?«, fragen sich die Journalisten. Doch Guillermo de Anda belehrt sie eines Besseren. Untersuchungen hätten gezeigt, dass der Wasserspiegel in den Stollen damals nicht wesentlich niedriger lag als heute, doziert der mexikanische Archäologe.

In der Folge formulieren die verdutzten Berichterstatter kühne Sätze, wie man sie im öffentlich-rechtlichen Fernsehen selten zu hören bekommt: »Eine fantastische Idee, dass die Maya so lange tauchen konnten! Aber es gibt keine andere Erklärung. Welches Wissen hatten sie, welche Hilfsmittel, die ihnen erlaubten, eine Stunde und mehr unter Wasser zu sein? Wie konnten die Maya so weit hinein in die Unterwassergänge vorstoßen? Sie schlugen sogar Opfernischen in den Fels. Das braucht Zeit und war nur mit Atemgeräten zu bewerkstelligen.«

Stele von El Baul in Guatemala: Zeigt sie einen Maya in Taucherausrüstung?

Die ZDF-Journalisten sind sichtlich verwirrt, wie sie in ihrer Fernsehreportage einräumen. Und doppeln schließlich nach: »Über tauchende Maya wurde viel spekuliert. An einem Tempel der Mayastadt Tulum direkt am Meer ist der Diving God, der tauchende Gott, zu sehen. Taucht er vom Himmel herab, wie Wissenschaftler annehmen? Andere spekulieren, in diesen Figuren Maya mit Tauchermasken zu erkennen. Mit Gefäßen voll Sauerstoff, die sie vor der Brust trugen, oder mit Taucherglocken.« Auch der berühmte Maya-»Ballspieler« von El Baul aus Guatemala könnte – aus Laiensicht – durchaus entsprechend interpretiert werden …

Gewagte Gedanken – und so folgte die obligate Kollegenschelte der journalistischen Konkurrenz diesmal besonders schnell: Bereits einen Tag vor (!) der Sendung frotzelte ein Journalist der *Frankfurter Rundschau* aufgrund der ZDF-Presseankündigung: »Wenn seriöse Wissenschaftler vermuten, dass die Maya bereits über prähistorische Tauchgeräte verfügten, könnte man auf den Gedanken kommen, dass Erich von Däniken einiges Unrecht widerfahren ist. Wenn dann die Funde in den heimischen Labors und Studierzimmern ausgewertet werden, sind die Kameras längst wieder woanders, die Forschungsergebnisse allenfalls Sache von ein oder zwei Sätzen.«

Auch Profitaucher mögen sich derlei Dinge nur schwer ausmalen. Differenzierter als die Häme der *Frankfurter Rundschau* sind ihre Kommentare allemal, etwa auf der Internet-Seite *www.tauchernet.de.* Dort wird geltendes Lehrbuchwissen zwar brav nachgekaut, allerdings mehrheitlich im Konjunktiv. »Findet man Keramik im Eingangsbereich einer Cenote, so kann es sich um Opfergefäße handeln, aber auch um Gefäße, die beim Wasserholen zu Bruch gegangen sind und dann einfach zurückgelassen wurden«, schreibt etwa der Deutsche Marko Reckel.

Finde man dagegen Menschenknochen, so müsse man zwischen den unterschiedlichen Cenoten-Bereichen unterscheiden: »Im Einbruchsbereich können es Knochen von Menschenopfern sein, sind sie jedoch tiefer in den Cenoten, so wird es sich mit großer Wahrscheinlichkeit um Knochen prähistorischer Menschen handeln, die zu den Zeiten der Eiszeit in der Höhle Schutz gesucht haben.« Das wissen natürlich auch die ZDF-Journalisten. Dennoch halten sie nach ihrer Expedition am »Rätsel der Maya-Taucher« fest – mit Recht, wie die Funde von Guillermo de Anda beweisen. ■

VASEN AUS DER ANTIKE:

Wann beginnen sie zu sprechen?

»So pflanze ich ein Samenkorn. Es wird wachsen, blühen und Früchte tragen. Der, der die Pflanze säte, wird vergessen sein, nicht aber die Pflanze.«
(Frederick S. Oliver, Schriftsteller)

Die französischsprachige TV-Meldung lässt einen stutzig werden. Ohne mit der Wimper zu zucken, berichten belgische Wissenschaftler darin von einer schier unglaublichen Entdeckung. Kurz gefasst sei es ihnen gelungen, aus Einkerbungen einer 6500 Jahre alten Tonvase mit phonographischen Mitteln Stimmen und Gelächter akustisch hörbar zu machen. Exakt jene Geräuschkulisse, die in grauer Vergangenheit unmittelbar während des Einkerbens geherrscht haben soll. Ausgestrahlt wurde der News-Beitrag im belgischen Fernsehen – am 1. April 2005.

Antike Vasen: Lassen sich ihnen akustisch gespeicherte Gespräche der Vergangenheit entlocken?

Leider kein Zufall. Tatsächlich handelte es sich um einen – äußerst professionell aufgemachten – Aprilscherz. Doch so abwegig, wie sie auf den ersten Blick scheinen mögen, sind derlei Überlegungen trotzdem nicht. Bereits 1969 war die Idee, Töne aus der Vergangenheit hörbar zu machen, in der Februar-Ausgabe des *New Scientist* von David E. H. Jones in einer Kolumne aufgeworfen worden. Und kurz zuvor hatte ein unabhängiger Wissenschaftler namens Richard G. Woodbridge III. der renommierten Zeitschrift *Nature* ebenfalls einen entsprechenden Kurzbericht über eigene erfolgversprechende Versuche aus dem Jahre 1961 angeboten. Sein Beitrag wurde von den Herausgebern als »zu spezialisiert« abgelehnt. Klingt höflich, ist es aber nicht.

Immerhin: Woodbridge konnte seinen Text im August 1969 schließlich doch noch platzieren – in den *Proceedings of the IEEE.* Unter dem Titel »Acoustic Recordings from Antiquity« schrieb er dort: »Dank bedeutender Fortschritte in der Elektronik-Entwicklung ist es nicht mehr unwahrscheinlich, akustische Signale, die vor langer Zeit unbeabsichtigt in Oberflächen geritzt worden sind, heute wieder hörbar zu machen. (...) Kratzer, Einkerbungen, Gravuren, Fugen, Ziselierungen etc. in ›plastischen‹ Materialien wie Metall, Wachs, Holz, Knochen, Lehm und Ähnlichem könnten Gegenstand von Untersuchungen sein. Artefakte wie Schwerter, Pfeile, Köcher, Tonwaren, beschriftete Platten, Gemälde und vieles mehr könnten diesbezüglich ebenfalls von Interesse sein.«

Lediglich ein paar Science-Fiction-Autoren sollten Woodbridges kühne Gedanken in der Folge aufgreifen – bis 1993. In diesem Jahr zog der deutsche Biophysiker, Nanowissenschaftler und heutige Professor Wolfgang Heckl in *Bild der Wissenschaft* publikumswirksam nach. Mittlerweile ist der Mann als Generaldirektor des Deutschen Museums tätig. Doch war er bereits damals kein Unbekannter. Jahrelang hatte er mit dem Nobelpreisträger und Miterfinder des Rastertunnel-Elektronenmikroskops, Gerd Binnig, zusammengearbeitet. Und bereits in jenen Jahren stellte sich auch Wolfgang Heckl

Flair für Stimmen aus der Vergangenheit: Professor Wolfgang Heckl.

die wagemutige Frage: Wäre es nicht möglich, dass Geräusche oder gar Musik tatsächlich in alten Töpfen und Vasen verewigt worden sein könnten? Und: Könnten solche Laute mithilfe des 1986 ebenfalls von Binnig entwickelten Rasterkraftmikroskops vielleicht sogar wieder hörbar gemacht werden?

Pure Fantasie? Nein, denn besagtes technisches Wunderding basiert ebenso wie das Rastertunnelmikroskop auf dem Prinzip einer ultrafeinen Nadelspitze, welche die Oberfläche eines bestimmten Materials zeilenweise abtastet und so selbst Kristallstrukturen oder einzelne Moleküle sichtbar macht. Heckls Idee lehnt sich somit eng an Woodbridges Gedanken an. Auch sie fußt auf der simplen Grundüberlegung, dass grundsätzlich alle Kratzer oder Rillen, die im Lauf der Zeit bewusst oder unbewusst auf ein Objekt gelangen, indirekt auch Speicher akustischer Information sein müssten. Schließlich wirken sich alle Schallschwingungen einer jeweiligen Umgebung automatisch auf das kratzende Instrument aus, gelangen auf diese Weise also als winzige Ablenkungen direkt in die gerade entstehende Rille. Rillen, wie wir sie auf antiken Töpfen und Vasen in Hülle und Fülle finden.

Wenngleich Heckl bewusst vorsichtig blieb und auf verschiedene Voraussetzungen in Bezug auf Material und Oberflächenbeschaffenheit hinwies, welche die Suche einschränken würden, eröffnen sich durch seine Überlegungen wahrhaft fantastische Perspektiven. So mögen auf die beschriebene Weise vielleicht ganze Sätze oder Ausrufe der jeweiligen Künstler in den Rillen festgehalten worden sein. Stellen wir uns nur einmal vor, wir könnten hörbar machen, wie ein römischer Vasenkünstler mit seinen Besuchern gerade über Cäsars Tod tratscht, während er seine Verzierungen eingravierte. Oder wir würden vernehmen, was Universalgenie Leonardo da Vinci vor sich hinbrummte, als er Maria Magdalena auf sein *Abendmahl* pinselte. Madonna!

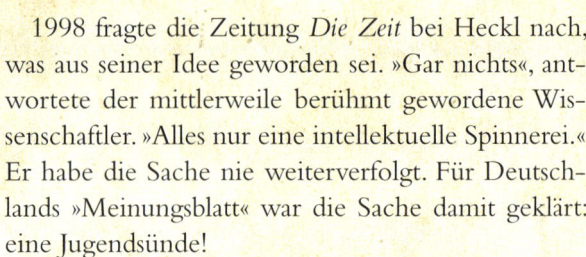

1998 fragte die Zeitung *Die Zeit* bei Heckl nach, was aus seiner Idee geworden sei. »Gar nichts«, antwortete der mittlerweile berühmt gewordene Wissenschaftler. »Alles nur eine intellektuelle Spinnerei.« Er habe die Sache nie weiterverfolgt. Für Deutschlands »Meinungsblatt« war die Sache damit geklärt: eine Jugendsünde!

Eine Jugendsünde? Vielleicht – aber eine ziemlich reife. Eine intensive Suche in den Archiven förderte nämlich überraschend eine völlig unbeachtete wissenschaftliche Abhandlung Heckls zutage, in der er seine Überlegungen wohlüberlegt konkretisierte. Vorgestellt wurde sie bereits 1992 im sogenannten *Dahlem Workshop Report* der Freien Universität Berlin, die damals regelmäßig interdisziplinäre Zusammenkünfte anerkannter Wissenschaftler durchführte.

Im englischsprachigen Sammelband der Tagung finden sich auch Heckls Überlegungen wiedergegeben. »Bis jetzt waren alle Informationen über das Leben in früheren Zeiten nur über erhalten gebliebene Schriftstücke, Gemälde oder Artefakte möglich«, gab er dort zu bedenken. »Stimmen aber, Musik oder andere Geräusche sind nur kurzzeitig hörbar. Dank der Erfindung des phonographischen Prinzips durch Thomas A. Edison und des später entwickelten Plattenspielers wissen wir jedoch, dass Töne mit relativ geringem technischem Aufwand gespeichert werden können. Die Frage stellt sich nun, ob es in der Vergangenheit vielleicht möglich war, auf eine ähnliche Art Klänge in einem geeigneten Medium aufzuzeichnen – und dass sich diese möglicherweise bis heute erhalten hätten.«

Auf den folgenden Seiten führte Heckl seine Ideen bis ins Detail aus. Auch wenn die vorgeschlagenen Experimente manchem Leser immer noch futuristisch vorkommen mögen, zeigt sein Aufsatz doch, dass eine faire Chance besteht, in naher oder ferner Zukunft mittels fortgeschrittener Technik mehr herauszufinden. »Meiner Meinung nach ist diese Idee mit dem Forschungsprogramm des internationalen SETI-Projekts – der Suche nach außerirdischen Signalen – vergleichbar«, betonte Heckl. Und erinnerte an die goldenen Schallplatten mit ihren akustisch aufgezeichneten Mitteilungen, welche die NASA in den 1970er-Jahren mithilfe ihrer *Voyager*-Sonden ins All katapultierte, um intelligente Wesen im Kosmos über Leben und Kultur unseres Planeten zu informieren. »Vielleicht sind die Artefakte aus unserer Vergangenheit diesen Scheiben ähnlich: Eine Geräuschkulisse aus der Vergangenheit, die nur darauf wartet, aufgespürt zu werden.«

Doch es kommt noch besser, denn nur wenige Monate nach dem Deutschen outeten sich auch schwedische Wissenschaftler aus Göteborg – unter dem Titel »The Brittle Sound of Ceramics: Can Vases Speak?«. Seit Jahrzehnten beschäftigten sie ähnliche Gedanken. Die Quintessenz ihrer früheren Experimente publizierten sie 1993 im Journal *Archaeology and Natural Science.* Professor Paul Aström und Akustikexperte Mendel Kleiner bezogen sich darin vor allem auf Objekte aus Ton, die nach dem Gravieren gebrannt worden waren. Und: Die beiden führten auch entsprechende Experimente durch. Erfolgreich!

Basierend auf den Erkenntnissen des Amerikaners Richard G. Woodbridge stellten sie Messungen an, um den mechanischen Widerstand der Töpfermasse während des Gravierens zu bestimmen und die erforderliche Lautstärke des aufzuzeichnenden Klanges zu eruieren. Ein Zylinder aus Ton wurde dazu mit Bauteilen eines Diktaphons verbunden. Für das Aufzeichnen modulierter Kerben bei verschiedenen Drehgeschwindigkeiten benutzte man einen einfachen Schallplattenspieler-Tonkopf. Auch ein Tongenerator und ein Verstärker wurden angeschlossen. Ernüchterndes Resultat: Die Amplitude der ungebrannten Kerbe war nicht messbar.

Beim späteren Brennen wurde der Zylinder durch Schrumpfung leicht verformt. Das »Abspielen« erfolgte mit einem üblichen Plattenspielertonarm. Der Zylinder wurde mit ungefähr der gleichen Geschwindigkeit wie bei der Aufnahme gedreht. Und, o Wunder: Jetzt konnten die Signale sowohl gehört als auch aufgezeichnet werden. Und es zeigte sich, dass sie sich deutlich von den Umgebungsgeräuschen abhoben!

Auch die schwedischen Wissenschaftler kamen deshalb zum Schluss, dass sowohl ihre Berechnungen als auch die durchgeführten Experimente »Anlass zu weiteren interessanten Forschungen« bieten würden. Wer weiß, welche faszinierenden Perspektiven uns die Technologien der Zukunft bieten? Werden wir dereinst tatsächlich in die Vergangenheit lauschen können – so, wie wir heute am Himmel jede Nacht das Sternenlicht sehen, das bereits vor Jahrmillionen ausgestrahlt wurde? ■

WELTKARTE VON 1507:

Priester wusste bereits vom Pazifik

»Wissenschaftliche Fortschritte – und gelegentliche Rückschritte – sind oft sehr menschliche Ereignisse, bei denen die Persönlichkeit der Beteiligten und bestimmte kulturelle Traditionen eine bedeutende Rolle spielen.« (James D. Watson, Biochemiker)

Das Wissen des Priesters Martin Waldseemüller (um 1470 bis 1522) verblüfft selbst Ungläubige. Um 1507 erstellte der süddeutsche Kartograf eine visionär anmutende zwölfteilige Weltkarte, auf der ein großer Ozean westlich des »neuen« Kontinents Amerika dargestellt ist – der Pazifik! Etwas, das man im damaligen Europa noch gar nicht wissen konnte. Ebenso wenig, dass es sich bei der »Neuen Welt« um einen ganzen Kontinent handelte, wie ihn die Karte bereits zeigt. Und auch die erstaunlich präzise umrissene Form Südamerikas auf Waldseemüllers Kartenwerk sorgt bis heute für Verblüffung: Teilweise ist die Breite des Kontinents auf bis zu 100 Kilometer korrekt wiedergegeben!

Das kostbare Einzelstück, das jahrelang in Leutkirch (Baden-Württemberg) aufbewahrt wurde, ist inzwischen für zehn Millionen Dollar an die Kongressbibliothek in Washington verhökert worden. Dort verwirrt »Amerikas Geburtsurkunde« jetzt auch US-Kartografen. Für sein Meisterstück schöpfte Waldseemüller nämlich vornehmlich aus Kartenmaterial des griechischen Geografen Claudius Ptolemäus und den Briefen des florentinischen Seefahrers Amerigo Vespucci (1451 bis 1512). Damit aber lässt sich das vermeintlich prophetische Wissen des Priesters nicht erklären. »Es muss noch einen anderen kartografischen Einfluss gegeben haben«, ist sich John Hébert sicher, Chef der Geografie- und Kartenabteilung der *Library of Congress.*

Auch sein Mitarbeiter John Hessler wittert verlorenes Wissen. »Es besteht die Möglichkeit, dass der Deutsche etwas kannte, was nicht länger vorhanden ist – eine Information, die wir nicht mehr haben«, vermutet er. Stutzig machte Hessler nicht zuletzt, dass Waldseemüller 1516 beim Zeichnen eines späteren, weitaus konservativeren Kartenwerks massiv zurückruderte – mit der zweideutigen Bemerkung, seine frühere Darstellung der Welt sei »voller Irrtümer, Wunder und Konfusionen« gewesen, was »nur sehr wenige Leute erfreute«. Hatte der kecke Priester für seinen ketzerischen Mut eins auf den Deckel bekommen?

Auch der Name »America« stammt übrigens von Waldseemüllers Karte – als Reminiszenz an Amerigo Vespucci. Dass er die Entdeckung dem italienischen Seefahrer fälschlicherweise untergejubelt hatte, bemerkte der deutsche Geistliche erst später. Verzweifelt versuchte er den Namen zu revidieren. Vergeblich: »America« war längst in aller Munde und als akzeptierter Begriff in den Sprachschatz eingegangen. ■

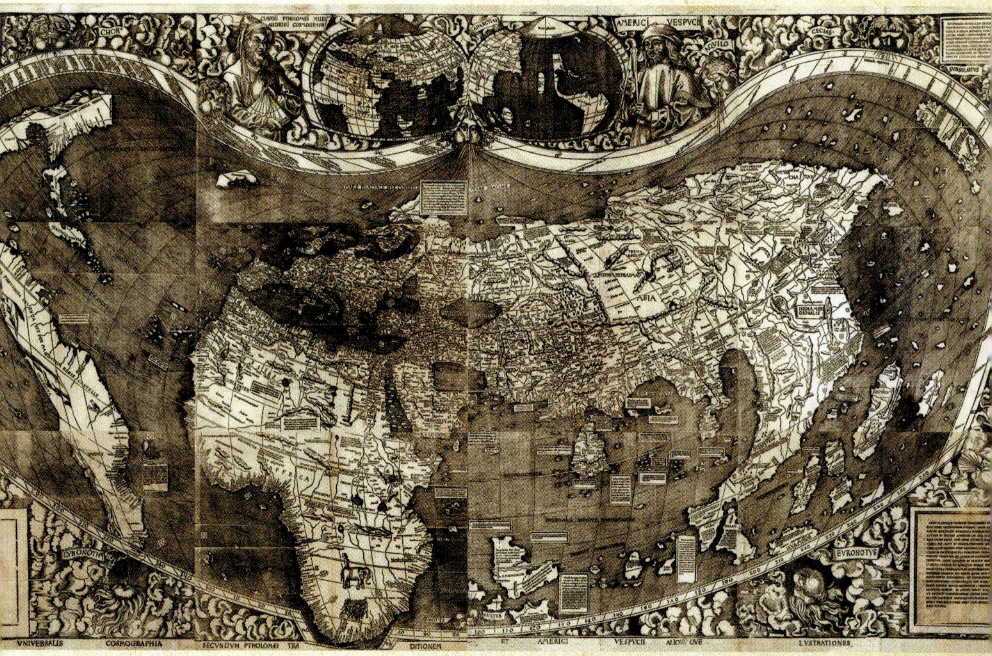

Verblüfft jetzt auch die Amerikaner: Die Weltkarte von Martin Waldseemüller.

ZAUBERSCHWERT AUS DER SCHWEIZ:

Wer entziffert seine Inschrift?

»Wenige wissen, wie viel man wissen muss, um zu wissen, wie wenig man weiß.«
(William Faulkner, Schriftsteller)

Ist es ein Zauberspruch? Vielleicht gar ein namentlicher Hinweis auf den Besitzer? Oder doch eher eine göttliche Beschwörungsformel? Bis heute grübeln Fachleute darüber, was die Buchstabenfolge NRF NIATE(D) NIATEDI ATEDI auf der mittelalterlichen Klinge bedeuten soll. Seit vielen Jahren befindet sie sich in den archäologischen Beständen des Kantons Graubünden in der Schweiz.

Entdeckt hatte das mysteriöse, 110 Zentimeter lange Eisenschwert 1997 ein Forstarbeiter nördlich von Tschlin-Vinadi im Bündnerland – unter einem Felsblock. Rund 35 Zentimeter ragte seine Spitze dort aus dem Boden. Die Silben- und Wortwiederholungen von »Niate« und »Diate« auf seiner Klinge lassen Jürg Rageth vom Archäologischen Dienst Graubünden am ehesten auf eine magische Bedeutung schließen.

»Möglich ist aber auch eine sprachliche Verballhornung«, spekuliert der Archäologe. Denn ähnliche Wortspielereien würden sich auch auf anderen, vergleichbaren Objekten finden. Etwa auf einem Schwert aus dem Neuenburgersee, das die klangvolle Inschrift AINANIA ziert – egal, ob man sie nun

Nahaufnahme der Inschrift: Noch immer bereitet sie Experten Kopfzerbrechen.

vorwärts und rückwärts liest. Auch die Bedeutung dieses zauberhaften Wortes ist bis heute unbekannt. Doch bereits sein Klang weckt Erinnerungen an längst vergessene Welten, die wir dereinst hoffentlich wieder bereisen.

Da weitere Grabungen am Fundort bei Tschlin-Vinadi nichts zutage förderten, gehen die Schweizer Archäologen mittlerweile davon aus, dass das Bündner Schwert dort versteckt worden sein könnte. Nebst der Inschrift ist die Waffe auf der Rückseite zusätzlich mit acht Kreisen verziert, die jeweils aus drei Ringen bestehen. Sowohl Inschrift als auch Verzierung sind auf der »Blutrinne« vermutlich »eingepunzt«, also mit einem Prägestock eingeschlagen worden.

Besonders deutlich kommt die 23,5 Zentimeter lange Inschrift auf der Röntgenaufnahme zum Vorschein. Die Buchstaben sind dort größtenteils klar lesbar. »Vom Wortlaut her erinnern sie eher an eine lateinische oder romanische als an eine deutsche Inschrift«, so Archäologe Jürg Rageth. Nicht zuletzt das Buchstabenbild lässt ihn und seine Kollegen vermuten, dass das Schwert wohl aus dem 12. oder 13. Jahrhundert stammen dürfte.

Durchaus möglich, dass die Zauber- oder Beschwörungsformel dem Schwert oder seinem Träger übernatürliche Fähigkeiten verleihen sollte. Rageth: »Am meisten überzeugt hat mich die Interpretation eines Akademikers aus Winterthur. Er sah in der Inschrift einen Bibelspruch, stilisiert zur Gebetsformel: NRF (non refugium est) NI A TE DI (nisi ad te deus) NI A TE DI (nisi ad te deus) A TE DI (ad te deus) – was so viel heißt wie: Herr, Du bist meine Zuflucht in der Not.« ■

Das Schwert von Graubünden. Welche Botschaft ziert seine Klinge?

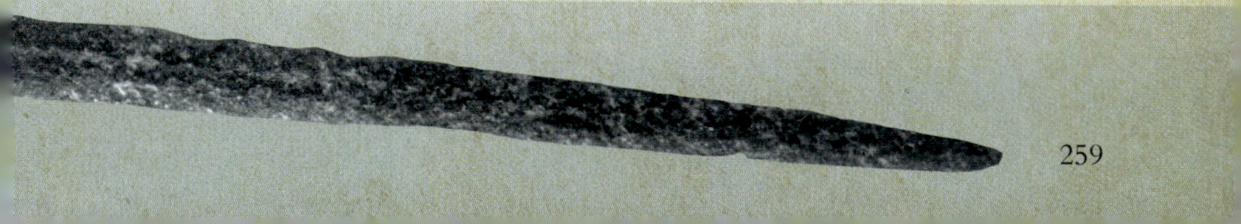

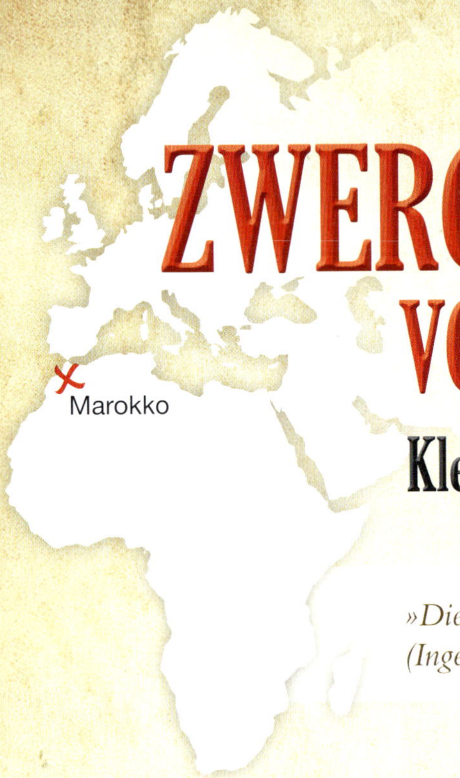

ZWERGSCHÄDEL VON MAROKKO:

Kleiner als ein Apfel!

»Die Wahrheit ist dem Menschen zumutbar.«
(Ingeborg Bachmann, Schriftstellerin)

Auf dem Gipfel der menschlichen Erkenntnis, einem kleinen unbedeutenden Hügel im Niemandsland, stehen sich mittlerweile Abertausende von gescheiten Denkern aus allen Epochen auf den Füßen. Missmutig ringen die Koryphäen der Neuzeit dort mit ihren Vorgängern um den besten Aussichtspunkt auf unsere Vergangenheit – den wahren Zenit aller Weisheit, den jeder für sich gepachtet zu haben glaubt.

Um den allgemeinen Tumult zu schüren, sei an dieser Stelle zu guter Letzt ein aprikosengroßer, versteinerter Primatenschädel aus Marokko in die Waagschale geworfen. Gerade mal 6,1 Zentimeter ist er hoch und 3,9 Zentimeter breit. Also kleiner als ein Apfel. Doch der winzige Totenkopf mit den anatomischen Merkmalen eines Hominiden wiegt schwer. Denn auch er scheint zu beweisen, dass einst alles ganz anders war.

Dass wir überhaupt von ihm wissen, verdanken wir dem jungen Lehrer und Amateurforscher Mohammed Zarouit. Er hatte den versteinerten Kopf des offenbar ausgewachsenen Winzlings am 14. Juli 2005 in der Wüste von Tafilalet erspäht, unweit von Erfou. Zarouit förderte den Schädel dort aus dem Schutt eines Steinbruchs zutage, wo bereits früher zahlreiche Fossilien entdeckt worden waren. »Ich war emotional völlig überwältigt, denn ich wusste, dass der Boden und alles dortige Gestein mindestens 360 Millionen Jahre alt sind! So gesehen, dürfte auch der Schädel mit größter Wahrscheinlichkeit aus dieser Zeit stammen.«

Konkret: Das Fundstück steckte in der geologischen Formation des Devon, einer Formation des Paläozoikums. 416 Millionen bis 359 Millionen Jahre vor unserer Zeit, als die allerersten Amphibien gerade zaghaft an Land krochen. Ein versteinerter Zwergenschädel hat dort in etwa so viel verloren wie ein Plastik-Schlumpf im Pharaonensarg von Tutenchamun. Schließlich tauchten die allerersten Primaten »erst« in der Kreidezeit auf unserem Planeten auf, also vor maximal 90 Millionen Jahren. Vom Auftauchen der ersten Hominiden ganz zu schweigen – denen billigt man derzeit allerhöchstens ein paar Millionen Jahre zu.

Dennoch sei der Fund hundertprozentig authentisch, versicherte am 14. Juni 2006 auch Alaoui Abdelkader, Direktor des *Moulay Ali Chrif Hospital,* gegenüber der *Morocco Times:* »Es handelt sich definitiv nicht um eine Fälschung!« Abdelkader hatte den Primatenschädel nach allen Regeln der Kunst durchleuchten lassen. Das aufsehenerregende Ergebnis unterzeichnete er am 10. Juni 2006 in einer schriftlichen Expertise. Der Radiologe: »Die bisherigen Röntgenresultate sind faszinierend, und ich bin überzeugt, dass das Objekt noch weitere Überraschungen für uns bereithält.«

Wer riecht den Braten und nimmt die Fährte in Marokko auf? Niemand. Denn die Anthropologie – kein Witz! – ordnet den modernen Menschen neuerdings der Untergattung der sogenannten Trockennasenaffen zu. Dies nicht zuletzt wegen seiner verkümmerten Spürnase. Wie brummte doch der Zyniker, als er enttäuscht aus dem Zoo schlich: »Auch Affen sind nur Menschen …« ■

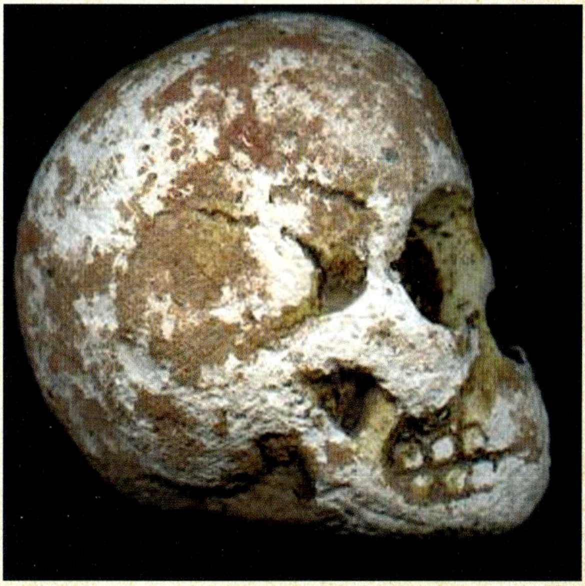

Dieser winzige Schädel stellt alles infrage, was Altertumsforschern heilig ist.

EPILOG

Warum weiten sich meine Augen, wenn ich in der vermeintlich fiktiven Atlantis-Schilderung *Phylos, der Tibeter* aus dem Jahr 1905 (!) wörtlich von »mobilen Bildtelefonen mit Vibratoren«, »Elektrogewehren« und der bevorstehenden Entdeckung der Atomkraft lese? Weshalb glaube ich auf einer unrestaurierten Brustplatte aus der iranischen Provinz West-Aserbaidschan einen Riesenaffen zu erkennen, der dort mit Sicherheit nicht hingehört? Und wieso werde ich misstrauisch, wenn dieses 3000 Jahre alte Relikt vom Siedlungshügel Hasanlu Tepe nach seiner »fachgerechten« Restaurierung plötzlich einen stinknormalen Krieger zeigt?

Weil ich meinem Instinkt mehr vertraue als all den Neunmalklugen, die mir täglich vorschreiben, was ich zu glauben habe – und was nicht. Weil ich in einem Tropfen Verrücktheit mehr Weisheit wittere als in einem Ozean voller Vernunft. Und weil ich die Fantasie in Ehren halte – Triebfeder jeglichen Fortschritts. Ähnlich agiert Kai Helge Wirth, Geograf und Künstler aus Frankfurt, der seine Fachkollegen mit Gedanken neckt, die überfällig scheinen: »Unsere willkürlich angeordnet scheinenden Sternbilder wurden vor Jahrtausenden bewusst erdacht, um Seefahrtpionieren der Vergangenheit den Weg zu weisen – einer riesigen Navigationskarte gleich«, behauptet der originelle Denker reichlich kühn – im Bewusstsein, Neuland zu betreten.

»Die Landverläufe und Seewege zwischen Nordkap, Island und Nordafrika sind ihrer Gesamtheit lückenlos am Himmel dargestellt«, glaubt Wirth zu wissen. In jahrzehntelanger Arbeit hat der Mann Küstenlinien mit scheinbar sinnlos gruppierten Sternanordnungen verglichen – und auf seinen Karten verblüffende Übereinstimmungen entdeckt. Ob Löwe, Jungfrau, Herkules oder Orion: Allesamt sollen die besagten Konstellationen am Firmament maßstabsgetreu bestimmte Landumrisse und Strömungsverhältnisse nachbilden, um die vorzeitlichen Seefahrer auf Kurs zu halten – und das bereits vor etlichen Jahrtausenden. Erst unter diesem Blickwinkel würden die eigenwillig zusammengewürfelten Sternbilder überhaupt erst verständlich, betont er. Ein riesiger Atlas über unseren Köpfen! Warum eigentlich nicht?

Wirths himmlische Theorie dokumentiert, wie viel es noch zu entdecken gilt. Denn ob Acambaros jahrtausendealte Dinosauriersammlung oder Fußspuren moderner Menschen vor Jahrmillionen: Das Wissen über unsere Vergangenheit ist derart beschränkt, dass die Überraschungen immer noch dort lauern, wo wir nach ihnen suchen. Und so beschlich mich beim Schreiben dieses

Hasanlu-Brustplatte vor der Restaurierung: Noch scheint sie einen Bigfoot zu zeigen …

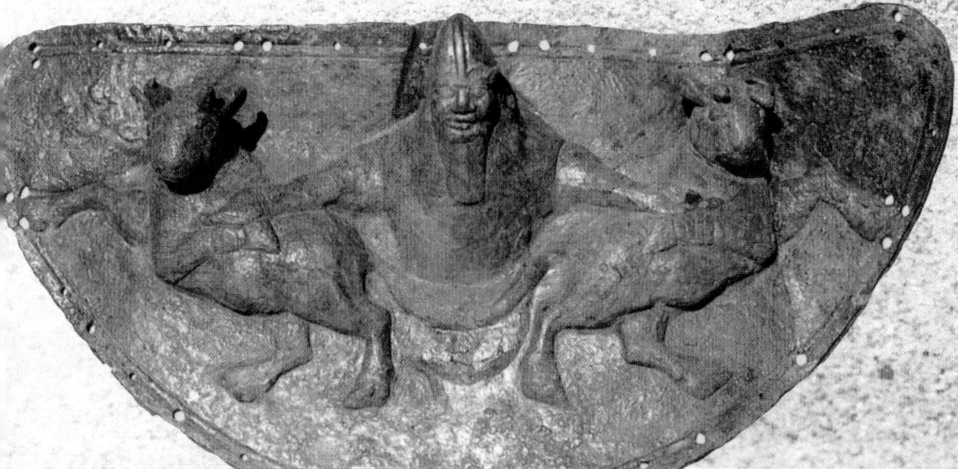

Merkwürdig verändert: Die Brustplatte nach ihrer »fachgerechten« Restaurierung.

Buches mitunter die dumpfe Ahnung, dass unsere Gesellschaft der Wahrheit mittlerweile so nahe ist wie eine Sandhummel dem Meeresgrund: Jeden Tag kritzeln unsere Lehrer mit Kreide auf ihre Schultafeln, was gestern schon dort stand. Glaubwürdiger wird es trotzdem nicht.

Unser Planet dreht sich im Kreis – und die Menschheit mit ihm. Noch immer plustern sich die Affen der Moderne auf, um über das Elend ihrer Unwissenheit hinwegzusehen. Verklärt bleibt ihr Blick in den Wipfeln der Vorzeit kleben. Dort, wo sie ihre Vorfahren artig in den Baumkronen wähnen. Die versteinerte Flaschenpost am Wurzelspross übersehen sie – weil sie nicht ins Bild passt. Die Vergangenheit wiederholt sich. Die Zukunft muss warten. Wie lange noch?

Noch können wir die Vergangenheit verändern, indem wir unsere Vorstellungen über sie revidieren. Doch die Quellenlage verschlechtert sich von Tag zu Tag. Das Geheimnis verschollener Kulturen verblasst vor dem Hintergrund des täglichen Wahnsinns. In den letzten Flächen der Regenwälder wird ohne Rücksicht platt gewalzt, was Jahrtausende vor uns verborgen hielten. In der Arktis verfault, was auf ewig im Boden konserviert schien. Was bereits in den Privatkellern von Sammlern ruht, wird über Generationen weiter vererbt, ohne dass wir es jemals wieder zu Gesicht bekommen. Und was heute doch noch entdeckt wird, gerät bereits morgen wieder in Vergessenheit. Weil Neues an seine Stelle treten muss, auf dass uns nicht langweilig wird.

Wir kranken wir an unserer Eitelkeit und üben uns in technologischen Experimenten, die uns das Universum nicht verzeihen wird – einem unbedarften Südseeinsulaner gleich, der plötzlich im Cockpit eines atomar bestückten Kampfjets thront und dort vergnügt die Hebel bedient. Vor lauter Stolz auf unseren ach so rasanten Aufstieg vergessen wir unsere Herkunft. Statt an die Natur glauben wir heute an die Wissenschaft und ihre Errungenschaften, in der trügerischen Hoffnung, der Vergangenheit endlich entkommen zu sein. Den Göttern haben wir Museen errichtet, weil wir uns nicht mehr auf ihre Hilfe angewiesen glauben. Das Resultat unserer Selbstvergötterung weckt die Sehnsucht zur Umkehr. Verglichen mit der Moderne erscheint die Steinzeit wie eine romantische Utopie. Ein Zyniker, wer darüber nachsinnt, wie viele Atombomben nötig sind, um sie zu verwirklichen.

Hochmut kommt vor dem Fall. Ob wir ihn überleben, hängt von unserer Einsicht ab. Gut möglich, dass sie länger auf sich warten lässt als der Untergang unserer Zivilisation. Denn wer den kleinsten Tierchen ihre vermeintlich beschränkte Intelligenz akademisch um die Ohren haut, mag damit wissenschaftlich gesehen zwar richtig liegen. Dass der Mensch mit seinem größeren Gehirn aber auch die größeren Denkfehler produziert, wird er spätestens dann merken, wenn er die Welt derart verpestet hat, dass ihm Luft, Nahrung und Wasser ausgehen. Und die überlebenden Insekten triumphierend über ihn und seine Werke hinwegkrabbeln, um diese Erde wieder in Besitz zu nehmen. Weil sie sich nicht anmaßten, Gott zu spielen oder dem Universum zu erklären, wie es entstanden sein soll. Zurück bleibt im besten Fall eine versteinerte Cola-Flasche – als Flaschenpost an die Zukunft. Die Geschichte wiederholt sich. So lange, bis wir sie kapieren.

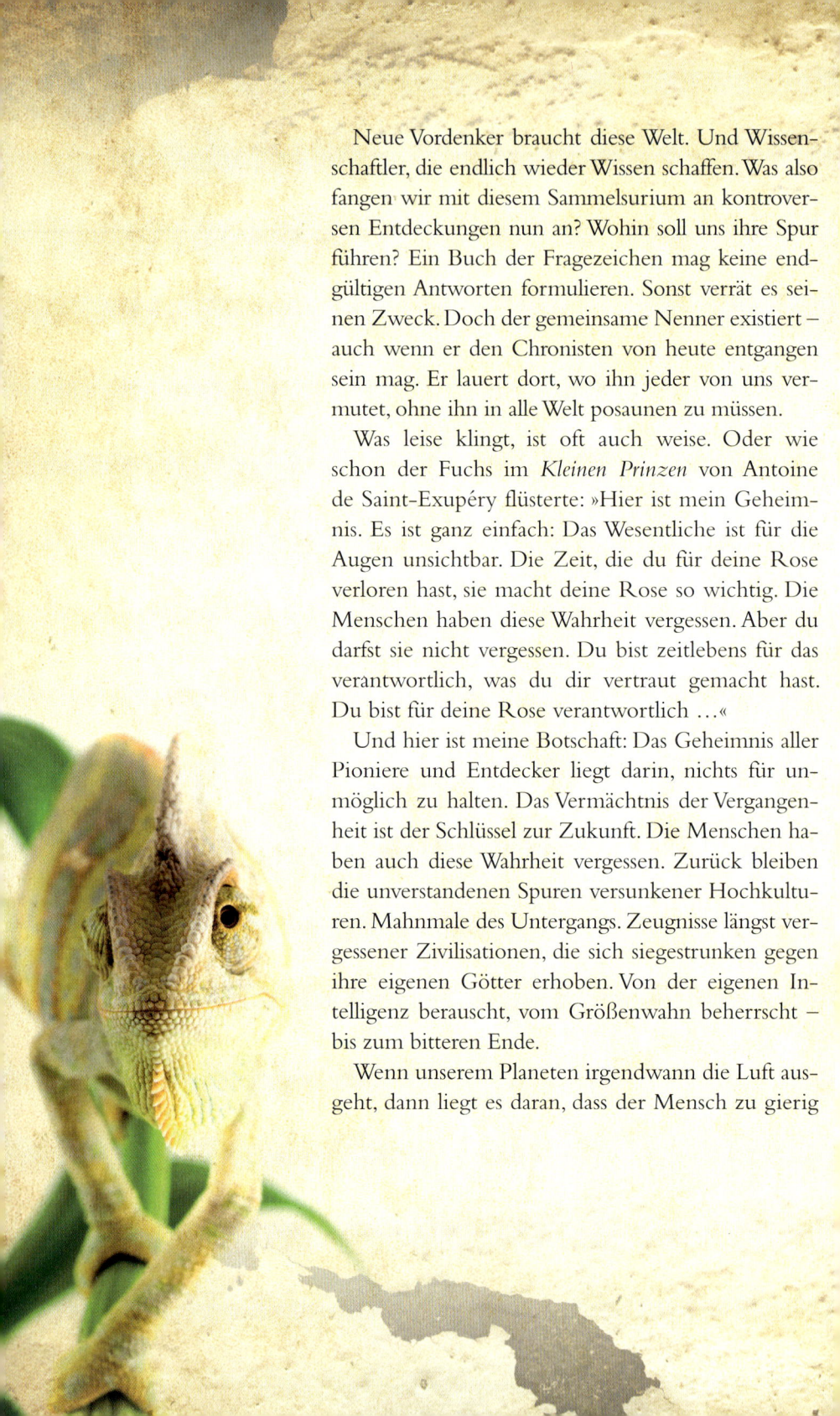

Neue Vordenker braucht diese Welt. Und Wissenschaftler, die endlich wieder Wissen schaffen. Was also fangen wir mit diesem Sammelsurium an kontroversen Entdeckungen nun an? Wohin soll uns ihre Spur führen? Ein Buch der Fragezeichen mag keine endgültigen Antworten formulieren. Sonst verrät es seinen Zweck. Doch der gemeinsame Nenner existiert – auch wenn er den Chronisten von heute entgangen sein mag. Er lauert dort, wo ihn jeder von uns vermutet, ohne ihn in alle Welt posaunen zu müssen.

Was leise klingt, ist oft auch weise. Oder wie schon der Fuchs im *Kleinen Prinzen* von Antoine de Saint-Exupéry flüsterte: »Hier ist mein Geheimnis. Es ist ganz einfach: Das Wesentliche ist für die Augen unsichtbar. Die Zeit, die du für deine Rose verloren hast, sie macht deine Rose so wichtig. Die Menschen haben diese Wahrheit vergessen. Aber du darfst sie nicht vergessen. Du bist zeitlebens für das verantwortlich, was du dir vertraut gemacht hast. Du bist für deine Rose verantwortlich …«

Und hier ist meine Botschaft: Das Geheimnis aller Pioniere und Entdecker liegt darin, nichts für unmöglich zu halten. Das Vermächtnis der Vergangenheit ist der Schlüssel zur Zukunft. Die Menschen haben auch diese Wahrheit vergessen. Zurück bleiben die unverstandenen Spuren versunkener Hochkulturen. Mahnmale des Untergangs. Zeugnisse längst vergessener Zivilisationen, die sich siegestrunken gegen ihre eigenen Götter erhoben. Von der eigenen Intelligenz berauscht, vom Größenwahn beherrscht – bis zum bitteren Ende.

Wenn unserem Planeten irgendwann die Luft ausgeht, dann liegt es daran, dass der Mensch zu gierig

geatmet hat. Halten wir in diesem Sinn einen Moment lang den Atem an. Bleiben wir dann am bescheidensten, wenn uns am wenigsten danach ist. Folgen wir unserem Gefühl in der Hoffnung, dass sich im Glauben an das Gute das Bessere versteckt. Die Weisheit sprießt immer dort, wo wir nach ihr suchen. Alle Macht der Fantasie!

Luc Bürgin

Der Schlüssel zur Zukunft
liegt in unserer Vergangenheit.

QUELLENVERZEICHNIS

Vorwort

- Braune, Kurt: »Ein Deckelgefäß mit schriftartigen Zeichen aus der sächsischen Lausitz«, in: *Mannus: Zeitschrift für Vorgeschichte,* 22. Band, 1930
- McKerrell, Hugh (u. a.): »Thermoluminescence and Glozel«, in: *Antiquity,* Nr. 192/1974
- Fawcett, Percy Harrison: *Geheimnisse im brasilianischen Urwald,* Zürich 1953
- Gambaschidze, Irine (u. a.): *Georgien – Schätze aus dem Land des Goldenen Vlies,* Bochum 2001
- Hitz, Hans-Rudolf: *Ein Corpus der altkeltischen Inschriften von Glozel,* Ettingen 2009
- Keck, Wolfgang: persönliche Mitteilung, 2004
- Koch, Eva: persönliche Mitteilung, 2002
- Liris, Robert (u. a.): *Glozel – Les graveurs du silence,* Villars 1994
- »Mythische Micky-Maus«, in: *Spiegel Online* vom 14. November 2002
- Paul, Ludwig: Brief an Hans Burkhart vom 18. August 1987
- Poncet, Charles Jacques: *A Voyage to Aethiopia,* London 1709
- »Schweizer Uhr in Ming-Grab gefunden?«, in: *20 Minuten* vom 16. Dezember 2008
- Thornhill, Cher: »Mystery as Century-Old Swiss Watch Discovered in Ancient Tomb Sealed for 400 Years«, in: *Daily Mail* vom 18. Dezember 2008

A

Acambaro-Figuren: Ein Saarländer auf Dinosaurierjagd

- Carriveau, Gary; Han, Marc: »Thermoluminescent Dating and the Monsters of Acambaro«, in: *American Antiquity,* Nr. 41/1976
- Hapgood, Charles: *Mystery in Acambaro: Did Dinosaurs Survive Until Recently?,* Kempton 2000
- Hesemann, Michael: persönliche Mitteilung, 2006
- Regler, Gustav: *Das Rätsel von Acambaro,* unveröffentlichtes Typoskript, Mexiko 1957
- Regler, Gustav: *Hellseher und Charlatane,* unveröffentlichtes Typoskript
- Scholdt, Günter: *Gustav Regler: Odysseus im Labyrinth der Ideologien,* St. Ingbert 1998
- Tierney, John: »Real Live Jurassic Park«, in: *World Explorer,* Nr. 4/1994
- Tierney, John: »Acambaro Artifacts Validated«, in: *World Explorer,* Nr. 9/1997
- Willis, Ronald: »The Acambaro Figurines«, in: *The INFO Journal,* Nr. 2/1970

Alpen-Venus: Trauerspiel um eine kuriose Knochenfigur

- Bächler, Emil: *Das Drachenloch ob Vättis im Taminatale, 2445 m ü. M. und seine Bedeutung als paläontologische Fundstätte,* St. Gallen 1921

- Bächler, Emil: *Das Wildenmannlisloch am Selun (Churfirsten), 1628 m ü. M.,* St. Gallen 1934
- Bächler, Emil: *Das alpine Paläolithikum der Schweiz im Wildkirchli, Drachenloch und Wildenmannlisloch,* Basel 1940
- Bürgin, Toni: persönliche Mitteilung, 2009
- *Die Schweiz vom Paläolithikum bis zum frühen Mittelalter,* Band 1, Basel 1993
- Leuzinger-Piccand, Catherine; Schindler, Martin Peter (u. a.): »Die C14-Daten der Feuerstellen im Drachenloch, Pfäfers SG«, in: *Jahrbuch der Schweizerischen Gesellschaft für Ur- und Frühgeschichte,* Band 28, 1999
- Lissner, Ivar: *Aber Gott war da,* Olten 1960
- Schindler, Martin: persönliche Mitteilung, 2009

Amerika-Kontroverse: Kolumbus kam als Letzter!

- Fisher, William: »Egyptian-looking Medallions Found in Two States«, in: *Ancient American,* Nr. 75, September 2007
- Friedman, John: »Wisconsin Lamp is a Roman Artifact«, in: *Ancient American,* Nr. 62, April 2005
- Irwin, Constance: *Kolumbus kam 2000 Jahre zu spät,* Wien 1968
- Joseph, Frank: »Roman Era Figurine Found off New Jersey«, in: *Ancient American,* Nr. 63, Juni 2005
- May, Wayne: »Mediterranean Lamps: Anomalies of the American Midwest«, in: *Ancient American,* Nr. 60, Dezember 2004
- May, Wayne; Joseph, Frank: »Egyptian Mortuary Statuette Found in Northern Illinois«, in: *Ancient American,* Nr. 64, August 2005
- Thompson, Gunnar: »Egyptian Queen Beat Columbus – by 3000 Years!«, Pressemitteilung vom 17. Mai 2008
- Zillmer, Hans-Joachim: *Die Evolutionslüge,* München 2007
- Zillmer, Hans-Joachim: persönliche Mitteilung, 2009

Axtkeile aus Korund: Wie hat man sie einst geschliffen?

- Lu, Peter J.: »Early Precision Compound Machine from Ancient China«, in: *Science,* Nr. 304/2004
- Lu, Peter J (u. a.): »Earliest Use of Corundum and Diamond in Prehistoric China«, in: *Archaeometry,* Nr. 47/2005

B

Batterien der Parther: Wo sind sie geblieben?

- Dendl, Jörg: »Elektrischer Strom in der Antike?«, in: *GRAL,* Nr. 2/1997
- Kanani, N.: *Die Batterie der Parther,* Bad Saulgau 2005

- Ess, Margarete van: persönliche Mitteilung, 2006
- »Kannte man schon vor 2000 Jahren galvanische Elemente?«, in: *Elektro-Welt,* Nr. 9/1959
- König, Wilhelm: »Ein galvanisches Element in der Partherzeit?«, in: *Forschungen und Fortschritte,* Nr. 1/1938
- König, Wilhelm: *Neun Jahre Irak,* Brünn/München/Wien 1940
- Schreiner, Ernst: persönliche Mitteilung, 2000

Bundeslade von Axum: Patriarch will sie gesehen haben

- Badde, Paul: »Die Suche nach dem Heiligsten«, in: *Die Welt* vom 20. Juni 2009
- Cornuke, Robert: *Ark Fewer,* Wheaton 2005
- Cornuke, Robert: *Relic Quest,* Wheaton 2005
- Hancock, Graham: *Die Wächter des Heiligen Siegels,* Bergisch Gladbach 1992
- »Hat die äthiopische Kirche die heilige Bundeslade?«, in: *Welt Online* vom 23. Juni 2009
- Jeffrey, Grant R.: *Prince of Darkness,* Toronto 1994
- Jeffrey, Grant R.: *Unveiling Mysteries of the Bible,* Colorado Springs 2002
- Lucius, Robert von: »Nur ein alter Mönch darf die Bundeslade sehen«, in: *Frankfurter Allgemeine Zeitung* vom 15. April 2008
- McKinley, James C.: »Found in Ethiopia: Keepers of the Lost Ark«, in: *New York Times* vom 27. Januar 1998
- Nkrumah, Gamal: »Abba Paulos: Smash the Idols«, in: *Al-Ahram* vom 16. bis 22. August 2007
- Tebege, Merawi: persönliche Mitteilung, 2009

Burrows Cave: Dubiose Hehlergeschäfte in Illinois

- Burrows, Russell; Rydholm, Fred: *The Mystery Cave of Many Faces,* Marquette 1992
- Burrows, Russell: persönliche Mitteilungen, 1997 bis 2003
- Bürgin, Luc: *Rätsel der Archäologie,* München 2003
- Hubbard, Harry: *Tomb Chronicles Part I & II,* Iuka 2000
- Scherz, James; Burrows, Russell: *Rock Art Pieces from Burrows Cave,* Marquette 1992

C

Cheops-Pyramide: Wonach wird heimlich gefahndet?

- Bassett, Mike: persönliche Mitteilung, 2005
- Bauval, Robert: *Secret Chamber,* London 1999
- Dormion, Gilles: *La chambre de Chéops,* Paris 2004
- Dormion Gilles; Verd'hurt, Jean-Yves: »The Pyramid of Meidum, Architectural Study of the Inner Arrangement«, *World Congress of Egyptology,* Cairo 2000
- El-Aref, Nevine: »Battle over Khufu's Death Bed«, in: *Al-Ahram* vom 16. bis 22. September 2004

- Frigeri, Elena: persönliche Mitteilungen, 2005
- Hancock, Graham; Bauval, Robert: *The Message of the Sphinx,* New York 1997
- Hulot, Carl: »Bohrt Zahnarzt aus China bereits im Wüstensand?«, in: *Mysteries-Magazin,* Nr. 3/2008
- Hulot, Carl: »Geheimdossier Ägypten«, in: *Mysteries-Magazin,* Nr. 3/2009
- Pilgrim, Cornelius von: persönliche Mitteilung, 1994
- Rétyi, Andreas von: *Geheimakte Gizeh-Plateau,* Rottenburg 2005
- Stanglmeier, G. F. L.: *Der Kopf des Osiris,* Rottenburg 2007

Crespis Vermächtnis: Vergessener Schatz im Keller

- Alhelm, Marco: persönliche Mitteilung, 2008

D

Dinosaurier: Steinalte Bilder zeigen Urzeit-Echsen

- Ingold, Tatjana: persönliche Mitteilung, 2008

DNA-Rätsel: Haare, die es nicht geben dürfte

- Banik, Katja: »Haare mit unbekannter DNA – etwa vom Yeti?«, in: *Die Welt* vom 3. April 2001
- »Early (Ancient) Hair Sample Raises Questions«, AP-Pressemeldung vom 26. Juli 2000
- Henderson, Mark: »Yeti Hair Defies DNA Analysis«, in: *The Times* vom 2. April 2001
- Moulton Howe, Linda: »12 000-Year-Old Human Hair DNA Has No Match with Modern Humans«, Internet-Interview vom 28. Oktober 2001, *www.earthfiles.com*
- O'Connell, Sanjida: »Archaeologists Split Hairs over First Arrivals«, in: *The Guardian* vom 17. Oktober 2002

E

Excalibur: Das Zauberschwert steckt in Italien

- Moiraghi, Mario: *L'enigma di San Galgano,* Milano 2003
- »Tuscany's Excalibur Is the Real Thing, Say Scientists«, in: *The Observer* vom 16. September 2001

F

Fluch der Eisprinzessin: Bringt tätowierte Mumie Unglück?

- Bacon, Edward: *Auferstandene Geschichte,* Zürich 1964
- Buchacher, Robert: »Ötzi, baba!«, in: *Profil,* Nr. 3/1998
- »Der Fluch der Mumie: Bringt Ötzi Tod und Verderben?«, in: *Handelsblatt* vom 19. April 2005
- »Der Fluch der Mumie in Sibirien«, in: *Darmstädter Echo* vom 1. April 2004

• »Discovery of Tattoos on Ancient Mummies from Siberia«, in: *Hermitage News* vom 15. Februar 2005
• Hauri, Rudolf: persönliche Mitteilung, 1994
• Holm, Kerstin: »Das geheime Wissen der Altai-Prinzessin«, in: *Frankfurter Allgemeine Zeitung* vom 9. August 2004
• Kerneck, Barbara: »Ein ehrwürdiges Haus voller Geheimnisse«, in: *taz* vom 1. August 1996
• Michel, Kai: »Der Fluch des Ötzi«, in: *Die Zeit* vom 22. Dezember 2004
• Rudenko, Sergej Iwanowitsch: *Frozen Tombs of Sibiria: The Pazyryk Burials of Iron Age Horseman,* Berkeley 1970
• Walder, Marc: »Ötzi-Prinzessin: So fanden wir das geheimnisvolle Grab«, in: *Blick* vom 11. April 1994
• Walder, Marc: »Der Sarg und seine geheimnisvollen Schätze«, in: *Blick* vom 12. April 1994
• Walder, Marc: »Jetzt schläft die Ötzi-Prinzssin neben Lenin«, in: *Blick* vom 18. April 1994
• Winkler, Stefan: »Die sibirische Eisprinzessin«, in: *Unizeit,* Nr. 3/1998
• Zips, Martin: »Der Fluch des ›Frozen Fritz‹«, in: *Süddeutsche Zeitung* vom 11. November 2005

Fußspuren: Moderne Menschen vor Jahrmillionen

• »Alleged 40 000-Year-Old Human Footprints in Mexico Much, Much Older than Thought«, Pressemitteilung der *University of California* (Berkeley) vom 30. November 2005
• Renne, Paul R. (u. a.) »Geochronology: Age of Mexican Ash with Alleged ›Footprints‹«, in: *Nature,* Nr. 438/2005
• »Will a Footprint Rewrite the History Books?«, Pressemitteilung der *Liverpool John Moores University* vom 5. Juli 2005

G

Goliat: Gab es den biblischen Recken wirklich?

• »LMU-Forscher kommen biblischem Goliat auf die Spur – Ausgrabungen in Israel zum biblischen Volk der Philister«, Pressemeldung der Ludwig-Maximilians-Universität München vom 11. November 2005
• Maeir, Aren; Wimmer, Stefan J. (u. a.): »A Late Iron Age I/Early Iron Age II Old Canaanite Inscription from Tell es-Sâfi«, in: *Bulletin of the American Schools of Oriental Research,* Nr. 351/2008

Grotten von Huashan: Das achte Weltwunder liegt in China

• »Caves of Mystery at Huashan«, in: *Shanghai Star* vom 9. Januar 2003
• »Huashan Mysterious Grottos – The Largest Man-Made Cavern in Ancient China«, in: *The Epoch Times* vom 10. Juli 2006

H

Höhle von Ignatievka: Wie kam das Kamel in den Ural?

- Kouwenhoven, Arlette: »Mammut mit Menschenfuß«, in: *Die Zeit* vom 11. Juni 1993
- Scelinskij, Vjaceslav; Sirokov, Vladimir N.: *Höhlenmalerei im Ural,* Sigmaringen 1999

I

Ica-Steine: Ist Cabreras »Urzeit-Bibliothek« doch echt?

- Olazar Benguria, Maria del Carmen; Mariscal, Felix Arenas: *La verdad sobre las piedras de Ica,* Madrid 2008

Inka-Fußabdruck: Kuriose Entdeckung in Bolivien

- Alhelm, Marco: »Moderne Menschen vor Millionen von Jahren«, in: *Mysteries-Magazin,* Nr. 6/2008

Inka-Schatz: Der Schlüssel zum Gold liegt in Polen

- »Ein geheimnisvoller Inkaschatz in Polen«, in: *Neue Zürcher Zeitung* vom 25. Juli 2004
- Garland, Alejandro: *Los Tesoros Ocultos en el Peru,* Lima 1896
- Rowinski, Aleksander: *Pod klatwa kaplanow,* Warschau 1990
- Teleki, Géza: persönliche Mitteilung, 2007

J

Jesus-Grab: Das Mysterium des heiligen Feuers

- Hvidt, Niels Christian: *Mirakler – Møder mellem Himmel og Jord,* Kopenhagen 2002

K

Karate in Peru: Kupferten Ureinwohner bei den Asiaten ab?

- Feldmann, Thomas: »Kampfkulturen in Südamerika«, Online-Artikel vom 9. Januar 2007
- »Karate in Alt-Peru«, Pressemitteilung der Universität des Saarlandes vom 19. August 2004
- Segui, Agustin: »Karate in Altperu«, in: *Campus,* Nr. 3/2004

Knochen von Ishango: Primzahlen vor 20 000 Jahren

- Alison S. Brooks; Catherine C. Smith: Ishango Revisited: »New Age Determinations and Cultural Interpretations«, in: *The African Archaeological Review,* Nr. 5/1987
- Alison S. Brooks (u. a.): »Dating and Context of Three Middle Stone Age Sites with Bone Points in the Upper Semliki Valley, Zaire«, in: *Science,* Nr. 268/1995
- Huylebrouck, Dirk: persönliche Mitteilung, 2002
- Huylebrouck, Dirk: »Afrika, die Wiege der Mathematik«, in: *Spektrum der Wissenschaft Spezial – Ethnomathematik,* Nr. 2/2006
- Huylebrouck, Dirk: *Ishango, 22 000 and 50 Years Later,* Brüssel 2008

Kopfskulptur aus Rom: Wie gelangte sie nach Zentralamerika?

- Heine-Geldern, Robert: »Ein römischer Fund aus dem vorkolumbischen Mexiko«, in: *Anzeiger der Österreichischen Akademie der Wissenschaft,* Nr. 98/1961
- Hristov, Romeo; Genoves, T: »Mesoamerican Evidence of Pre-Columbian Transoceanic Contacts«, in: *Ancient Mesoamerica,* Nr. 10/1999
- Hristov, Romeo; Genoves, T: »Reply to Peter Schaaf and Günter A. Wagner's ›Comments on Mesoamerican Evidence of Pre-Columbian Transoceanic Contacts‹«, in: *Ancient Mesoamerica,* Nr. 12/2001
- Hristov, Romeo: persönliche Mitteilung, 2007
- Schaaf, Peter; Wagner, Günter A.: »Comments on ›Mesoamerican Evidence of Pre-Columbian Transoceanic Contacts‹ by Hristov and Genovés«, in: *Ancient Mesoamerica,* Nr. 12/2001

Kristallschädel: Spielberg wildert im Mystery-Revier

- Däniken, Erich von: persönliche Mitteilung, 2007
- Morton, Chris; Thomas, Ceri Louise: *The Mystery of the Crystal Skulls,* London 1997
- Morton, Chris: persönliche Mitteilung an Stéphanie Erni, 2008

Kultursprung: Wiege der Kunst lag in Süddeutschland

- »Ausgrabungen am Vogelherd liefern spektakuläre neue Kunstwerke aus der Eiszeit«, Pressemitteilung der Eberhard Karls Universität Tübingen vom 20. Juni 2007
- Conard, Nicholas (u. a.): »New Flutes Document the Earliest Musical Tradition in Southwestern Germany«, in: *Nature,* Nr. 460/2009
- Curry, Andrew: »The Dawn of Art«, in: *Archaeology,* Nr. 5/2007
- »Früheste Musiktradition in Südwestdeutschland nachgewiesen«, Pressemitteilung der Eberhard Karls Universität Tübingen vom 24. Juni 2009
- Sinclair, Anthony: »Art of the Ancients«, in: *Nature,* Nr. 426/2003
- »Tübinger Forscher entdeckten neue eiszeitliche Flöte aus Mammutelfenbein«, Pressemitteilung der Eberhard Karls Universität Tübingen vom 16. Dezember 2004
- »Tübinger Wissenschaftler entdecken neue Eiszeitkunstwerke aus Elfenbein«, Pressemitteilung der Eberhard Karls Universität Tübingen vom 18. Dezember 2003
- Zick, Michael: »Die ersten Künstler«, in: *Abenteuer Archäologie,* Nr. 1/2006

L

La-Marche-Tafeln: Karikaturen aus der Steinzeit

- Airvaux, Jean: *L'art préhistorique du Poitou-Charentes,* Paris 2003
- Charroux, Robert: *Histoire inconnue des hommes,* Paris 1963
- Lwoff, Stéphane: »Fouilles Péricard et Lwoff à La Marche (Vienne) – Industrie de l'os«, in: *Bulletin de la Société préhistorique française,* Nr. 1–2/1942

- Lwoff, Stéphane: »Iconographie humaine et animale du Magdalénien III – Grotte de La Marche«, in: *Bulletin de la Société préhistorique française,* Nr. 10/1957
- Lwoff, Stéphane: »Industrie de l'os. Iconographie humaine et animale du Magdalénien III, 7e publication«, in: *Bulletin de la Société préhistorique française,* Nr. 1–2/1962
- Lwoff, Stéphane: »Gravures de la grotte de la Marche«, in: *Archéocivilisation,* Nr. 9–10/1970–1971
- Mélard, Nicolas: *Les pierres gravées du Magdalénien moyen à La Marche/Lussac-Les-Châteaux,* Doktorarbeit, Paris 2006
- Mélard, Nicolas: persönliche Mitteilung, 2008
- Patte, Etienne: »Les restes humains Magdaléniens de Lussac-Les-Châteaux, découverts par M. Léon Péricard«, in: *L'anthropologie,* Nr. 56/1952
- Péricard, Léon; Lwoff, Stéphane: »La Marche, commune de Lussac-les-Châteaux (Vienne): Premier atelier de Magdalénien III à dalles gravées mobiles (campagnes de fouilles 1937–1938)«, in: *Bulletin de la Société préhistorique française,* Nr. 7–9/1940
- Whitehouse, David: »Faces from the Ice Age«, in: *BBC-News Online* vom 28. Mai 2002

M

Mammut-Paradoxon: Mysteriöse Magenreste aus Sibirien

- Engesser, Burkart: *Das Mammut und seine ausgestorbenen Verwandten,* Basel 1996
- Engesser, Burkart: persönliche Mitteilung an Stéphanie Erni, 2008
- Pfizenmayer, Eugen Wilhelm: *Mammutleichen und Urwaldmenschen in Nordost-Sibirien,* Leipzig 1926

Meier-Sammlung: Kuriositäten aus dem Schatzkästchen

- Meier, Harry: persönliche Mitteilung, 2005

Michigan-Relikte: Verschollener Mormonen-Hort aufgetaucht

- Mertz, Henriette: *The Mystic Symbol,* Gaithersburg 1986

Mumie der Extraklasse: Das Lebenselixier von Mawangdui

- Dongxia, Zhang: *The Legend of Mawangdui,* Peking 2007
- Talley, Steven R.: *Das Rätsel um Lady Dai,* TV-Dokumentation, 2004

N

Nazca-Kontroverse: Wer zauberte das Mandala auf den Berg?

- Däniken, Erich von: *Zeichen für die Ewigkeit – Das Rätsel Nazca,* München 1997
- Däniken, Erich von: persönliche Mitteilungen, 2005 und 2009
- Reindel, Markus: »Archäologische Untersuchungen zur Nasca-Kultur und ihren Bodenzeichnungen in Süd-Peru«, in: *Jahresbericht der Schweizerisch-Liechtensteinischen*

Stiftung für Archäologische Forschungen im Ausland, Zürich und Vaduz 1997
- Reindel, Markus; Johny Isla Cuadrado: »Das Palpa-Tal – Ein Archiv der Vorgeschichte Perus«, in: *Nasca. Geheimnisvolle Zeichen im Alten Peru,* Zürich 1999
- Reindel, Markus: persönliche Mitteilung, 2005
- Weber, Barbara: »Keine antike Raketenrampe«, Online-Artikel auf *www.dradio.de* vom 10. September 2009

Nofretete-Büste: Ließ Hitler Duplikate anfertigen?

- Beiderbeck, Richard: »Ist die Büste der Nofretete eine Fälschung?«, undatierter Online-Artikel, *www.koinae.de*
- *Die Odyssee der Nofretete,* ZDF-Dokumentation vom 29. Juli 2007
- Hulot, Carl: »Berliner Nofretete: Nur ein Duplikat des Führers?«, in: *Mysteries-Magazin,* Nr. 1/2008
- »Ist die Nofretete eine Fälschung?«, in: *Die Welt* vom 7. Mai 2009
- Lee, Sheldon: »Hitlers Nefertiti Mystery – Shangri-La Discovers Adolph Hitler's Private Gypsum Statue Bust of Nefertiti«, Pressemeldung, 2006
- Stanglmeier, G. F. L.: *Der Kopf des Osiris,* Rottenburg 2007
- Stierlin, Henri: *Le buste de Néfertiti: Une imposture de l'égyptologie?,* Gollion 2009

O

Olmeken-Spielzeug: Wohin verschwand der Elefant?

- Sitchin, Zecharia: *Auf den Spuren der Anunnaki,* Rottenburg 2009

P

Pyramiden-Code: Deutscher Philosoph will ihn geknackt haben

- Arndt, Stefan: »Eine archäologische Sensation«, in: *Fuldaer Zeitung* vom 14. November 2008
- »Der Klang der Pyramiden«, Pressemitteilung der Leibniz Universität Hannover vom 14. Mai 2009
- Irler, Klaus: »Der Klang fürs Auge«, in: *taz* vom 17. Dezember 2008
- Korff, Friedrich Wilhelm: *Der Klang der Pyramiden,* Hildesheim/Zürich/New York 2008
- Müller-Römer, Frank: »Der Klang der Pyramiden – Wirklichkeit oder Wunschdenken?«, in: *Kemet,* Nr. 3/2009

Q

Qin-Mausoleum: Verchromte Waffen und ein See voller Quecksilber

- »Ancient Chrome Plating Revealed«, in: *China Heritage Newsletter,* Nr. 2/2005
- Chang, Yong; Li, Tong: »Qin Shihuangling zhong maizang gong de chubu yanjiu«,

in: *Kaogu,* Nr. 7/1983

- Ledderose, Lothar; Schlombs, Adele: *Jenseits der großen Mauer,* Gütersloh 1990
- Ledderose, Lothar: *Ten Thousand Things,* Princeton 2000
- Ledderose, Lothar: persönliche Mitteilung, 2005
- Morgan, Branwen: »Weapons in Ancient China«, in: *The Science Show* vom 22. November 2003, *Radio National,* Australia
- »Mythos Xi'an – Neue Funde aus dem alten China«, in: *National Geographic– Deutschland,* Oktober 2001
- Needham, Joseph: *Science and Civilisation in China,* Cambridge 1954 ff.
- *Sturm über China – Das Geheimnis des Ersten Kaisers,* ZDF-Dokumentation, 2006

R

Rad: Ältester Fund der Welt stammt aus der Schweiz

- Holenstein, Rolf: »Urgründe der Zivilisation«, in: *Weltwoche* vom 24. Oktober 2002
- Jacomet Stefanie: persönliche Mitteilung, 2008
- Pétrequin, Pierre (Hrsg.): *Premiers chariots, premiers araires,* Paris 2006
- Ruoff, Ulrich: »Die schnurkeramischen Räder von Zürich Pressehaus«, in: *Archäologisches Korrespondenzblatt,* Nr. 4/1978
- Ruoff, Ulrich; Jacomet, Stefanie: »Die Datierung des Rades von Zürich-Akad und die stratigraphische Beziehung zu den Rädern von Zürich-Pressehaus«, in: *Schleife, Schlitten, Rad und Wagen. Zur Frage früher Transportmittel nördlich der Alpen,* Baden-Württemberg 2002
- Ruoff, Ulrich: persönliche Mitteilung, 2008
- Veluscek, Anton: persönliche Mitteilung, 2008

Riesen: Tanzten sie einst in der Südsee?

- Turbott, I. G.: »The Footprints of Tarawa«, in: *The Journal of the Polynesian Society,* Nr. 4/1949

Riesenaffe: Professor gesteht dreisten Schwindel

- Preuschoft, Holger: »Müssen die Anfänge der Phylogenese der Hominiden revidiert werden?«, Vortragsmanuskript, Bochum 1991
- Preuschoft, Holger: persönliche Mitteilungen, 1997 und 2004

Ring von Paußnitz: »Vernichte mich, Christus!«

- Muhl, A.; Röhrer-Ertl, F. U. (u. a.): »Der Inschriftenring von Paußnitz«, Sonderdruck aus: *Jahresschrift für mitteldeutsche Vorgeschichte,* Nr. 87/2003

Statuetten vom Taennchel: Verstaubt, verschmäht und vergessen

- Carmona, Christophe; Riebel, Bernard; Schultz, Marc: *Haut-Koenigsbourg, Frankenbourg, Taennchel – Triangle tellurique,* Rosheim 2005
- Juaneda-Calvier, Anne-Marie: Brief an Marc Schultz vom 13. Juli 2006
- Knaus, Walter: persönliche Mitteilung, 2008
- Letterlé, Frédérik: persönliche Mitteilung, 2002
- Plouin, Suzanne: persönliche Mitteilung, 2002
- Schultz, Marc: persönliche Mitteilungen, 2002 und 2005

Stein von Bestensee: Gravierter Brocken verwirrt die Experten

- Smolnik, Regina: persönliche Mitteilung, 2007
- Wahl, Steffen: persönliche Mitteilung, 2007

Steinkopf von Guatemala: Verschandelt bis in alle Ewigkeit

- Hatcher Childress, David: *Lost Cities of North and Central America,* Illinois 1992
- Hatcher Childress, David: »Lost Megaliths of Guatemala«, in: *World Explorer Magazine,* Nr. 1/1991
- Parsons, Lee A.: »A Pseudo Pre-Columbian Colossal Stone Head on the Pacific Coast of Guatemala«, in: *Proceedings of the International Congress of Americanists,* Mexiko 1974

Stele von Weilheim: Plumper Etikettenschwindel

- Hoppe, Thomas: persönliche Mitteilung, 2007
- Reim, Hartmann: »Abbilder einer anderen Welt«, in: *Goldene Jahrhunderte – Die Bronzezeit in Südwestdeutschland,* Stuttgart 1997

Sternentor von Peru: Ein Observatorium der Inka?

- Damon, Paul: »Stargate Found in Peru?«, in: *Truth Seekers International Review,* Nr. 10/1996
- Kaulicke, Peter: persönliche Mitteilung, 2004
- Lentner, Rita: persönliche Mitteilung, 2004
- Masson, Peter: persönliche Mitteilung, 2004
- Rauer, Rainer: persönliche Mitteilung, 2004
- Reindel, Markus: persönliche Mitteilung 2004
- Williamson, George Hunt: *Secrets of the Andes,* Clarksburg 1961
- Wolff, Gregor: persönliche Mitteilung, 2004

T

Tatra-Gebirge: Außerirdisches Relikt in slowakischer Höhle?

- Horak, Antonin: »The Moonshaft«, in: *NSS News,* März 1965
- Phillips, Ted: »Project Moonshaft: A Subterranean Artifact in Slovakia«, Internet-Artikel, *www.ufophysical.com*
- Phillips, Ted: persönliche Mitteilung, 2008

Tlaxcala-Codex: Indianer kannten bereits die Bibel

- Steede, Neil: »The Covenant Codex«, in: *Glyph Notes,* Nr. 4/2004
- Steede, Neil: persönliche Mitteilung, 2004

Tolone-Sammlung: Italienischer Anwalt hortet verbotene Relikte

- Forgione, Adriano: »Das Erbe von Atlantis«, in: *Mysteries-Magazin,* Nr. 4/2007

Tortuguero-Inschrift: »Im Jahr 2012 steigt ein Gott vom Himmel!«

- Cauty, André: »Die Arithmetik der Maya«, in: *Spektrum der Wissenschaft Spezial – Ethnomathematik,* Nr. 2/2006
- Grube, Nikolai:»Vorläufig kein Weltuntergang«, in: *Abenteuer Archäologie,* Nr. 1/2004
- Grube, Nikolai: *Maya: Gottkönige im Regenwald,* Königswinter 2007
- Grube, Nikolai: persönliche Mitteilung an Stéphanie Erni, 2008
- Hassler, Peter: persönliche Mitteilung, 2008
- Jenkins, John Major: *Galactic Alignment,* Rochester 2002
- Verdun, Andreas: persönliche Mitteilung an Stéphanie Erni, 2008

Totenkopf der anderen Art: Stammt er aus dem Weltall?

- Pye, Lloyd: *The Starchild Skull – Genetic Enigma or Human-Alien Hybrid?,* Pensacola 2007

Tutenchamun: Das Geheimnis seiner Trompete

- Gisler, Marco: persönliche Mitteilung, 2008
- Keating, Rex: *The Trumpets of Tutankhamun,* Basingstoke/Hampshire 1999
- Kirby, Percival: »The Trumpets of Tut-Ankh-Amen and their Successors«, in: *Journal of the Royal Anthropological Institute of Great Britain and Ireland,* Nr. 1/1947

U

Unterwasser-Gräber: Besaßen die Maya Tauchgeräte?

- Keller, Harald: »Schliemanns Erben im ZDF«, in: *Frankfurter Rundschau* vom 25. Februar 2006
- Tauchert, Michael: *In den Todeskammern der Maya,* TV-Dokumentation, 2006

V

Vasen aus der Antike: Wann beginnen sie zu sprechen?

- Heckl, Wolfgang: »Fossil Voices«, in: *Durability and Change,* Chichester 1994
- »Kein Ton im Ton«, in: *Die Zeit,* Nr. 47/1998
- Kleiner, Mendel; Aström, Paul: »The Brittle Sound of Ceramics – Can Vases Speak?«, in: *Archeology and Natural Science,* Nr. 1/1993
- »Ton in Ton«, in: *Bild der Wissenschaft,* Juni 1993
- Woodbridge, R.G., III: »Acoustic Recordings from Antiquity«, in: *Proceedings of the IEEE,* Nr. 8/1969

W

Weltkarte von 1507: Priester wusste bereits vom Pazifik

- »Amerika kommt aus Freiburg«, Pressemitteilung der Albert-Ludwigs-Universität Freiburg im Breisgau vom 12. Februar 2007
- Hessler, John: *The Naming of America: Martin Waldseemüller's 1507 World Map and the Cosmographiae Introductio,* London 2008

Z

Zauberschwert: Wer entziffert seine Inschrift?

- Rageth, Jürg: »Ein mittelalterliches Schwert mit Zauberspruch von Tschlin-Vinadi GR.«, in: *Archäologie der Schweiz,* Nr. 23/2000
- Rageth, Jürg: persönliche Mitteilung, 2007

Zwergschädel von Marokko: Kleiner als ein Apfel!

- Zarouit, Mohammed: »Preliminary Study and First Photographs of a Small Skull of Human Type Found in Morocco«, in: *Bipedia,* Nr. 25, 2/2005
- Searight-Martinet, Susan: »Authenticity of Tiny Tafilalet Skull Confirmed«, in: *Morocco Times* vom 14. Juni 2006

Epilog

- Coon, Carlton; Winter, Irene: *Hasanlu Special Studies I: A Decorated Breastplate from Hasanlu, Iran,* Philadelphia 1980
- Erni, Stéphanie: »Navigation im Sternenmeer«, in: *Mysteries-Magazin,* Nr. 6/2009
- Oliver, Frederick Spencer: *Phylos, der Tibeter,* Saarbrücken 2007

ABBILDUNGSVERZEICHNIS

Marco Alhelm: S. 61, 62, 63 (m.), 64, 104
Nicholas Conard: S. 132, 135
Erich von Däniken: S. 63 (r.), 160, 163
Burkart Engesser: S. 143, 144
Adriano Forgione: S. 228, 229, 241
Silvia Gonzalez: S. 85, 86, 87, 88
Reinhard Habeck: S. 74
Michael Hesemann: S. 23
Romeo Hristov: S. 123, 124
Dirk Huylebrouck: S. 120, 121
Tatjana Ingold: S. 66, 161, 225
Wolfgang Keck: S. 14
Robert Liris: S. 12 (o.)
Literaturarchiv Saar-Lor-Lux-Elsass: S. 18 (u.)
Peter Lu: S. 37
Wayne May (Ancient American): S. 33, 34, 35
Michigan Historical Museum: S. 149, 150, 151, 152, 153, 154
Maria del Carmen Olazar Benguria/Felix Arenas Mariscal: S. 101, 102
Ted Phillips: S. 220
Holger Preuschoft: S. 191
Lloyd Pye: S. 237, 238
Jürg Rageth: S. 258, 259
Rainer Rauer: S. 211, 212, 214
Marc Schultz: S. 194, 195, 196, 197
Schweizerisches Landesmuseum: S. 185, 186
Shangri-La Publications: S. 166, 168, 171
Zecharia Sitchin: S. 173 (o.)
Neil Steede: S. 223, 224, 226, 227
Alison Stenger: S. 68
Steffen Wahl: S. 200
Patrick Wenger: S. 59
Stefan Jakob Wimmer: S. 90
Hans-Joachim Zillmer: S. 31, 32
Restliche Bilder: Archiv Luc Bürgin

DANKSAGUNG

Dieses Buch entstand unter tatkräftiger Mitarbeit von Stéphanie Erni, Ruth Gremaud, Kathrin Horn und dem »Mann von der Außenstelle«. Merci: Ihr seid die Besten.

Und last but not least: Danke, Anke!

KONTAKT UND WEITERE INFORMATIONEN

Wollen Sie mehr über die Geheimnisse der Vergangenheit, der Gegenwart und der Zukunft erfahren? Dann schmökern Sie doch mal in unserer Kiosk-Zeitschrift *MYSTERIES*. Alle zwei Monate enthüllen wir darin, was andere verschleiern – ohne Rücksicht auf Tabus oder verkrustete Lehrmeinungen. Mehr Informationen dazu im Internet unter:

www.mysteries-magazin.com

Sind Ihnen noch weitere kontroverse Entdeckungen oder Kuriositäten bekannt, von denen selbst Fachleute keine Ahnung haben? Dann schreiben Sie mir:

Luc Bürgin, Postfach, CH 4002 Basel

REGISTER

Abad, Andrés: 63 ff.
Abba Tekulu: 41
Abbé Breuil: 137 ff., 197
Abdelkader, Alaoui: 261
Abune Paulos: 42 ff.
Acambaro: 17 ff.
Airvaux, Jean: 141
Alberta: 13
Alhelm, Marco: 61 ff., 103 ff.
Altai-Gebirge: 75 ff.
Altamira-Höhle: 131
Alvarez Pazos, Francisco: 63
Amaru, Tupac: 106 ff.
Anda, Guillermo de: 248 ff.
Anden: 103
Andreae, Bernard: 125
Anhui: 91
Arenas Mariscal, Felix: 99 ff.
Arizona: 32, 127 ff., 146
Arkansas: 30
Arsenius, Archimandrite: 113
Assmann, Jan: 177
Aström, Paul: 255
Axum: 41 ff.
Bächler, Emil: 24 ff., 194
Bachmann, Ingeborg: 260
Bagdad: 38 ff.
Bai Ling: 158
Banreaba: 188
Barbados: 30
Barkova, L. L.: 80
Basel: 108, 142 ff.
Bassett, Mike: 57
Bautzen: 12 ff.
Beiderbeck, Richard: 169 ff.
Benesz, Andrzej: 108 ff.
Beresowka-Fluss: 142
Bergier, Jacques: 119, 215
Berlin: 39, 117 ff., 126, 164 ff., 177, 208 ff., 211, 254
Berlitz, Charles: 91
Bern: 79, 231
Beru: 189
Berzeviczy, Sebastian: 107
Bestensee: 199 ff.
Bethlehem: 155
Bikenibeu: 188 ff.
Binnig, Gerd: 252
Blackhills: 148
Blaubeuren: 132
Bloch, Ernst: 204
Bochum: 11, 190 ff.
Bolon Yokte K'u: 234 ff.
Bonn: 209, 232
Borchardt, Ludwig: 164 ff.
Braune, Kurt: 13
Bredel, Jean-Luc: 195
Brooks, Alison Spence: 120
Bruder Philip: 213
Brüssel: 120 ff.
Bunsen, Robert Wilhelm: 181
Bürgin, Toni: 28
Burrows, Russell: 49 ff.
Cabrera Darquea, Javier: 99 ff.
Cambridge: 36, 125
Caria: 229
Carter, Howard: 15, 243
Cäsar, Julius: 51, 253

Catanzaro: 228
Cayce, Edgar: 53 ff.
Cayce, Hugh Lynn: 58 ff.
Cerro Norte: 101
Cerro Toluquilla: 84 ff.
Chambilla, Santiago: 208
Changsha: 155
Charroux, Robert: 16, 84, 137, 208
Chauvet-Höhle: 138
Cheops: 52 ff., 95, 176 ff., 184
Cholula: 223 ff.
Cieza, Pedro de: 106
Clairvaux, Bernhard von: 146
Coe, Michael D: 129
Coleman, Loren: 67
Colmar: 194 ff.
Conard, Nicholas: 131 ff.
Cornuke, Bob: 42 ff.
Cortez, Hernan: 123
Crawford County: 34
Crespi, Carlos: 60 ff.
Cuenca: 60 ff.
Cusco: 105
D'Aosta, Amedeo: 43
Damon, Paul: 212 ff.
Däniken, Erich von:
61, 130, 159 ff., 184, 250
Debre Bizen: 15
Deir el-Bahri: 30
Delgado Mamani, Jose Luis: 212
Dendl, Jörg: 39 ff.
Des Plaines River: 31
Dessauer, Friedrich: 41
Di Trocchio, Federico: 97, 236
Diodorus I.: 113
Dormer Stanhope, Philip: 67
Dormion, Gilles: 52
Dostojewski, Fjodor: 188
Drachenloch: 25 ff.
Duan Qing Bo: 181
Dunajec: 109
Dürrenmatt, Friedrich: 136
Düsseldorf: 23
Dyer, Wayne: 103
Ebenfurth: 40
Edinburgh: 159
Edison, Thomas A.: 254
Einstein, Albert: 60
Eklaude, Dagmar: 82
El Baul: 249 ff.
Elsass: 22, 194 ff.
Emmerich, Roland: 142, 231
Engelbach, Reginald: 244
Erfou: 260
Ergeta: 11
Eriksson, Leif: 35
Eritrea: 15
Ess, Margarete van: 39
Eugene: 70
Ezana: 41
Faulkner, William: 258
Feldmann, Thomas: 118
Forgione, Adriano: 229 ff.
Fradin, Emile: 13
Franklin County: 30
Frei, Otto: 80
Frigeri, Elena: 57
Front Street Park: 69

Gaballah, Gaballah Ali: 52 ff.
Galilei, Galileo: 142
Gandhi, Mahatma: 174, 201
Gantenbrink, Rudolf: 55
Garcia Payon, Jose: 123
Garland, Alejandro: 105
Garlaschelli, Luigi: 74
Gat: 89
Gätje, Hermann: 22
Geißenklösterle-Höhle: 132
Geller, Uri: 20
Genoves T., Santiago: 124
Gent: 120
Gilbert-Inseln: 188
Gilching: 140
Girifalco: 228
Gisler, Marco: 242 ff.
Glozel: 12
Goddio, Franck: 52
Goethe, Johann Wolfgang von: 72, 182, 199
Goliat: 89 ff.
Gonder: 47
Gonzalez, Silvia: 84 ff.
Grasleben: 169
Graubünden: 258
Graz: 80
Grenoble: 54
Grube, Nikolai: 65 ff.
Guanajuato: 17
Guatemala: 15, 127, 201 ff., 249 ff.
Guidotti, Galgano: 72 ff.
Gurk-Klagenfurt: 13
Habeck, Reinhard: 155
Halle: 192 ff.
Hamburg: 105, 175
Hammad, Adel: 242 ff.
Hancock, Graham: 41 ff., 58 ff.
Hannover: 175
Hapgood, Charles: 18
Harrer, Heinrich: 111, 122
Hasanlu Tepe: 262
Hassler, Peter: 235
Hatcher Childress, David: 201 ff.
Hatra: 40
Hatschepsut: 30
Hauri, Rudolf: 79
Hawass, Zahi: 53 ff., 164
Hébert, John: 257
Heckl, Wolfgang: 252 ff.
Heidelberg: 125, 177, 178
Heine-Geldern, Robert: 123 ff.
Heinzelin de Braucourt, Jean de: 119 ff.
Hergé: 141
Herz, Otto: 144
Hessler, John: 257
Heyerdahl, Thor: 30, 124
Hidalgo, Roberto: 103
Hildesheim: 175
Hill City: 148
Hillary, Edmund: 67
Hitler, Adolf: 166 ff.
Hitz, Hans-Rudolf: 13
Hobbes, Thomas: 228
Homann, Bill: 127
Hoppe, Thomas: 207
Horak, Antonin: 215 ff.
Hristov, Romeo:122 ff.
Huashan Grottoes: 91 ff.
Huaxteca: 126
Hunan: 155
Hurkos, Peter: 20 ff.
Huylebrouck, Dirk: 120
Hvidt, Niels Christian: 112
Hynek, J. Allen: 216 ff.
Ica: 99 ff.
Ignatievka-Höhle: 97 ff.

Illinois: 31 ff., 49 ff.
Indien: 37
Ingenio-Tal: 161
Ingold, Tatjana: 65 ff.
Inka: 61, 103, 105 ff., 209 ff.
Irak: 38
Irgolic, Kurt J.: 80 ff.
Jacomet, Stefanie: 185
Jalapa: 172
Jeffrey, Grant R.: 46 ff.
Jekaterinburg: 97
Jenkins, John Major: 231 ff.
Jerusalem: 41, 47, 89, 111 ff.
Jesús de Machaca: 103 ff.
Jesus: 44, 111 ff., 225
Jian Zemin: 92
Jiang Yanyu: 11
Jiangsu: 158
Johannesburg: 244
Juaneda-Calvier, Anne-Marie: 196 ff.
Julsrud, Waldemar: 17 ff.
Kairo: 52 ff., 167, 177, 200, 242 ff.
Karpaten: 216 ff.
Kaulicke, Peter: 209
Keating, Rex: 245 ff.
Keck, Wolfgang: 13
Khujut Rabu'a: 38
Kirby, Percival: 244
Kleiner, Mendel: 255
Koch, Eva: 11
Kolchis: 11
Köln: 181
Kolumbus: 12, 29 ff., 126
König, Wilhelm: 38 ff.
Königin von Saba: 41
Konstanz: 206 ff.
Korff, Friedrich Wilhelm: 174 ff.
Koselzew, Wladimir Lwowitsch: 80
Koshima: 190
Krakau: 107 ff.
Krickeberg, Walter: 126
Kümmel, Otto: 169
La Democracia: 202
La Paz: 104
La-Chaux-de-Fonds: 11
Lake Edward: 119
La-Marche-Höhle: 136 ff.
Lao-Tse: 192, 242
Las Victorias: 202
Lascaux-Höhle: 131, 138
Laub, Gabriel: 99
Lavergne, H.: 138
Ledderose, Lothar: 178 ff.
Ledyard Smith, A.: 202
Lehner, Mark: 53 ff.
Leipzig: 13, 241
Lentner, Rita: 209
Leonardo da Vinci: 80, 120, 253
Letterlé, Frédérik: 195 ff.
Leutkirch: 256
Lianyungang: 158
Libertyville: 31
Lichtenberg, Georg Christoph: 127
Lissner, Ivar: 26 ff., 38
Liu Lihou: 157
Ljubljana: 186 ff.
Lombroso, Cesare: 236 ff.
London: 68,128, 240, 247
Lonetal: 131
Lord Carnarvon: 243 ff.
Los Encuentros: 202
Lu, Peter: 36
Lubaantun: 127
Lussac-les-Châteaux: 136 ff.
Luxor: 242
Lwoff, Stéphane: 136 ff.
Madrid: 101 ff.
Maiana: 189

Maldonado, José: 63 ff.
Malta (Spittal an der Drau): 13 ff.
Maria Magdalena: 44, 253
Mariam, Mengistu Haile: 46
Maru, Aramu: 213 ff.
Maru, Gebreab: 48
Massachusetts: 22, 36
Masson, Peter: 211
Matos, Ramiro: 209
Maundrell, Henry: 113
Mawangdui: 155 ff.
May, Wayne: 31 ff.
Medicine Hat: 13 ff.
Meier, Harry: 146 ff.
Mélard, Nicolas: 140
Menelik: 41
Merida: 147 ff., 248
Merkers: 168
Mertz, Henriette: 150 ff.
Mexico City: 17
Mexiko: 17 ff., 84 ff., 122 ff., 172 ff., 222 ff., 231 ff., 236, 248
Michigan: 149 ff.
Mitchell-Hedges, Anna: 127
Monte Siepi: 72
Morton, Chris: 49, 127 ff.
Moskau: 79 ff., 167
Moulton Howe, Linda: 70
Mountbatten, Philip: 159
Muhl, Arnold: 193
Müller-Römer, Frank: 177
München: 89, 170
Mysterious Grottoes of the Flower Mountain: 92 ff.
Nabdiel, Souhel: 115
Nazca: 100, 159 ff.
Neapel: 107
Neu Mexiko: 146
Neuenburgersee: 258
New Hampshire: 18
New Jersey: 22
Newton, Isaac: 89
Niedzica: 107 ff.
Nigg, Theophil: 25 ff.
Nil: 41, 65, 119
Nkrumah, Gamal: 48
Nofretete: 164 ff.
Nowosibirsk: 79 ff.
Ocucaje: 100 ff.
Olazar Benguria, Maria del Carmen: 99 ff.
Oliver, Frederick S.: 190, 251
Oppliger, Daniel: 142
Oregon: 69 ff.
Orr, William: 70 ff.
Osiriaconwiya: 129
Osiris: 30
Ötztal: 83
Oxford: 68
Pacal: 232
Padilla Lara, Oscar Rafael: 201 ff.
Palenque: 232 ff.
Palpa: 160 ff.
Pankova, S. V.: 80
Papst Benedikt XVI.: 44
Paris, Vicente: 100
Paris: 140
Parsons, Lee A.: 202
Parther: 38 ff.
Pascal, Blaise: 24 ff.
Pauli, Ludwig: 13
Pauli, Wolfgang: 36
Paußnitz: 192 ff.
Pavia: 74
Pazyryk-Tal: 76 ff.
Peking: 92
Pendaki, Arkimedes: 115
Peng Longxiang: 156

Peng Wen: 181
Pennsylvania: 22
Péricard, Léon: 136 ff.
Perkins, Marlin: 67
Pfizenmayer, Eugen: 144
Phillips, Ted: 215 ff.
Phylos: 262
Picard, Emile: 149
Platon: 177
Plouin, Suzanne: 195 ff.
Poitiers: 138
Polgar, Alfred: 164
Polosmak, Natalja: 77
Poncet, Charles Jacques: 15
Port Townsend: 29
Portland: 69
Poser, Hans: 177
Poznan: 108
Preuschoft, Holger: 190 ff.
Priamos: 167
Proust, Marcel: 172
Ptolemäus, Claudius: 257
Puebla: 23, 84 ff.
Puno: 208
Punt: 30
Purann, Wolfgang: 199
Pye, Ken: 240
Pye, Lloyd: 236 ff.
Pythagoras: 177
Qin Shihuangdi: 178 ff.
Quetzalcoatl: 222
Raffaele, Paul: 45
Rageth, Jürg: 258 ff.
Rammert: 204
Rappenglück, Michael: 140
Rauer, Rainer: 208 ff.
Reckel, Marko: 250
Reeves, Nicholas: 244
Regler, Gustav: 18 ff.
Reindel, Markus: 160 ff., 209
Renne, Paul: 85
Reppchen, Gunther: 162
Retalhuleu: 202
Richardson, Francis B.: 202
Riek, Gustav: 132
Riesa: 192
Rio Paranà: 12
Robinson, Ted J.: 238 ff.
Rochel, Marie: 11
Rom: 12, 34 ff., 42 ff., 65, 122 ff., 194
Rowinski, Aleksander: 107 ff.
Rudenko, Sergej Iwanowitsch: 76
Ruoff, Ulrich: 184 ff.
Saint-Exupéry, Antoine de: 266
Salamanca: 125
Salem: 69
Salomon: 41 ff.
Salt Lake City: 152
San Felipe: 202
Sánchez Piñol, Albert: 117
Schaffranke, Rolf: 222
Schelklingen: 133
Schindler, Martin: 27
Schliemann, Heinrich: 15, 167 ff.
Schlombs, Adele: 181
Schmidt, Paul: 125
Schönebeck: 169
Schreiner, Ernst: 40
Schultz, Marc: 194 ff.
Schwäbische Alb: 132 ff.
Sedona: 127
Seeberger, Friedrich: 133
Segui, Agustin: 177 ff.
Seifert, Mathias: 75 ff.
Selassie, Aklile Berhan Makonnen Haile: 43
Selassie, Haile: 46

Sethos I.: 30
Shaanxi: 179
Shanghai: 91
Shangsi: 11
Shaw, George Bernard: 131
Sibirien: 70 ff., 84, 142 ff.
Silver Bell Road: 32
Sima Qian: 179
Sinclair, Anthony: 134
Sirokov, Vladimir: 97
Sitchin, Zecharia: 105, 172 ff.
Skythen: 75 ff.
Smith, Joseph: 150
Smolnik, Regina: 200
Spielberg, Steven: 130
Spindler, Konrad: 83
St. Gallen: 24
St. Gérmain en Laye: 140
St. Petersburg: 80, 143 ff.
Stadelmann, Rainer: 177
Steede, Neil: 222 ff.
Stenger, Alison: 68 ff.
Stepanow, Andrey: 79
Stephens, John Lloyd: 15
Stierlin, Henri: 170
Stille, Alexander: 178
Strasbourg: 190, 195
Stuart, David: 234
Sugdidi: 11
Swerdlowsk: 97
Sykes, Bryan: 68
Tabuariki: 188 ff.
Taennchel: 194 ff.
Tafilalet: 260
Talley, Steven R.: 156
Tana Qirqos: 41
Tappern, James: 246
Tarawa: 188 ff.
Tatra-Gebirge: 215 ff.
Te Aba n Anti: 188
Tebege, Merawi: 44
Tecaxic-Calixtlahuaca: 123
Tecpan: 15
Teleki, Géza: 108
Teleki, Miklos: 108
Tell el-Amarna: 164
Tell es-Safi: 89
Terebinthental: 90
Thomas, Ceri Louise: 127 ff.
Thompson, Gunnar: 29 ff.
Thompson, Robert N.: 46
Thun: 146 ff.
Thutmoses I.: 30
Ticiviracocha: 106
Tigris: 40
Tikal: 235
Titicacasee: 103, 107, 213
Tiwanaku: 209
Tlaxcala: 222 ff.
Toggenburg: 24
Tolone, Mario: 228 ff.
Toluca Valley: 123
Tonsee: 199
Troja: 167
Tschlin-Vinadi: 258
Tübingen: 204 ff.
Tucholsky, Kurt: 17
Tucson: 31 ff.
Tulum: 250
Tunxi: 91
Tupac, Antonio: 108
Turbott, I. G.: 188 ff.
Tutenchamun: 242 ff., 261
Tze Chuen Ngnow: 54 ff.
Uchuya, Basilio: 101 ff.
Uderzo, Albert: 141
Ukok-Hochtal: 76 ff.
Umina: 107 ff.

Ustinov, Peter: 231
Utah: 152
Valloggia, Michel: 54
Valsequillo Basin: 84 ff.
Vancouver: 238
Veluscek, Anton: 187
Venedig: 107
Veracruz: 123, 172
Verd'hurt, Jean-Yves: 52 ff.
Verdun, Andreas: 231
Vespucci, Amerigo: 257
Vichy: 12
Vienne: 138
Vilvabamba: 106
Vogelherd-Höhle: 131 ff.
Vogesen: 194
Wagner, Günther: 125
Wahl, Steffen: 199 ff.
Walder, Marc: 75
Waldseemüller, Martin: 256 ff.
Walsh, Frank: 182 ff.
Washington: 29, 126, 209, 256
Watson, James D.: 256
Weilheim: 204 ff.
Weissenhorn: 13
West-Aserbaidschan: 262
Westwood: 22
Wien: 28, 40, 156, 187
Wiesbaden: 169
Wilde, Oscar: 29
Wildenmannlisloch: 24 ff.
Wildkirchli-Höhlen: 25 ff.
Wildung, Dietrich: 164 ff.
Williamson, George Hunt: 213
Wimmer, Stefan Jakob: 89 ff.
Wirth, Kai Helge: 262
Wisconsin: 34 ff., 71
Wolff, Gregor: 208
Woodbridge, Richard G.: 252
Woodburn: 69 ff.
Wuhan: 157
Wünsdorf: 199
Xi'an: 179 ff.
Xin Zhui: 155 ff.
Xinan-Fluss: 95
Young, Arthur M.: 19 ff.
Yucatan: 148, 248
Zarouit, Mohammed: 260
Zeitlmair, Hubert und Dagmar: 51
Zhang Dongxia: 156 ff.
Zhang Tao: 181
Zhang Wenli: 182
Zhejiang Yuhang Wujiabu: 37
Zhou Enlai: 156
Zick, Michael: 134
Zillmer, Hans-Joachim: 32 ff.
Zürich: 76 ff., 161, 184 ff.

So lieben ihn seine Leser
EvD in Bestform!

Hier zeigt sich der Forscher Erich von Däniken (EvD) von seiner sachlichen Seite, indem er uralte Texte akribisch analysiert und dem verblüfften Leser die Augen öffnet. Die menschliche Urgeschichte verlief ganz anders, als die Religionen es verkünden. Dies ist sauber belegbar.

Was für »Wächter des Himmels« trieben vor Jahrtausenden Sex mit den Menschenkindern? Wer war di ser Henoch, der damals »in einem feurigen Wagen« über die Erde hinausgetragen wurde? Wer verbirgt si hinter den »gefallenen Engeln« und wer sind die Erzengel »Vrevoel«, »Bertil« und »Uriel«, die dem Heno ein »Rohr der Schnellschreibung« überreichten und ihm astronomische Bücher diktierten? Wer ist »die große Majestät«, die Henoch persönlich »mit seiner Stimme« begrüßte und schließlich die sogenannte »Sintflut« verursachte? Wo sind die von Henoch verfassten Bücher?

EvD greift eine geheimnisvolle Geschichte auf, über die er vor 35 Jahren schon berichtete. In einem Höhlenlabyrinth in Ecuador soll eine verborgene Bibliothek aus Tausenden von Metallfolien liegen. Existiert dieser unglaubliche Schatz? »Definitiv ja«, behauptet EvD und belegt anhand eindeutiger Textvergleiche: Die phänomenale »Metallbibliothek« hat viel mit Henochs verschollenen Büchern und mit der Religion der Mormonen zu tun, die seit Jahrhunderten exakt nach dieser Bibliothek suchen. Denn sie enthält die brisante Geschichte ihrer Vorväter. In der peruanischen Wüste von Nazca liegen rätselhafte Linien, die aus der Luft wie Flugpisten aussehen. Die Archäologie erkennt darin Prozessionsstraßen. »Zu kurz gedacht!«, konstatiert EvD und verblüfft mit modernsten Messresultaten aus der Naturwissenschaft.

Regelmäßig sieht sich EvD auch einer unfairen und oft sogar falschen Medienberichterstattung ausgesetzt. Erstmals enthüllt er hier bislang zurückgehaltene Briefe und Dokumente. Er rechnet schonungslos mit lügenden und manipulierenden Kritikern ab. Dieses Buch ist eine intellektuelle Herausforderung. Erich von Dänikens bestes Buch seit Jahren.

gebunden • 256 Seiten
zahlreiche farbige Abbildungen
ISBN: 978-3-938516-56-0 • 19.95 €

»Da kommt ein tief greifender Wandel auf uns zu, den Politiker, selbstgefällige Wissenschaftler und salbungsvoll schwafelnde Religionsfürsten zu bremsen versuchen, aber nie stoppen können. Gegen Gedanken gibt es keinen Impfstoff, sie kennen weder Grenzen, noch sind sie zensierbar.« Erich von Dänik

Die Götter kehren zurück!

»Der Jüngste Tag der Erkenntnis steht bevor!«, prophezeit Erich von Däniken EvD) und beruft sich dabei auf eine uralte, in Stein gehauene Prophezeiung er Maya: Ihr zufolge steigt am 23. Dezember 2012 der Gott »Bolon Yokte« u uns hernieder. »Was kommt da auf uns zu?«, fragt sich der Altmeister und ehrt in seinem neuesten Sachbuch zu seinen Wurzeln zurück.

uf den Spuren der Götter führt uns EvD in die bolivianischen nden – zu einer 4.000 Meter hoch gelegenen Ruinenstätte, ie nie und nimmer von Steinzeitmenschen errichtet weren konnte. Er zitiert die Worte der Inka, die behaupten, der itselhafte Ort sei »in einer einzigen Nacht von den Göttern rbaut worden«, und er untersucht die Studien von Archäologen, ie vor 100 Jahren im Hochland Boliviens arbeiteten und dabei inen Kalender entdeckten, der 15.000 Jahre in die Vergangeneit zurückreicht.

/eiter geht es ins ägyptische Seraphäum unter Sakkara, wo ef unter der Erde einst monsterähnliche Kreaturen und Mischesen beerdigt wurden – in Gefängnissen für die Ewigkeit.

lit geübter Hand recherchiert der Bestsellerautor in den myiologisch verschleierten Erinnerungen der Menschheitsgehichte, um den absoluten Wahrheitsanspruch der Religionen nd der Wissenschaft zu entlarven. Denn die Zeit drängt: Im ezember des Jahres 2012 endet der Kalender der Maya. Dann ollen neben »Bolon Yokte« auch noch andere Götter von ihrer ngen Reise wieder zur Erde zurückkehren.

der wie Däniken aus dem uralten *Buch der Jaguarpriester* tiert: »Sie stiegen von der Straße der Sterne hernieder ... Und enn sie erneut herniedersteigen werden, die dreizehn Götr und die neun Götter, werden sie neu ordnen, was sie einst hufen.«

ir den Bestsellerautor ist klar: »Der Götterschock ist nur noch ne Frage der Zeit. Die Außerirdischen werden wiederkommen nd ihre Präsenz wird unsere selbstgefällige Seele erschüttern!«

gebunden • 224 Seiten
durchgehend farbig illustriert
ISBN: 978-3-942016-04-9 • 19.95 €